新时期下教学管理模式的创新与实践研究

王汉举 唐莉彬 刘 娟 ◎著

中国华侨出版社
·北京·

图书在版编目（CIP）数据

新时期下教学管理模式的创新与实践研究 / 王汉举，唐莉彬，刘娟著. -- 北京：中国华侨出版社，2021.9
ISBN 978-7-5113-8397-6

Ⅰ．①新… Ⅱ．①王… ②唐… ③刘… Ⅲ．①中小学－教学管理－管理模式－研究 Ⅳ．①G637.3

中国版本图书馆CIP数据核字(2020)第217502号

新时期下教学管理模式的创新与实践研究

著　　者 / 王汉举　唐莉彬　刘　娟
责任编辑 / 江　冰　桑梦娟
封面设计 / 北京万瑞铭图文化传媒有限公司
经　　销 / 新华书店
开　　本 / 787毫米×1092毫米　1/16　印张 / 13.5　字数 / 282千字
印　　刷 / 北京天正元印务有限公司
版　　次 / 2021年9月第1版　2021年9月第1次印刷
书　　号 / ISBN 978-7-5113-8397-6
定　　价 / 65.00元

中国华侨出版社　北京市朝阳区西坝河东里77号楼底商5号　邮编：100028
发行部：（010）69363410　　传　真：（010）69363410
网　址：www.oveaschin.com　　E-mail：oveaschin@sina.com

如发现印装质量问题，影响阅读，请与印刷厂联系调换。

前言

  基础教育新课程改革实行国家、地方、学校三级课程管理体制，改变课程管理过于集中的状况，增强课程对地方、学校和学生的适应性。校本课程与国家课程、地方课程共同组成了"三级课程"结构。广大教育工作者对校本课程开发的理论和实践进行了积极的探索，取得了丰硕的研究成果，为基础教育的发展提供了一种强大的推动力，成为我国第八次基础教育课程改革的一大亮点。

  当前，随着我国基础教育课程改革的不断深入，校本课程不仅成为理论研究和实践探索的热点问题，更成为当前很"时髦"的一个研究领域。在理论研究层面上，专家、学者对校本课程开发的概念、价值、条件、类型、程序、评价等方面进行了较为深入的研究，但有一些研究仍停留在对校本课程做思辨性描述层面，对实践问题关注不够。例如，在对校本课程开发程序的研究中，还停留在笼统提示的层次上，缺乏实证性和可操作性。在理论的构建上，大多从校本课程开发的概念、价值、程序、评价等角度去分析，对校本课程开发中的文化重建、评价模式、课程管理的研究还不够深入……凡此种种很难有效指导校本课程开发的实践。在实践层面上，校本课程开发作为新生事物，开发者没有现成的经验借鉴，只有在实践中慢慢摸索。对各种学历层次和教龄的教师而言，普遍缺乏校本课程开发的知识和技能，其能力不足以去开发校本课程，同时由于理论知识匮乏，实践经验不足，校本课程开发的质量难以保证，理想和现实相差甚远。有鉴于此，笔者萌发了探索校本课程开发与管理，跨越校本课程开发与管理理论和实践之间"真空"地带的念头。

目录

第一章 小学教育管理概述 …………………………………………… 1
第一节 小学教育管理的基本概念 ………………………………… 1
第二节 小学教育管理学的对象与属性 …………………………… 2

第二章 小学教育管理体制 …………………………………………… 5
第一节 小学宏观教育管理体制 …………………………………… 5
第二节 小学微观教育管理机制 …………………………………… 8
第三节 教育中介组织的作用 ……………………………………… 12
第四节 小学教育管理体制改革 …………………………………… 14

第三章 课堂管理的策略 ……………………………………………… 18
第一节 有效课堂管理的策略研究 ………………………………… 18
第二节 课堂管理目标科学化策略 ………………………………… 21
第三节 营造健康的课堂环境策略 ………………………………… 23
第四节 课堂管理制度优化策略 …………………………………… 30
第五节 优化教学促进管理策略 …………………………………… 35
第六节 加强师生间沟通策略 ……………………………………… 45
第七节 提高师生自我效能感策略 ………………………………… 48

第四章 校本课程管理 ………………………………………………… 53
第一节 校本课程管理的目标 ……………………………………… 53
第二节 国家一级校本课程管理 …………………………………… 55
第三节 地方一级校本课程管理 …………………………………… 56
第四节 学校校本课程管理 ………………………………………… 58

第五章 教学工作的精细化管理 ……………………………………… 61
第一节 教学常规的精细化管理 …………………………………… 61
第二节 听课评课的精细化管理 …………………………………… 72
第三节 教学改革的精细化管理 …………………………………… 74
第四节 试卷的精细化分析方法 …………………………………… 78
第五节 学生成绩的精细化分析方法 ……………………………… 79
第六节 教育科研的精细化管理 …………………………………… 82

第六章 学校文化的精细化管理 ……………………………………… 88
第一节 学校文化概述 ……………………………………………… 88
第二节 学校文化的内容和功能 …………………………………… 92
第三节 学校文化建设中存在的问题 ……………………………… 98

第四节　学校文化建设的途径 …………………………………… 104

第七章　小学教育创新背景下的教学模式探究 …………………… 116
第一节　基础教学 ………………………………………………… 116
第二节　教学与培训 ……………………………………………… 119
第三节　教学与研究 ……………………………………………… 122

第八章　教师管理工作的人本主义方式 ……………………………… 133
第一节　学校教师管理原则的兼容 ……………………………… 133
第二节　教师职业素质要求的兼容 ……………………………… 138
第三节　教师的管理方式及发展方式的多样性兼容 …………… 141
第四节　对研究型教师培养方式的多样性选择 ………………… 152

第九章　新时期教师应具备的专业素质 ……………………………… 155
第一节　教师素质的研究 ………………………………………… 155
第二节　教师的专业素质结构 …………………………………… 158
第三节　教师的专业知识 ………………………………………… 160
第四节　教师的教学技能 ………………………………………… 162
第五节　教师的专业道德 ………………………………………… 165
第六节　教师的专业情意 ………………………………………… 169

第十章　新时期教师素质训练的创新探索 …………………………… 171
第一节　新时期教师的多元角色与专业发展 …………………… 171
第二节　多元文化视阈中的教师专业发展 ……………………… 183
第三节　"互联网＋"教育背景下教师的专业发展 …………… 197

参考文献 ………………………………………………………………… 205

第一章　小学教育管理概述

第一节　小学教育管理的基本概念

一、教育管理

"教育管理"的层面十分复杂。我们要准确把握这个概念，必须把它按一定标准划分成不同层面，然后逐层进行阐释。

（一）教育管理

从微观到宏观，教育管理可以分成以下三个层面：第一个层面是班级管理，即班级组织层面上的教育管理；第二个层面是学校管理，即学校组织层面上的教育管理；第三个层面是教育行政，即教育制度（系统）层面上的教育管理。"教育管理"是对上述三个不同层次的教育管理活动的概括和统称。

（二）教育行政

若从管理学的角度理解"行政"概念，"教育行政"可以等同于"教育管理"；而从政治学的角度看，"教育行政"则专指政府对本国教育系统所进行的领导与管理。这种管理活动又因对象的差异而划分出不同的层次：首先，政府对某所学校的管理可称为政府与学校（政校）关系；政府对某一地区学校的管理可称为区域（地方）教育行政；政府对本国学校教育系统的管理可称为宏观教育行政。"教育行政"即对上述三个不同层次的教育管理活动的概括和统称。

（三）学校管理

学校管理是对作为一个教育组织的学校所进行的管理。在这种情况下，学校管理等同于学校内部管理。学校管理是学校通过一定的机构和人员使学校沿着一定的方向维持学校按教育规律进行正常运转，使其获得不断发展和提高的手段。其功能是对学校教育总过程的一切活动和资源进行计划、组织、指挥、监督和调节，以便实现全面提高教育质量的目的。

（四）班级管理

班级管理是对作为一个学校基层教育教学组织的班级所进行的管理。班级管理虽然也是教育管理的一个重要领域，但在我国教育学学科体系构建过程中，它被当作"教育学"之下"德育论"的一个组成部分加以发展和讨论，未被纳入"教育管理学"的学科体系建设之中。所以，我国的教育管理学一般只涵盖"教育行政学"和"学校管理学"，而不包括"班级管理学"的内容。

二、小学教育管理

小学教育管理是指对一个国家或地区全部的小学教育活动所进行的管理。根据上述"教育管理"的定义，我们不难发现：小学教育管理至少涵盖如下两个方面的基本内容：其一，小学教育行政，即一个国家的各级政府对本国小学教育系统的管理活动；其二，小学学校管理，即小学管理者对作为初等教育组织的小学校所进行的管理活动。所谓"小学教育管理"，就是上述两方面管理活动的总称。

根据小学教育管理实践，我们也可从不同角度对其加以划分。从小学教育管理的层次出发，可以把它划分为小学教育行政、小学校管理和小学班级管理三个不同层次；从小学教育管理要素入手，可把它划分成小学师资建设、小学经费投入和小学装备条件等领域；根据小学教育管理的不同职能，可以把它分成小学教育立法、小学教育规划、小学教育政策和小学教育督导等过程；依据小学教育管理的对象，亦可把它分为小学课程与教学管理、小学德育管理、小学总务后勤管理和小学体育卫生管理等。上述所有对小学教育管理实践的划分，皆可成为我们探讨小学教育管理问题的切入点。

第二节 小学教育管理学的对象与属性

一、小学教育管理学的研究对象

从小学教育管理实践的范围看，教育管理学无疑应该研究教育行政、学校管理和班级管理等活动。此外，关于教育管理学科构建本身的一些教育管理学"元理论"问题，如教育管理学的学科性质、知识体系、历史演变等，亦应成为教育管理学的研究对象。

具体而言，目前学术界对于教育管理学研究对象的讨论，主要有以下三种基本观点：其一，认为教育管理学的研究对象是教育管理规律。这是一种较为传统的看法，其主要根据是毛泽东在《实践论》中提出的划分科学研究领域的论断。其二，主张教育管理学的研究对象是教育管理活动或教育管理现象。这种观点指出，由于规律是事物"内在的、本质的和必然的联系"，所以，教育管理规律是教育管理学研究过程终结之后，研究者才能获取的成果，它不可能在研究之初就呈现在研究者面前，故教育管理学的研究对象只能是具体可感的教育管理现象或活动。其三，提出教育管理学的研究对象是教育管理问题。这种观点提出时间较晚，主要源自科学哲学家卡尔·波普尔和拉里·劳丹关于科学研究起于猜想或问题的观点。经过日本教育学者大河内一男和海厚宗臣等人的介绍，我国最早由教育基本理论学者接受了这种看法，从而提出教育学的研究对象不是教育规律和教育现象或教育活动，而是教育问题的新说。教育管理学界有人受此启发，亦提出教育管理学的研究对象应该是"教育管理问题"的"新观点"。

对于上述争议，我们的看法是：第一种观点把作为教育管理学"研究任务"的教育管理规律误当作研究对象，显然不太适当；第二种观点无法解释为何教育管理学没有研究所有教育管理活动或现象这一问题；第三种观点虽然强调了教育管理问题在"引发"教育管理现象使其进入教育管理研究者视野之中的"中介作用"，却把这种中介本身当作教育管理学的研究对象，显然也是很不妥当。

教育管理学的研究对象究竟应该是什么呢？我们认为，可以把教育管理学的研究对象划分为"显在对象"和"潜在对象"两大类：前者指那些经由教育管理问题引发，从而进入教育管理学者研究视野之中的教育管理现象；后者则那些尚未引起教育管理学者注意、未被教育管理问题"触发"的教育管理现象。教育管理学的全部研究对象，则是所有的教育管理活动或现象。由是观之，教育管理问题就成了教育管理学的逻辑起点，教育管理规律则是教育管理学的逻辑结果，教育管理现象即教育管理学的研究对象。从此观点出发，我们认为：小学教育管理学的显在对象，是经由小学教育管理问题所引发的小学教育管理现象；其潜在对象则是尚未引起小学教育管理学者注意、未被小学教育管理问题"触发"的小学教育管理现象。而小学教育管理学的全部研究对象，则是所有的小学教育管理现象。

二、小学教育管理学的学科属性

所谓"学科"，在此可以被理解为关于某类知识的有机系统。目前，关于教育管理学的学科属性问题，主要有以下四种观点：其一，认为教育管理学属于教育学的分支学科。这种观点是一种较为传统的看法，改革开放以后教育管理学恢复与重建时期的教育管理学者大多持此看法。其二，主张教育管理学属于管理学的一个分支领域。在当年公布的学科专业目录中，原属教育学科独立二级学科的教育管理学和教育经济学都被取消了独立的学科地位，而被合并成为"教育经济与管理"专业，且被归入管理学一级学科之下。在此背景下，有些学者随提出了教育管理学应该属于管理学科的新看法。其三，认为教育管理学其实是一门介于教育学、管理学等多学科交叉边缘或综合的学科。在此基础上，张新平教授明确提出了"教育管理学是一门社会科学"的新见解。其四，主张教育管理学是一门应用型学科。在上述讨论中，前面三种观点，都是从横向来划定教育管理学的学科归属；最后一种观点，则是一种从人类知识体系的纵向角度划分教育管理学知识属性的尝试。

  上面关于教育管理学学科属性的探讨，是否纯属书斋中的"书生论政"而"无关民生"呢？事实并非如此。在这种显得迂阔无当的"书生之见"的背后，却凸显着教育管理学者更好地建设教育管理学科的"鸿鹄之志"。譬如，黄岁教授在论及教育管理学的学科归属问题时，就曾谈到其归属于教育学科的"三不利"局面：其一，教育管理学与教育学科甚少有共同概念，前者归属后者不利于两者之间的交流与沟通；其二，如果教育管理学划入教育学科，很容易被教育学科边缘化；其三，教育管理学归入教育学科，就会产生既无法与教育学对话，又难以与管理学科接轨的尴尬局面。教育管理学的学科属性问题，就成为一个不得不辩的重要话题。

  综上所述，我们认为：小学教育管理学是一门横跨教育学和管理学等多学科领域的应用型社会学科。

第二章　小学教育管理体制

第一节　小学宏观教育管理体制

一、教育管理体制的概念界定

从词源学上来看,"体制"一词在中国古代有"体裁""格局"之意。在近代社会,"体制"或指国家机构、企业、事业单位之间管理权限划分制度,或宽泛一些,除各种机构权限划分制度外,还把组织活动的运行机制涵盖在内。

在我国,教育管理体制的含义比较宽泛,大致包括各级各类学校办学主体的规定、各级各类教育行政机关的组织建制、各级各类教育机构之间的管理权限的划分,以及各级各类教育机构管理活动的运行机制及人员配备等。其核心问题是中央政府与地方政府、教育管理部门与学校围绕教育事权等方面的权限划分。

综上所述,我们认为,教育管理体制指国家通过政府及其相关部门领导和管理教育事业的组织体系和工作制度,表现为国家设立的专门机构对教育的管控活动,其实质是国家公共权力对教育的介入与干预。

二、教育管理体制基本属性

（一）教育管理体制的基本功能

教育管理体制,从静态层面上理解,它是一种教育系统内部的组织体系;从动态层面上理解,它是一种运行机制,也是一种教育管理事权的分配与管理安排。两者构成了一个统一体。国内有学者归纳了教育管理体制的四大功能:一是领导和指挥的功能;二是权力分配功能;三是分工协调功能;四是提高效率功能。领导和指挥功能,主要指实现国家对教育的统一安排,体现国家对教育的意识形态安排;权力分配功能，主要指正确解决中央和地方管理教育的关系，正确解决教育行政部门和学校的关系；分工协调功能，主要指理顺各教育管理主体间的权、责、利的分配与归口；提高效率功能，则是教育管理体制的根本目的所在，教育管理体制的根本目的是提高教育管理的效率，"离开了效率原则，教育管理体制的改革就变得毫无意义"。但是，正如"科学发展观"理念所倡导的一样，提高效率不能以牺牲公平为基础。社会的发展必须在科学的可持续健康发展理念的指引下，实现又好又快的发展。教育事业属于社会事业的一个重要组成部分，具有公益的性质，教育事业又是提高人口素质、增进社会福祉的基本手段，因此，教育管理体制的良好运转，不仅要以是否能提高效率为衡量标准，也必须十分重视教育公平、教育机会均等一系列问题的解决程度。

（二）教育管理体制的基本要素

为了有效地发挥教育管理体制的功能，实现"效率"与"公平"的目标，构建现代学校教育管理制度，首先要对构成教育管理体制的主要要素进行分析。我们认为，教育管理体制的基本要素应包含以下几个方面：一是政校关系。即各级教育行政机构与学校的关系，学校内部党的组织与行政组织的关系。政校关系的明晰与否，将直接影响办学主体与学校产权的明晰与否。二是职能发挥。发挥某种特定的教育、教学或管理职能，是教育管理体制存在的根据。三是权限划分。职能的有效发挥，必须依托一定的权力。并且，职能发挥是否有效率，是否促进了公平，必须以明确权力的界限与责任、义务的承担主体为前提。四是机构设置。机构设置体现了权限划分，是权限划分的基本形式，包括教育行政机构设置与学校内部机构设置两方面。教育行政机构设置涉及中央政府（含教育行政）与地方政府（含各级地方政府及教育行政部门）教育行政机构设置。学校内部机构设置包括学校行政、教学、校务、监督、党务等机构的设置。五是人员配备。教育管理体制职能的发挥，最终需要由具体的人去落实。配备合格、专业、高素质的教育管理人员，是教育管理体制有效运行的关键所在。

（三）教育管理体制的基本类型

一个国家的教育管理体制的形成与演变，必然受到该国历史、文化传统、经济和政治、社会体制等多种因素的影响。因此，教育管理体制不是一成不变的。正确理解教育管理体制的概念，必须把它放置于具体国家的政治、经济、历史和文化等大背景下考察。鉴于世界各国政治、经济、文化和行政体制的不同影响，根据中央和地方分配教育事权程度的不同，我们可以把教育管理体制大致分为中央集权制、地方分权制以及中央地方合作制等三种模式。

1. 中央集权制

所谓中央集权制，指中央政府对全国的教育事业有完全的决策、指挥和监控权力，地方政府必须依据中央所颁布的教育政策、法令和指示办事。在中央集权的体制下，教育管理工作表现为中央政府及其教育行政部门直接领导和管理整个国家的教育事业，地方政府及地方教育行政部门主要以实施中央的教育法律、政策、规划和指令为主。中央和地方的关系，表现为一种垂直的、领导与被领导的隶属关系。我国的教育管理体制，长期以来实行中央集中的统一领导体制。经过多年的改革，虽然已经意识到权力下放、分级管理是国际教育管理的必然趋势，但仍然无法彻底、有效地理顺中央和地方教育行政部门的关系，无法真正有效地调动地方的办学积极性。究其原因，除了我国传统文化、观念的影响之外，在对"放权—控权""政府—学校""职、责、权"以及"权力制衡机制"的理解和认识上，还没有真正地深入，同时没有建立合理的立法机制来保障各方面的利益与责任的平衡，从而导致了我国在多次教育管理体制改革上，出现"一统就死""一放就乱"的乱象。

不可否认，中央集权制的教育管理体制有其优点。其优点在于：可以统一国家的教育目标、方针、政策和法规，有利于统筹规划，全面安排；国家可以有效地调节各地区的教育发展，对教育落后地区予以重点扶持帮助；教育行政权力集中在中央，可以加重中央政府对教育的责任，发挥中央办教育的积极性；便于统一教育标准和要求，易于考查和控制全国的办学水平；有利于教育政策、法令的推行和教育经验的推广。其弊端在于：容易脱离地方实际，出现一刀切现象，不利于因地制宜办教育和照顾地方差异；地方的权力太小，束缚了手脚，不利于调动地方办教育的主动性和积极性；中央的教育决策一旦失误，易造成全国性的消极影响。在世界范围内，法国是典型的实行教育管理中央集权制的国家。

2.地方分权制

与中央集权制不同，地方分权制指地方教育行政机关在其管辖范围内，有独立的教育行政权力，中央教育行政机关只发挥指导、服务作用。地方分权制的优点是：权力分散，可以因地制宜地发展教育和开展教育实验与改革，使教育适应各地的特殊需要；可以充分发挥地方的积极性和主动性，减少地方对中央的依赖，有利于筹集教育经费；可使各地产生教育竞争，促进教育的发展，便于教育的属地管理。其缺点是：各地对教育的认识不同，重视程度也不一样，易导致教育发展不平衡；各地条件不一样，经济发展不平衡，对教育的投入不一样，容易出现教育发展的两极分化；权力分散，政令不统一，缺乏全国统一的规划和要求，极易导致教育质量参差不齐。在世界范围内，美国是典型的教育管理地方分权制国家。

3.中央地方合作制

中央集权制和地方分权制各有其优点和弊端，我们绝不能简单地认为哪种体制绝对好，哪种体制绝对差。为了避免中央集权制和地方分权制各自的缺点，更有效地发挥教育管理机制的作用，目前，许多国家均在融合中央集权制和地方分权制各自优点的基础上，实行以"不过分"的集权以及权力下放为特征的中央地方合作制。中央地方合作制的关键是如何正确处理权力结构和职能结构的配置问题，如何形成一套有效的权力制衡机制。让中央管好中央能管的事，地方管好地方能管的事，把中央和地方不能管也不好管的事情交由市场，交由学校。同时，我们也要明白，中央和地方合作制的根本目的在于调动各方面的积极性，形成权、责、利明确的教育管理体制和运行机制。

第二节　小学微观教育管理机制

一、小学内部教育领导体制

如前文所述，我国中小学内部教育管理体制自新中国成立以来经历了数次变革。国家多次立法对中小学校内部领导体制做出规定，直至2006年6月修订的《中华人民共和国义务教育法》中第二十六条再一次对中小学教育管理体制做出了规定："学校实行校长负责制。校长应当符合国家规定的任职条件。校长由县级人民政府教育行政部门依法聘任。"由此可见，中小学校内部领导体制是我国中小学校内部管理的根本制度。它规定了学校机构设置及其相互关系等，涉及由谁来领导并负责全校的工作，由谁来行使学校的决策权、指挥权的问题。因此，它直接支配着学校的全部管理工作，是直接影响学校全局工作的关键因素，是办好学校首先必须研究的问题。

进入21世纪以来，我国教育管理学界日益呼吁学校的治理应从"治理"走向"善治"。作为我国基础教育重要组成部分的小学教育，善治的根本在于建立合理高效的学校领导体制，以促进学生更好地发展。目前，我国绝大部分公立小学实行的领导体制是校长负责制。校长负责制，是符合我国国情，经过实践检验的适合我国中小学校管理的重要制度。校长负责制，主要指学校工作由校长统一领导、全面负责的学校组织制度。它的主要内涵包括：校长统一领导，全面负责；党组织起政治核心地位和监督保证作用；教职工代表大会进行民主管理和民主监督。实行校长负责制，有利于加强和改善党对学校工作的领导，同时有利于加强学校的科学管理和民主管理，调动广大教职员工参与学习管理的积极性。

同时，时代的发展不断对社会与教育提出了新的要求，建设知识型社会，促进素质教育全面发展要求校长负责制作为学校核心的领导体制也必须与时俱进，持续改善，以达到善治的目的。另外，我们也必须意识到，合理的校长负责制是一个动态的概念。第一，必须处理好党的领导和行政领导的关系。让党的领导通过政策、路线和组织安排的政治领导保证办学的社会主义性质，对办学路线、办学目标、办学过程起到监督与保障作用。第二，必须合理有效地处理好个人负责和集体负责的关系。校长负责制明确了学校的责任归属，并要求实行民主管理。同时，必须注意避免"一长制"带来的独断专行与官僚主义，或是缺少个人负责的委员会制带来的互相推诿和议而不决的现象。第三，必须走向现代学校管理制度。借鉴现代企业制度，校长负责制的发展空间是巨大的。有效地明晰、落实学校管理的决策权、执行权、监督权，建立更加合理的校长任免机制、校务议事机制、民主监督机制是现代校长负责制的基本要求。

二、小学内部教育人事管理体制

在宏观教育管理体制的安排下，我国教育行政主管部门与学校的关系主要体现在人事安排和经费管理等方面。有学者指出，政府教育职权主要体现在经费、人事和业务管理等领域，具体包括以下职权范围：

确保教育经费投入并监督其使用去向；

行使对学校的人事权；

行使对学校的业务监督权。

人事与经费关系学校办学的命脉，因此，小学人事与经费管理体制是内部管理体制的重中之重。

小学内部人事管理体制，主要由以下两个方面共同组成。

（一）教育行政部门对校长和教师的管理

我国公立中小学校长与教师在身份上属于国家干部编制，实行参照公务员管理的事业单位人事管理模式。校长是国家的官员，教师是国家的干部。因此，在很大程度上，这种人事管理模式决定了我国教育行政部门对校长和教师的管理具有浓厚的行政色彩，教育难以独立于政治之外。

教育行政部门对校长和教师的管理，可以通过组织设置和人员配备，选拔所属学校校长，协助选拔学校副职领导干部，控制教师编制、专业结构等方式实现。长期以来，由于官本位思想的存在，政治与教育发生了错位，教育行政机关承担了太多本不该政府管理的事，而且，"长官意志"凌驾于教育规律之上，政府部门偏好以直接、微观、具体的手段行使职权，不适当地干预了学校人事安排。

总体而言，教育行政部门应通过制定有关的方针政策，制定中小学校长、行政领导干部选拔条件、任职标准，制定教师资格条件，培训、考核、奖惩标准等规章制度，进行宏观的间接管理，避免过于直接地干涉学校内部具体事务。

（二）学校内部对校长和教师的人事管理

我国中小学实行校长负责制，校长处于学校行政领导的中心地位，承担着决策、管理、指挥、协调的重要责任。因此，对校长的管理应该通过明确界定校长的职责、职权、待遇，明确界定校长的选拔、任用、培训等内容来实现。长期以来，我国中小学校长在学校管理上普遍存在着经验管理的倾向。这种现象的产生，一个原因是许多校长是由优秀教师提拔而来，普遍缺乏教育管理的理论和实践经验；另一个原因是我国对中小学的教育培训力度相对薄弱，对国际先进的学校管理理念和手段、教学方法等方面的学习还不够。因此，为了提高中小学校的管理水平，提升中小学校长的管理能力，有效发挥校长负责制的运行效果，必须关注校长的成长过程，加大对校长的培训力度。

教师质量的高低，决定了教育质量的高低，而教育质量是关系着学校办学与发展的生命线。合格、高素质的教师队伍是小学内部人事管理的重心所在。完善教师的聘任制度，则是小学师资管理的核心。小学教师是专业人员，不是每个人都可以任小学教师。小学教师必须具备一定的教育教学理论知识，具备担当某一课程授课的专业水平和任教资格，同时，还必须熟悉小学生身体和心理特点，熟悉教育教学方法；对于不能胜任小学教职的人员，应该建立有效的解聘制度，赋予学校领导层对教师的解聘权力；对于有较高教育教学水平、师德高尚的教师，要建立考核和培训机制，促进优秀教师更快地成长。同时，建立小学师资队伍能进能出、能上能下的选拔任用机制。

三、小学内部财务管理体制

教育财政管理是教育领导的一个重要职能。小学教育财政管理，其核心是教育经费的筹措、分配与使用。从根本上讲，教育财政就是要使教育经费"来""去"合理、科学可行、有效。因此，小学教育经费的筹措、分配和使用成为小学教育财政管理运行的全过程。教育经费使用得当与否与效益如何，将大大影响一所学校的办校效益与办学质量。

改革开放以来，我国多次下发文件对中小学校教育经费管理进行明文规定，并逐步增加教育经费的投入。《中共中央关于教育体制改革的决定》中规定了教育经费必须实现"三个增长"，即中央和地方政府教育拨款的增长要高于财政经常性收入的增长，并使按在校学生人数平均的教育经费逐年增长，切实保证教师工资和人均公用经费逐年有所增长。同时，对教育经费筹措的渠道，也发文鼓励各级政府、社会各方面和个人努力增加对教育的投入，保证教育事业优先发展，尤其确保义务教育阶段教育经费来源充足。

（一）小学的财务管理权

我国公立中小学的教育经费，总体上分为预算内教育经费（国家财政拨款的教育经费）和预算外教育经费（除来自预算拨款以外的一切渠道的教育经费）。在预算内教育经费中，又包括教育事业费和教育基本建设费两大类。教育事业费指国家财政拨款中用于维持教育事业正常运转的经常性经费，按用途分，可分为公用经费和人员经费；教育基本建设费指教育经费中用于教育固定资产方面的各项投资。在我国公立中小学中，政府的预算内教育经费构成中小学教育经费的主要来源。

目前，我国义务教育经费仍然紧张。虽然，国家政策规定了中小学校的校长有权支配上级拨给学校的经费,但在许多地方,我国公立中小学的人员经费经常占到下拨经费的80%以上,受我国工资政策的制约,校长根本无权自主支配这笔经费。剩下不足20%的经费,用于维持学校日常办公已捉襟见肘。所以,在我国公立中小学中,学校可以支配教育经费的权力实际非常小。另外,还经常存在教育经费不到位,挪用、挤占教育经费的现象,致使本已十分缺乏的教育经费又因管理监督的不到位,而更显得十分缺乏。因此,在学校管理体制改革的过程中,应该把教育经费管理权真正下放到学校,使学校能运用经费分配这个杠杆,调整教师工资结构和分配方式,调动学校教职员工的工作积极性,提高学校办学的效率,从而有效地缓解我国基础教育经费不足的矛盾,使学校有更多的资金可以支配。

(二) 多方筹措教育经费

不同类别、性质的学校,其教育经费的来源有很大的差别。在我国,公立中小学教育经费主要依靠国家拨款;私立学校的经费来源则明显地呈现多元化趋势,学费收入、社会捐助在总经费中占有很大比例。正如上文所述,我国公立小学的经费中,大部分为人员经费,学校可以支配的经费很少。与此同时,我国地区发展不平衡,诸多地区教育经费拨款渠道不顺畅,教育经费远未能满足学校发展的需要。因此,公立中小学也应该学习私立学校的做法,积极筹措教育经费,搭建多元化的教育经费来源渠道。从目前来看,我国公立小学教育经费来源主要有以下几种渠道。

1.财政补助收入

即小学从财政部门取得的各项事业经费,包括教育事业费、教育费附加、地方教育费附加、公费医疗经费等。

2.上级补助收入

即小学从主管部门和上级单位取得的非财政补助收入。

3.事业收入

即小学开展教学及其辅助活动依法取得的收入。

4.经营收入

即小学在教学及其辅助活动之外,开展非独立核算经营活动取得的收入。

5.附属单位上缴收入

即小学附属单位独立核算的校办产业和勤工俭学项目按照规定上缴的收入。

6.其他收入

包括校友捐助、社会各界捐赠、投资收益、利息收入等。

总之,搭建多元化的教育经费来源体系,可以在一定程度上改善学校的办学条件,提高学校的办学效益。在建立多元化教育经费来源体系的同时,我们也应该重视构建学校内部的教育经费监管机制,防止教育经费的流失与不规范操作,提高教育经费使用效益,真正将有限的教育经费用于促进学生的发展。

第三节 教育中介组织的作用

一、教育中介组织的建构与职能

就现实而言，在我国东部地区，经过改革开放40多年的发展，人们对教育中介组织的认识也在不断深化之中，各种类型的教育中介组织已经得到相当程度的发展。具体而言，在认识方面，针对市、区（县）教研室行政色彩过于浓厚的现象，有人建议将教研室建成一种政府指导和监控学校教学业务的中介性机构；针对基础教育督导中存在的表面化和庸俗化弊端，有人提议改变目前的教育督导和评估模式，建立一种社会化中介性的教育评价机构。在实践领域，伴随着教育管理体制改革的不断深入，有些地方产生了一类介于政府与学校之间的中介性监控机构。如在个别市、区，与政府的"简政放权"相配合，一些学校尝试建立了"校事监督委员会"。该委员会由政府主管部门代表、捐资助学人士、教工代表和家长代表组成，负责学校重大问题的咨询和审议工作，并监督校长的办学和管理活动。这种中介性的监控机构还不是一种制度化的设置，它与政府主管部门、校长和教代会之间，存在着定位模糊和权责不清等问题。

我国其实早已具备建立教育中介组织的法律基础。现行行政法明确规定：政府既可以通过法律授权给非行政组织，又可委托非行政组织行使特定的行政职权。如上所述，《民办教育促进法》规定：教育行政部门可委托社会中介组织对民办学校开展教育评价活动。在建构上述教育中介组织时，应充分考虑不同中介组织的权力来源及其性质差异。具体而言，校事监督委员会主要是政府基于对公立学校产权之上的委托授权；教育评估型的中介组织，则是由政府委托与学校自愿相结合而产生的契约性权能。这些权能渊源和性质各不相同的教育中介组织不断生长和发育，即可共同构建政府、学校和社会之间的沟通、协调和约束机制。

上述建立中介性监控机制的实践探索，对调整政府与学校之间的权力配置关系有所启迪。众所周知，一方面，在政府落实学校办学自主权之后，如何在校长负责制之下有效监控校长行使职权，一直是一个十分棘手的难题；另一方面，尽管"转变职能"的体制改革一直呼声高涨，但转变职能的落实一直步履维艰，其中一个重要原因就在于：新中国成立后高度集权化的计划管治模式，抑制了各类社会中介组织发育的可能性，以致在政府需要转变职能时，缺乏相应的社会中介组织与之相配合。因此，要真正实现"简政放权，转变职能，政校分开"的教育管理体制改革目标，就应在政府与学校之间创设一类政府授权或委托的教育中介组织，使之发挥决策咨询、监督评价和业务指导等方面的作用。这些功能各异的教育中介组织，既可创设——如实践中已经建立的校事监督委员会，已经广泛存在的留学服务中心，以及尚待创设的教育政策与法律咨询服务机构；也可改造——如在减弱现有教研室的行政色彩后，使之转变成教育教学业务指导和咨询机构；又可剥离——如从现有教育行政机构中，分离出教育考试和质量测评职能，分别成立社会性的教育考试和质量测评机构。

建构教育中介组织是教育事业现代化建设的需要，更是市场体制背景下政府职能调整的必然要求。从目前我国的国情出发，教育中介组织至少可在下述领域发挥重要作用：一是明晰政府与学校权责关系。如通过建立校事监督委员会，既可以更好地强化政府对校长权力的监控机制，又可破解长期以来"政校不分"的困境。二是进一步促进政府转变职能。如通过发挥相关教育中介性机构的作用，政府可从微观具体的烦琐事务管理中解放出来，把工作重心转移到宏观调控和监督服务方面。三是缓解政府与学校之间的直接冲突。由于教育中介性机构的"间隔作用"，降低了政府行使教育管理职权时的刚性，从而减少了政府与学校直接冲突的可能性。四是服务教育事业发展。如通过发挥教育中介组织决策咨询、质量测评、教育培训和信息服务等方面的作用，可以大力促进各级各类教育事业的健康发展。

教育中介组织若要在协调政府、学校和社会三方关系中发挥应有的作用，就应对教育中介组织的职能予以恰当定位。综观国外教育中介组织的运作状况，结合我国实际，可以发现，教育中介组织的职能主要源于组织自身的机能和政府的委托授权。总之，教育中介组织实为一类拥有较大自主权的非政府组织，它虽不具有刚性的行政权能，也不具备直接指挥学校的权力，却可以代表教育活动的利益相关各方，参与教育管理，提供相应服务。

二、进一步培育教育中介组织

如何进一步调整学校与政府、学校与社会之间的权责利关系，乃当今教育体制改革和建立现代学校制度的一大难题。教育中介组织的合理建构和有效运作，即为破解此困局的关键所在。为此，政府宜采用如下基本策略，以促进教育中介组织的合理建构和有效运作。

（一）加强立法监控

教育中介组织的生存和发展必须建立在法律的坚实保障之上。西方一些发达国家和地区，皆对教育中介组织予以立法保障和规范，其对教育中介组织的法律保障，往往采取分散立法的模式。就目前情况而言，我国对教育中介组织的相关立法还十分薄弱，这显然无法满足政府转变职能、简政放权和政校分开之后，教育中介组织加速发展的迫切要求。为此，应加快对教育中介组织立法的进程，明确规范教育中介组织的地位、形式、性质和作用。这不仅可以为教育中介组织的发展和运作提供可靠的法律保障，而且能够提高教育中介组织及其成员的社会责任感，并为解决可能的纠纷和争议提供法律依据。

（二）实行简政让权

在某些情况下，政府及其教育职能部门在一些专业性较强的领域行使管理职权时，囿于自身专业能力或其他原因，便可委托教育中介组织代行一定的管理职权，从而实现自身的治理目标。在此情境下，就性质而言，教育中介组织的部分权力，是来自政府或其职能部门的行政委托或法律授权。

从经济学视角观察，此时在政府与教育中介组织之间，实际上存在着某种性质上的"委托—代理关系"，此外，从简政放权、转变职能和政校分开的要求出发，政府除应向学校放权以落实学校办学自主权之外，亦应向教育中介组织"让渡"部分权能，从而能够使自身从具体而微观的教育事务中解脱出来，进而专注于宏观调控。这就要求政府根据实际需要，对某些教育中介组织进行委托或授权。

（三）加快职能转变

由于我国仍然处于传统计划体制向市场体制的转轨过程当中，我国"有限政府"的管制模式尚未真正形成，因此，目前在教育中介组织运作过程中，政府转变职能尚不到位，其角色扮演也存在着越位、错位和缺位三个方面的突出问题。具体而言，政府权限范围和行使职权的方式十分模糊，在教育发展过程中，政府常以"全能者"的身份出现，包办了许多超出了其权限范围的事，这就严重地限制和压缩了教育中介组织的生长发育空间，遏制了教育中介组织的积极性和活力，阻碍了教育中介组织的进一步发展和壮大。为扭转上述局面，政府必须进一步加大转变职能的力度，淡化自身在专业性领域内的直接管理职能，为教育中介组织的发展和壮大提供广阔的空间和舞台。

总之，我国社会主义市场经济体制的确立以及政府推动的简政放权和转变职能改革，已为我国教育中介组织的良性发展开辟了广阔前景。如何克服教育中介组织的先天不足，以及在政府、学校与教育中介组织之间，究竟应该建立怎样的良性互动关系，应成为我们未来思考和探索的方向。

第四节　小学教育管理体制改革

一、构建有利于小学教育发展的外部环境关系

思考现代小学教育管理体制改革的路径，首先涉及的是"政府、学校和市场"的关系。英国学者尼夫在分析重构教育与政府关系、教育与社会关系时指出，要"努力将一种特殊形式的由外部界定的'竞争伦理'作为学校的，同时也作为教育制度发展的主要驱动力"，一语道破了构建现代学校制度的价值基础。过去，我国教育行政部门一直对义务教育阶段的学校有统得过死、管得过严的弊病，不利于调动各中小学办学积极性，也不利于各中小学因地制宜地办出特色。因此，建立现代学校管理制度，必

须重新构建政府、学校和市场三者的关系，改变控制与被控制的局面，引入第三方市场因素，引入竞争伦理，打破大锅饭的教育资源分配模式，提升各中小学办学活力，使义务教育阶段的教育能真正促进学生可持续发展，符合学生个性发展需要，办出优质的教育。

随着经济和社会发展的日益加快，建设知识型社会、学习型社会要求突破传统的教育体制，建立与市场经济和知识型社会相适应的教育体制。新的义务教育体制应以现代社会对人的全面发展的要求为出发点，体现学生发展为本的思想，为人的终身发展奠定基础。政府一直以来都在义务教育事业中发挥着重要的作用，面临的问题是如何理顺政府与学校的关系，如何正确定位政府在义务教育中的角色和地位，避免政府职能部门的"越位"（做了不该做的事情）、"缺位"（该做的事情没做好）、"错位"（做了该别人做的事）。我们认为，理顺政府与学校的关系关键在于政府、学校和市场三者均需要转变职能。从政府角度出发，需要简政放权；从市场角度出发，主要考虑建立市场与教育事务的运行机制；从学校层面出发，主要考虑学校的自主发展问题。

其次，现代小学管理制度的建立，必须清晰界定政府、学校、市场三者的职能。首先是政府职能的转型，政府应该从具体的教育管理事务中逐步退出，凡是学校能够办好的事情都让学校办，凡是市场能解决的问题就应发挥市场机制来解决。政府应该注重于教育事业发展规划，加强教育事业宏观调控；加强教育制度环境建设，维护市场秩序，发挥市场机制。同时，简政放权并不意味着削弱政府主管教育的权力，而是有效地增强了政府的责任意识。责任意识的加强，意味着政府必须做该做的事情，如果失职，就必须承担相关的道义、政治或法律上的责任。

学校也应该转变职能，在政府将部分教育管理权下放给学校的时候，必须建立相应的权责体系。政府下放的权力一般包括学校目标和政策制定权、财政预算权、人事安排权、课程设置权等。学校同时也必须建立起相应的知识、信息、人事体系以承担、使用好下放的自主权，也必须相应地提高教育行政人员的素质。如果没有相应的教育资源做支持，学校对权力的运用就会缺乏必要的条件。

在市场方面，一是应通过培育教育中介组织，实行对教育的转移支付和公共教育服务的"购买"，将原有的一部分政府管理职能分化；二是尊重家长及学生对教育的选择权，通过引入市场机制，合理配置教育资源。

二、建立有利于小学教育发展的现代学校管理体制

现代学校制度指在知识社会初见端倪和全面建设小康社会的大社会背景下，能够适应市场经济和建设学习型社会的基本要求，以新型的政校关系为基础，以现代教育观念为指导，学校依法民主、自主管理，能够促进学生、教职工、学校、学校所在社区的协调和可持续发展的一套完整的制度体系。

现代小学管理体制的基本价值是保障学校大力推进素质教育，促进学生的充分、

全面、多元、终身发展。通过建立现代的学校内部治理架构，避免"一长制"的独断专行，充分满足各教育利益相关主体的需求。同时，现代学校管理制度是一整套有机的制度体系，从教育价值观到组织架构到教育管理方式等方面使得学校朝着符合市场经济、知识型社会的规范前进，主要体现在以下几个方面。

（一）形成现代教育观

无论学校管理体制如何改革，其出发点和落脚点都在于提高教育质量，促进学生的终身发展。因此，现代的教育观指引着教育工作者的办学思路，影响着教育工作者的办学行为。现代的教育观涵盖学校工作的方方面面，主要有现代的教育价值观、教育质量观、教育管理观、教学评价观、学生观、教师观、课程观等。比如，在现代的教育管理观的指导下，小学的校长和教师应该把主要精力放在课程的领导方面，全力以赴地提高课程质量、教学质量，而不是把精力放在公关、应酬等事务中。同时，校长与教师应该成为专业人士，实行校长和教师的专业化发展，成为既有丰富实践经验又有较高理论水平的高素质教育管理者。

（二）形成校本管理组织架构

校本管理是20世纪60年代在西方发达国家兴起的，以学校发展为本、以学生发展为中心、以提高学校组织效能与学习教育质量为核心的学校管理制度。校本管理提倡学校自主发展，政府宏观调控，明确学校、政府、市场三者的关系，形成有效的制衡机制与合作机制，共同推动教育的发展。校本管理下的学校自主发展，至少应包括以下几个方面：首先，财政自主，包括预算规划和经费管理的自主；其次，人事自主，学校有权对教师和职员做出安排；再次，课程自主，学校能自主开发体现地方特色和自身特色的校本教材，真正做到"把课程还给教师"；最后，发展自主，学校拥有独立的发展权，有权依据办学章程，制定学校目标、发展愿景、发展规划等。

（三）形成多元参与管理模式

现代小学管理体制要求形成决策、监督、执行三权分立，学生、家长、社区共同参与的多元管理方式。其根本目的在于保障学校的民主发展，真正体现教育相关者的利益，同时，也能有效地促进学校接受监督，关注其绩效发展。多元参与的教育管理方式，有利于社会各个层面的多方互动，各个层面能有效地参与到学校管理事务中。在现代的小学中，学校应该重视教育信息、校务的公开和透明化，尊重教师、学生、家长的教育知情权；建立民主治校的各项制度，采用多个部门相互制衡的方式协同发展；避免校长负责制下校长权力的过度膨胀，使教育管理权力的运用能真正体现学生发展的诉求。

三、着力推动小学教育管理体制与机制改革

九年义务教育基本实现普及化，基本扫除文盲，部分发达地区正在进行十二年义

务教育的有益探索；高等教育逐步实现大众化，让更多的学生得以接受到更高层次更优质的教育；教育法律法规日益完善，学校办学自主权日益扩大，各级各类学校逐步走上规范办学、特色办学的道路；大力推动基层教育阶段素质教育，有效促进了学生的全面发展。在种种成绩面前，我们也要清醒地认识到，我国教育，尤其是基础教育，离世界教育发达国家的水平还有一定距离，面临着巨大的挑战和困境，主要体现在如下几个方面：

（一）理顺各级政府之间的权责

在义务教育阶段，中央政府、省级、市级、县级之间的关系不够明确，普遍存在着上级政府权力过分集中，而下级政府权力有限的问题。同时，下级政府虽然权力有限，却必须承担相当大的责任。在教育经费管理方面体现为拖欠教师工资，尤其是农村地区更为严重。

（二）理顺政府和学校之间的关系

这种关系主要表现在政府、教育行政部门是否愿意真正地将权力下放，下放多少的权力，而下放的权力，由哪些组织机构予以承担。理顺关系要求明确界定政府、学校的责任和义务，加强政府的责任意识。政府管理教育需要建立问责制度，学校管理教育需要建立绩效考评制度。学校的法人地位、内部治理机构做到完善，才能有效地解决政府和学校之间权责不清的问题。

（三）大力培育第三方市场的力量

现代学校管理制度，需要重新建构教育价值观，引入市场竞争伦理。但如何有效地培育市场力量，如上节所言，如何培育一大批教育中介组织，并使之成为参与教育管理的重要力量；如何吸引社会各个层面的支持、监督来促进学校发展，这些都是亟待解决的瓶颈问题。

（四）提升相关人员的教育管理素质

建立现代学校管理制度，学校校长、教师、职员、家长和其他管理者是否为现代学校管理制度的建立做好了准备？思想上能否改变旧有保守的教育观念？在教育信息不甚公开，教育资源比较稀缺的情况下，能否有足够的知识和能力突破传统教育体制的束缚？

正如加拿大学者比塞隆所说："在教育制度迫切需要变革的情况下，成功实际上依赖于每个人根据其作用和能力所做出的负责任的承诺，依赖于教育政策的制定者、学校校长以及那些从事教育日常工作的人。"因此，建立现代学校制度，建立有利于学生全面发展的素质教育体系，建设新型的现代化小学，推动基础教育的扎实发展，需要社会的共同关注，需要每一位参与教育事业的人士付出努力，共同推进现代学校制度建设的步伐。

第三章 课堂管理的策略

第一节 有效课堂管理的策略研究

根据在调查中所发现的问题及成因,我们认为,要有效进行课堂管理,需要在以下几个方面进行策略的构建和实施。

一、加强课堂安全管理理论的学习

安全管理理论的诞生,使安全管理科学得到了广泛的关注,安全管理模型层出不穷,主要有序贯模型、事故＋事件原因模型、流行病学模型、萨里模型和系统模型等。本书对这几种模型理论进行了研究,并分析了发生的几例课堂安全事故,从而提高教师对课堂管理安全的认识。

(一)序贯模型

20世纪30年代,美国人海因里希提出了"序贯模型"这一理论。序贯模型理论把诱发事故发生的诸多因素比作一个个排列好的多米诺骨牌,一个挨着一个,一个依赖着一个。如果一个骨牌倒下,那么就会使所有的骨牌一个接一个倒下去,最后所有骨牌都倒下去。在序贯模型中被比作多米诺骨牌的就是整体环境、人为失误、不安全的行为、不安全的基础设备、劳动环境、事故工伤等。这一理论还阐述了事故预防的方法和最后的结果:在事故发生之前就把能够引发事故的因素进行处理,消除不安全因素,进而切断事故序列。

如在一起事故中,陆某不小心被卓某的一次性针头刺中下嘴唇,而导致嘴唇穿透,流血不止。这一事故的原因无疑离不开卓某的不安全行为——持针头玩耍,然而体育教师在看到这一情景时时没能及时阻止也难辞其咎;而从社会层面来看,医务工作者在注射完之后没能及时销毁一次性针头,使针头落入学生的手中,也是失职。所以说，造成陆某伤害事故的因素是多方面的，具有序贯性的。因此，为了保证学生的安全，就要切断有可能带给学生伤害的每个因素，做到预防为主。

（二）事故＋事件原因模型

彼得森等安全管理专家在序贯模型的基础上对造成事故的原因进行了深入的探究，提出了事故＋事件原因模型理论。事故＋事件原因理论指出，事故发生的原因不单单是"序贯模型"认为的唯一原因，而是很多原因才导致了事故的发生，最主要的因素是人为的失误或者系统的错误。人为原因指人由于过度疲劳或其他原因形成了决策的错误。过度疲劳指在一定状况下，人所承受的与自己的能力不相符。这种不匹配主要指负荷类、状态和能力三个方面中的众多因素失去了平衡。负荷类指工作信息环境和工作危机状态等，状态指动机、态度、激励和生物节律等四个方面，能力指工作人员的身体情况、心理状况、工作环境和知识技能等。错误决策重点表现为以下几个方面：第一，同事之间的压力、上级的要求、个体期望等个人情境下所形成的自认为正确的决策；第二，意识倾向和心理原因所造成的下意识的错误期望；第三，对事故发生概率的预测较低。而这些因素之中，自认为正确的决策是错误决定产生的最关键因素，它常常使员工有意识或无意识地做出错误的判断和决定。系统错误主要指方针政策、标准要求、职责界定等，而这些究其根源也都来自人为的失误。例如在一起事故中，体育教师在体育课上把板凳设为障碍跑的障碍，同时要求学生进行两次往返跑。教师对教学内容安排和教学器材的使用都超出了初中一年级学生的承受范围，才导致学生因体力不支而磕伤。此外，以板凳代替障碍物有潜在的危险，而体育教师之所以这样做正是基于错误（即在主观上存在一种相信学生能够避免）的观念，从而采取了所谓的"合理的决策"，导致学生受伤。

（三）系统模型

随着众多专家对系统安全的重视与研究，在系统理论的基础上又出现了新的因果关系原理，即系统模型。系统模型理论充分认识到作业人员、使用工具和环境的紧密联系。鲍勃·菲尔恩兹据此建立了菲尔恩兹系统模型。这一模型把进行工作的人员——无论是机械师还是铸造人员或是化学家——都作为系统中的一个组成部分。这一系统网络包括机器、使用机器的从业人员和使用环境三个方面。而实际操作的最终结果如何由这三方面的因素所决定，体现了人—机的可靠性和环境的有利性。操作人员的决策出现错误或者机器发生故障都会引发事故。在这个系统中环境占有非常重要的位置，不良的环境就会影响到作业人员的思想和决策，同时也会影响到机器设备的正常运转。系统模型提出要为操作人员提供大量的正确的详细信息，增强操作人员的学习意识，提升决策的准确率，减少失误的发生；要为机器设备的正常运转提供优良的环境，提高设备运转的安全系数，减少事故的发生。也要充分认识到，在一定条件下，即便获得了正确的决策信息，也不能确保不发生事故。因为决策人员在心理和生理的压力下，有可能会对信息产生误判，进而出现错误的决策，带来事故发生的风险。在中学实验课堂的管理中，人—机系统的可靠性和环境的有利性的作业更加显著。

总之，无论哪一种模型理论都是对现实中发生的安全活动特征的一种抽象描述，它们的共同点是都对事故的发生过程和引发事故的原因进行了分析。序贯模型重点对引发安全事故的原因和内在机理进行了分析和阐述，但是对于事故发生原因的复杂性却简单地归为一些指标，没有更深入的探究；事故＋事件原因模型重点分析了事故发生的原因中人为错误和系统错误的重要性，探讨了人类心理因素和环境因素对事故发生的影响，同时对引发事故的多种原因做了进一步的分析，比序贯模型有了一定的进步；而菲尔恩兹系统模型则着重研究了事故发生的系统原因，同时提出了对事故进行有效预防和控制的具体实施策略。

二、课堂管理事故的预防策略

通过对课堂伤害事故发生原因的分析，发现无论是人为失误或者是具体事故的出现都与四种因素密切相关，即人、设备、环境和管理。人为的失误能够导致事故的发生，不良的环境也会导致事故的发生。在研究时，必须要从这四个主要因素入手，探索出具体可行的预防方法。

（一）人的因素方面的对策

这里所指的人的因素，不仅指师生的因素，同时还包括与师生工作、学习有关的其他人的因素。人际关系对于开展工作、进行学习都具有非常重要的影响，师生之间人际关系不和谐，教师在教学活动中所发出的命令、指示或是互动都难以得到学生的执行。首先，要创造一种和睦、严肃的课堂安全气氛。严禁任何违反课堂规则和操作错误之类的行为；互相监督，在课堂不能使用危险用具和危险品，杜绝不安全的行为；在进行实验操作之前，要逐个对学生进行讲解，发现学生错误的操作要立即纠正，杜绝出现错误操作。其次，重视危险物的处理。对学生进行安全教育，使师生意识到危险物发生事故的严重后果，并在行动上慎重，要注意遵守安全操作规程，规范实践。最后，具有危险防范的意识和能力。对危险行为的产生要具有预判能力，要加强安全教育，提高对安全重要性的认识，可以把案例介绍给师生，让师生清楚知道自己的行为中有哪些不安全的操作，这样操作的后果是什么，怎样提前发现异常情况或隐藏的危险行为，或掌握一些消除安全隐患的具体办法等等。

（二）课堂设备方面的对策

中学课堂设备主要指课堂上使用的教学设施和装备，体育课上使用的体育器械以及实验课堂上出现的实验用品和实验器械等。课堂设备在设计上要体现"以人为本"，要从学生的年龄特征和身体特征等方面出发，进行科学设计，使用中做到安全可靠。

教育教学过程中，要合理安排课堂设施和装备，并对有缺陷的设备、工具及时修理或更换，消除可能发生课堂伤害事故的隐患。

（三）环境与媒介方面的对策

从人的因素出发，改善课堂作业环境。课堂应根据学生的特点创造适宜的作业条件，譬如课堂空间的大小应考虑到学生的年龄特点和活动特性，课堂教学时间和休息时间的合理化分配，宜人的色彩、光照以及积极的课堂气氛等。对有危险隐患的场所应及时设置危险警示和识别标志，引起学生有意识的注意安全。

（四）管理方面的对策

教师要重视对学生进行安全教育，要加强对学生课内外活动的组织和引导，提高学生的安全意识。而学校则应对教师进行安全管理方面的在职培训，提高教师的安全管理能力。

第二节 课堂管理目标科学化策略

一、确定课堂管理目标的原则

（一）目标的统一性和实效性原则

目标是课堂上教师和学生行为所要达到的最终的质量和标准的体现。课堂管理目标的系统性体现在要以系统的观点来对待目标，同时要注意课堂管理目标和与之相关其他目标之间的连续性和统一性。第一，课堂管理目标要按国家和社会发展总目标的要求来制订，并与国家和社会目标保持统一。即课堂管理目标要和国家的教育方针保持一致，要体现当代社会发展的要求。第二，课堂管理目标要和学校的目标保持统一性，要正确认识班级工作和学校管理之间的关系，班级是学校的基本组成部分，同时也是学校开展具体工作的基础。第三，课堂管理目标与课堂教学目标相统一。课堂管理是课堂教学的保障，课堂管理目标服务于课堂教学。因此，课堂管理目标要在加强教师和学生之间的交流、提升学生的自控力和创建和谐课堂环境的同时，更加注重促进学生的全面发展。这种促进不只体现在某一个方面，而且是全面的。进一步地，课堂管理目标得以实现，也有利于课堂教学目标的实现。因此，课堂管理行为目标从抽象变为具象，教育方针、学校办学方向、课堂教学目标、课堂管理目标同样如此。所以，课堂管理行为目标和其他目标相互影响，也是其他目标实现的基础。但是，也不能忽略课堂管理行为目标的特别性，在课堂管理工作中要具有创新性和灵活性。

课堂管理目标的统一性同时也具有实效性。实效性即指从课堂上师生实际发生的情况出发，实现课堂管理目标的原则和态度。实效性有利于课堂管理工作的开展，更适合班级的实际情况，具有针对性。它既包括隶属于原则性的基本要求，也含有对课堂工作的具体实施情况的实践规则。所以，在进行课堂管理时，教师要从两方面着手：其一，要深刻领会教育工作和培养学生的目标，了解学校教育工作的法规和手段，遵守社会道德规范的要求开展课堂管理工作；其二，要熟悉掌握班级的基本信息，了解学生的特点和学习状态，从而使课堂管理更具实效性。

（二）目标的全面性和突出重点原则

课堂管理目标的全面性体现在具体目标中要包含课堂工作的所有方面。重点体现在：第一，教育内容要全面，要能够使学生获得全方面的发展；第二，课堂管理工作的项目要全面。在课堂管理中，无论内容还是具体实施中的失误和偏颇都会造成课堂管理的片面性。

课堂管理行为目标的全面性，并不等同于在课堂管理具体实施中事无巨细，没有重点内容。课堂管理中，总会有重点工作。突出重点就要在管理的内容上抓住关键点，化解重点矛盾；在管理背景上有主有次；在实践工作上，能够协调好多种关系，解决主要问题。

（三）目标的可行性原则

课堂管理目标是课堂上教师和学生通过努力能够实现的预期效果。课堂管理目标是具有可行性的。各个课堂管理行为目标是彼此关联的，而且呈现螺旋递进的趋势。所以，在确定课堂管理行为目标时，在难易度上要充分考虑学生的具体情况，要让学生通过努力就能实现目标，而且要让目标具有层次性。

（四）目标的明确性原则

制定的目标要有明确的要求，便于学生理解且能够做到，同时可以预想到最后的效果。目标明确，课堂管理工作就越容易实践，教师和学生努力的目的越清楚。目标的明确性原则就是要做到：目标要可以进行考核和评价；目标要具体避免笼统，目标要具体但不能琐碎。

二、中学课堂管理的实践目标

中学课堂管理的实践目标包括远期目标、中期目标和近期目标。

（一）远期目标是为了让学生各个方面都能够得到发展

课堂管理常常围绕教师来展开，教师通过对学生行为的管控来维持课堂纪律，使课堂教学任务得以完成，让学生在课堂上能够学习到更多的文化知识。新时期的教育观提倡关注"人"的发展，促进了传统教育观的转变。新时期的教育观认为，课堂管理的目标不只是维持课堂纪律和完成教学内容，而且是要能够促进课堂教学质量和学生的全面发展，充分体现了课堂管理的促进功能。新一轮基础教育课程改革提出课堂管理要"以人为本"，要把促进学生健康、全面的发展作为管理的终极目标。树立学生为主体的理念，尊重学生的个性特征，使学生各个方面都得到促进和发展。

（二）中期目标是营造愉悦和谐的课堂教学气氛

课堂教学氛围是教师和学生在课堂上的精神体验、情绪状态、心理反应、学习状态等诸多因素在教学活动中所呈现的情绪环境。课程管理中，教师要善于制造舒服而又适宜的课堂氛围，使学生安心、静心学习。学生的思想、思维、行为活动都受到课堂环境的影响。所以，制造愉悦、舒适的课堂氛围，让学生身体和心理都得到发展，有利于课堂管理顺利进行。

（三）近期目标是实现课堂教育教学的最优化课堂

课堂上教师的行为除了教学，还有管理，这两个方面相互依赖又相互影响。教学是教师的重要任务，课堂教学是教师实现教育目标的重要手段，让学生在知识、能力、思想、技能等方面有所收获和成长。课堂教学也是学校教育的主要方式。课堂管理是为课堂教学服务的，课堂管理的有效开展能够保障教师课堂教学任务的完成。课堂教学与课堂管理相辅相成，教学任务的完成是课堂管理的最高目标。在课堂教学中，教师应积极开展有效的课堂管理，使课堂上的各种因素都能为课堂教学服务，从而促进课堂教学质量的提高。

远期目标、中期目标和近期目标在课堂管理中彼此关联、互相影响，使学生能够成长为社会需要的人才。新时期的课堂上，教师要充分开展有效的课堂管理，构建"以人为本"的新型课堂管理模式，提高教学质量。

第三节　营造健康的课堂环境策略

一、课堂物理环境的构建

课堂是教师教学和学生学习的重要场所，也是教师和学生进行交流和互动的主要场所。课堂上的物理环境，包括教室墙壁的颜色、光线的强度、空间内的人数等，都对教师和学生的交流、互动产生重要的影响。其一，教室的物理环境会对教师和学生产生生理上的影响，带来不同的感受。其二，课堂环境会带给教师和学生不同的心理感受，形成不同的情绪、情感状态，会影响教师教学活动的开展，也会影响学生的学习行为，包括学习兴趣、课堂行为和智力影响，甚至会影响课堂整体的氛围。

（一）光线与照明

教室内光线的强弱和照明的范围，都会对课堂上学生的学习状态造成影响。自然光线和灯光照明条件下，学生的视觉会产生不同的反应。如果光线比较差会对学生的阅读造成影响，会使大脑皮层不能接收到强烈的刺激信号，进而无法进入活跃状态，学生就会出现疲惫、注意力不集中等情况。如果光线过于强烈，并且频繁闪烁，就会使学生接受大量的刺激，引起心情烦躁、头晕、耳鸣等，影响学生的学习，甚至会影响学生的智力发育。所以，教室内的照明要符合学生的视觉习惯，光线不要太强或太弱，同时还要注意教室内不要出现反射的强光。国际上针对教室内照明和光线制订了具体的标准。此外，教室中光线的照明情况还要结合学生的具体学习活动进行调整，当学生进行阅读和写字时，教室内的光线亮度就需要强一些，而当学生进行讨论或者教师在进行讲授时，教室内的光线就可以稍微减弱一些。但目前，从我国的经济条件和教学的实际来看，还不能实现对教室内光线亮度的自由调节。

（二）教室内部的颜色

教室内的颜色对教师和学生具有非常明显的影响。专家研究发现，教室内部的颜色搭配协调、统一，学生在课堂上的表现就会非常积极，长期发展后，他们的行为习惯、身体成长、心理状态都要高于教室内部颜色搭配较差的学生；而且学生在学习语言、绘画、音乐等方面都表现为积极努力。凯其姆为研究教室内部颜色对学生的影响进行了专门的实验：首先设置了三个教室，A教室没有刷任何颜色的油漆，B教室墙壁刷了黄色的油漆、顶棚是白色，C教室门是灰色、墙壁是黄色。此外，北面的教室是淡玫瑰色，南面的教室是蓝色和绿色。经过四个学期的观察发现，C教室中学生的表现最为明显，在各个方面都有非常大的进步；B教室中学生的表现低于C教室中的学生，但也有明显的进步；而A教室中的学生在各个方面进步都最小。由此可见，不同的颜色对于学生的身体和心理都会产生不同程度的影响。

在学校中，要善于利用颜色自身的特性，促进教学和学习。例如，使用浅绿色和浅蓝色能够消除疲劳，使人心境平和，使学生精力集中更长的时间，提高学生的学习效率；而红色和黄色则会给人以强烈的刺激，使人兴奋，但容易使人产生焦虑。所以教室内的墙面和桌椅都不要选择红色或黄色，而要选择亮度低一些的颜色。此外，教室的顶棚最好选择白色，这样不但能够避免学生的注意力放在顶棚上，而且能保证教室内照明的效果，避免光线的损失。

（三）噪声

噪声的危害极大，不仅能损害人的听力，而且还会影响到人的中枢神经、心脑血管和消化系统，同时对人的心理也会造成伤害。噪声通过刺激人的中枢神经系统，使大脑皮层过于兴奋而失衡，让人记忆力减低，精力不能集中，甚至思维混乱，影响正常的生活和学习。通常，班级人数越多，噪声就越大。人数增加，噪声产生的概率就会增大；课堂上人数的增加，也会引起情绪上的不稳定，进而产生更多的噪声。同时，教学的组织形式也影响噪声的大小，传统封闭式的课堂噪声就比现代开放式课堂的噪声小。

噪声对学生的影响取决于学生对噪声的忍受程度，而学生忍受噪声的程度受多种因素影响。首先是教室内师生互动的状况。当课堂上师生进行互动活动时，学生对噪声的忍受程度就大；而当学生安静下来时，学生对声音的忍受程度就小。其次是教学时采用的方法。当教室内学生分组活动时，学生小组内互动就会增强对噪声的忍受程度。最后是学生的个体区别。学生是一个个不同的个体，而每个个体对噪声的忍受程度也是各不相同的，通常情况下女生要强于男生。

（四）温度

温度也会对学生的学习行为造成一定的影响。实验证明，当教室内的温度为20~25℃时，学生的学习状态最佳，而每超过最佳温度一度，学生的学习能力就会下降2%。如果教室的温度达到或超过35℃时，学生就会出现精力不集中、反应迟钝、计算能力下降等状况，学生的暴力倾向也会相应增加。所以在高温情况下，教师不应安排一些可能会引起学生冲突的活动内容。

（五）教室的设计与布置

课堂的空间环境包括教室里的颜色搭配、光线强弱、温度高低和噪声大小等物理环境，同时也包括学生在课堂上所产生的学习行为等，这些因素在课堂上交互发生作用和影响，构成了课堂的空间环境。在对教室进行设计和布置时，教师要注意使各个要素的设计在达标的前提下，对教室或课堂进行合理简化与设计，使学生在一个舒适、和谐的环境中进行学习，减小学习的压力，提高学习的效率。

教室建成后就要对教室进行一定的布置，这是课堂管理中的一项重要内容。在布置教室时要遵循干净、整洁、美观的原则，在教室桌椅和物品的安排上要充分考虑使用上的便捷性，尽量为师生的课堂活动留有充分的活动空间。

当前在学校的课堂管理中，教师基本是遵照课堂原有的布置和设计，没有加入自己的想法，这说明教师没有充分认识到教室布置和学生行为之间的密切关系。教师或者按照传统方式布置教室，或者按照某种方式布置好后不再进行调整。

（六）座位编排

座位的编排对学生在课堂上的学习、互动和行为等具有非常大的影响。座位的编排是课堂管理中的重要因素，并且与教室的整体布局关系密切。目前，常见的座位编排方式有秧田式、圆桌式、半圆桌式、椭圆式和马蹄式。每一种座位编排方式都有自己明显的优势，但同时也存在着一定的缺陷。例如我们最常见的秧田式，即把座位排成横行、竖行，像在稻田里插秧一样。这种编排方式的优点非常明显：学生全部面向教师，有利于教师对全体学生的管理和控制，充分体现了教师在课堂教学和课堂管理中的主导地位，降低了学生之间的互相影响，减弱了问题行为出现的概率，使学生能够专心学习，提高学习效果，而且这种方式更有利于教师对教学内容的系统讲授。但是，秧田式的编排方式重点突出的是教师在课堂上的主导作用，容易形成专权型的课堂管理。而且面对这种编排方式，学生几乎处于被动和消极的状态，过度依赖老师，学生会对教师的教学和管理默默接受，出现师生关系较差，或者没有互动等问题。而圆桌式座位编排方式突出了学生在课堂上的主体地位，易于激发学生学习兴趣，令学生愿意主动参与学习活动。这种编排方式能够调动学生参与课堂管理的意识，有利于师生之间、学生之间开展学习互动活动和良好人际关系的形成。

　　座位的编排在很大程度上取决于老师对学生的喜欢程度和对课堂管理的态度，但同时也与学生的能力和学习情况有关。目前学校座位的编排都由教师来进行，教师一般情况下会把班级中成绩比较好和自己比较喜欢的学生排在教室靠前且比较中间的位置，因为这一地带是亚当斯和拜德尔所说的"活跃地带"，在这一范围内的学生与教师进行交流和互动的机会较多，教师也会更多关注他们。而且，教师会把班级中比较好动的和易出现违规行为的学生安排在教室的前排，这样更方便教师对他们进行管理和控制，减少问题行为的出现，降低对课堂管理的影响。此外，当学生可以自由选择教室中的座位时，学习成绩好的学生会选择教室前排和中间的座位；而学习成绩差的学生则多数会选择教室后排和边排的座位，以此来躲避教师给予的关注，或者是方便躲在角落做与上课学习无关的事情。研究发现，通常喜欢坐在教室前面位置的学生分为两种类型：一种类型是对学习特别有兴趣、非常喜欢学习的学生；另一种类型是在学习上过度依靠教师的学生。喜欢坐在教室后排位置的学生也分为两种类型：一种类型是学习注意力不集中、不愿意学习的学生；另一种类型是学习比较吃力的学生。学生选择坐哪个位置与诸多因素密切相关，其中包括学生的学习态度、个人能力、自我评价以及和教师之间的关系等。由此可见，学生自主选择座位时，学习成绩好、能力强的学生会选择教室前排和中间的位置；教师在安排学生座位时，也出现了同样的情况。这充分说明座位影响着学生的学习和课堂上的行为，同时又影响着教师安排座位和学生自选座位。

　　总而言之，座位的编排影响着学生，影响着课堂管理行为，影响着课堂上教师和学生之间、学生和学生之间的关系，更影响着学生的课堂参与度。所以，在选择课堂管理策略时，教师要结合班级的实际情况，充分考虑学生的个体差异，合理安排学生的位置。

　　（七）班级规模

　　班级规模指班级中学生的数量。班级授课制产生后，班级规模的研究也随之展开。著名教育家夸美纽斯提出在班级内学生会互相影响，进而使课堂教学效果强于个体教学方式。夸美纽斯重点从两个层面对班级规模进行了研究，第一是班级教学的规模效益；第二是班级规模对教学的影响。其后对班级规模的研究便把这两个层面作为重点研究内容和研究方向。

　　当前班级规模研究的重点是班级应具有的规模。首先，外部条件对班级规模具有一定的制约作用。学校所处的国家或者地区的社会和经济发展情况以及适龄人口的数量和状况，这些外部条件都影响着班级的规模。其次，在某一地域之中，班级规模呈现出比较明显的稳定性。因此，每个国家的班级规模都不尽相同，通常情况下发展中国家的班级规模要大于发达国家。此外，班级规模也受学生个体的影响，通常情况下，学生的年龄与班级规模成反比，即学生年龄越小，班级规模可能越大。

班级规模通过课堂上的环境质量对学生产生一定的影响。班级人数少，有利于教师关注学生的情况，也能针对学生的个性特点安排教学内容和教学进度；人数越少，教师与学生交流和互动的概率越大，教师也有更多的精力去制造良好的课堂学习氛围。而班级规模较大时，班级中学生的数量较多，学生在课堂上活动的空间小，学生之间的相互影响就会增大，教师和学生交流互动的效果就不理想，而且互动的数量会减少。班级规模较大的课堂上，学生行为的相互影响比较严重，常常会出现碰撞、拉扯、拒绝等行为。研究证明，班级规模影响师生的交往，班级的建设和班级中师生之间的感情。而班级人数较少时，教师会给予学生更多的关注，与学生沟通和互动的机会增多，学生的积极性就会提高，学生问题行为如冷淡、摩擦和挫折等就会减少，课堂氛围也会更加和谐，师生的满意度都会增强。总之班级人数少，利于师生培养情感。

二、课堂心理环境的构建

教室、教学设施设备等物理条件相互作用，并且按照某种方式加以组合而形成的物质条件，为师生的课堂互动提供了保障。教师在课堂管理中对这些因素进行整体筹划和设计，有利于调动学生学习的积极性，使学生主动参与课堂活动。但这些并不是影响学生课堂行为的主要条件。学生在课堂上的行为在很大程度上还会受到社会、心理等方面因素的影响。社会心理因素指在课堂上师生之间、学生之间的各种交互关系，并通过这些关系而构建的社会心理氛围。而这种社会心理氛围在课堂上的影响重点体现在，它能让教师和学生形成群体归属感和独特的群体心理氛围，并因此对人的意志、态度、动机等产生影响，使课堂上教师和学生都具有相同的行为方式。

（一）建立和谐的师生关系

教师和学生在课堂上由于互动和交流而形成的心理关系即人际关系。这种关系中每一个人的特点都会影响人际关系。在课堂众多的关系中，师生关系是对课堂管理产生重要影响的关系，而且它也是对学生行为产生影响最明显的关系。只有良好而和谐的师生关系，才会使学生形成正确的行为，才能使课堂教学呈现出良好的完成效果。所以，构建良好的师生关系已经成为课堂管理研究中的一个非常重要的内容。

为了形成良好的师生关系和课堂管理的有效开展，教师在工作中要重点从以下几个方面进行研究。

首先，学生在课堂上是否具有主体地位，能否吸引学生积极参与课堂管理直接决定着课堂管理的结果。目前，课堂上学生的主体地位已经有所体现。在课堂管理中，教师要树立学生为中心的理念，把学生看作鲜活的生命个体，对学生的各个方面尤其是心理方面给予足够的重视,要关注学生的个性特征,包括学生的兴趣、爱好、能力等,给予学生充分体验成功和感受快乐的机会。

其次,课堂上教师的领导方式直接影响着学生的课堂行为。教师在课堂上的领导方式没有对与错,只有合适与不合适、恰当与不恰当。教师在课堂上采取什么样的领导方式受两方面影响:其一是受教师的个性特点、受教育程度和所坚持的教育理念的影响;其二是受班级状况、学生状态等的影响。所以,教师应综合各方面因素进行考虑,选择合适的领导方式,促进课堂管理的有效开展。

最后,教师还要关注移情性理解。移情性理解是由人本主义心理学家罗杰斯首先提出,即在情绪、情感和理智等方面都站在他人的角度去考虑,通过变换角色地位来解决问题。移情性理解作为促进师生关系的一种模式,能够把教师和学生的认识、想法和情感紧密联系起来,从而在教育情境中构建和谐的师生关系,使师生之间更加亲密更易交流。移情性理解认为教师在课堂上要注意形成"五感":熟悉感——了解自己的学生,心中有学生,并获得和学生逐渐熟悉的体验;和谐感——感到学生愿意听从老师,学生喜欢跟着老师的引领走;理解感——理解每个学生的语言、行为和心理,与学生能够心心相印,获得愉悦的感觉;信任感——教师感觉到学生对自己的信任,师生之间互相信任,体验与学生心情合一的感觉;智慧感——认识到教师对学生的成长负有重要的责任,获得在职业中实现自我价值的体验。教师能从移情性理解的几个方面着手做好课堂管理,就能从更广的范围内建立起和谐的师生关系。

(二)创设良好的课堂氛围

作为影响课堂管理行为重要因素之一的课堂氛围,即指教师和学生在课堂上共同创造的社会、心理和情感等,包括教师和学生在课堂上的情绪和情感状态。20世纪20年代西方发达国家就已经开始了对课堂氛围的研究,同时也把创设良好的课堂氛围作为教师培训的主要项目。课堂氛围是课堂上教师和学生之间、学生之间因为交流和沟通而形成的一种氛围,而这种氛围又会影响学生在课堂上的行为表现、学习状态,进而影响课堂管理的质量。

首先,关注情景因素,构建人本化课堂。这要求教师对课堂进行精心设计,布置、美化教室,充分考虑每个学生的特点,营造良好的心理氛围,促进学生之间的互动,构建心理环境。

其次,关注教师因素,树立正确的课堂管理理念。教师在课堂上扮演着组织者和领导者的角色,在课堂上具有至关重要的作用。要构建和谐的课堂氛围,作为管理者和领导者的教师要在课堂上采取民主管理的方法,既体现教师的权威性,又能够调动学生积极参与。教师要树立正确的课堂管理行为理念,要与学生建立良好的人际关系,并了解和掌握学生的心理感受、满足学生的心理需求,让学生信任老师,从而亲近老师,这是教师开展有效课堂管理应当遵守的关键性原则。

再次，关注学生因素，调动学生参与课堂行为管理。课堂管理是教师和学生之间互相影响的历程，教师和学生的思想状态、精神状态和努力状态决定着教师和学生的行为效果以及课堂管理的效果。课堂管理不仅仅需要教师的全力投入，更需要关注学生，调动学生的参与度，使学生积极参与课堂管理。这样能提高教师课堂管理的自信，使教师能够积极调整自己的行为和状态，以配合学生的参与热情。同时，教师利用多种方法调动学生积极参与课堂管理，又激发了学生的参与热情，这样便形成了良性循环，有利于创设良好的课堂氛围。

在课堂上有许多因素影响着学生对课堂活动的参与程度，其中最主要的因素有两种：其一，教师在课堂管理上的民主程度；其二，课堂管理中完成任务的难易程度和学生能力水平的高低。所以，教师在引导和激励学生积极参与课堂管理时，应关注学生的能力发展情况，在培养学生具有一定的课堂管理行为知识和管理能力的基础上，再逐渐鼓励和引导学生积极参与课堂管理，在课堂管理的实践中不断锻炼自己，提高学生的管理能力和参与度。此外，教师在明确课堂管理目标时，要充分考虑学生现有的水平和能力情况。

最后，课堂氛围与课堂教学的有机衔接。课堂氛围不是单独存在于课堂之中的，而是与课堂教学活动有着密切关系。教学活动直接或间接地影响着课堂氛围，特别是教师对课堂教学活动的设计情况，课堂教学活动顺利开展的程度，教师对课堂上突发事件的应急处理情况，等等，都会极大地影响课堂的氛围。但同时，课堂氛围的情况也极大地影响着教师课堂教学活动的开展。所以，教师在进行课堂管理时，首先要在课堂教学上狠下功夫，提高教学的艺术性、科学性和趣味性，提高课堂教学的效果。然后，再深入研究良好课堂氛围的创设，而且能够从多方面入手把课堂教学和课堂氛围进行有机衔接，合二为一，实现理念与行为的和谐统一，因为课堂物理环境和社会心理环境在课堂管理中具有重要的地位，发挥着至关重要的作用。教师在实践中要注重从多方面、多角度、多层次协调好各种因素之间的关系，进而促进课堂教学活动的顺利开展，提高课堂教学的效果和质量。

(三) 发挥多方力量建设课堂环境

课堂环境建设要充分利用并整合各方面的力量，调动社会、学校和家庭的教育资源。构建良好的课堂环境建设空间，要明确课堂环境是具有开放性的。在新的时期，理念的引进、教育资源的整合，都要求学校要积极与社会机构、学生家庭以及其他学校建立多种形式的互动和交流。学校的管理不再是闭塞的，而是具有开放性。学校管理的开放性，首先体现在管理模式的灵活多样；其次教育思想要有开放性，要将学校、社会和家庭资源进行有机整合，使其发挥重要作用，形成教育合力，完成教育任务，实现教育目标。家庭和家长是非常主要的教育资源，学校要开展好家校合作，共同为新课程的实施保驾护航。组织好家庭和学校的合作，让家长成为家校教育的联结者。在家校合作中，教师是活动的发起人、策划者和引导者，同时还是活动的推进者、咨询人、教育资源的发掘者以及家长的好朋友。同时因为有些教师本身就是家长，因此能够站在家长的角度看问题、想问题并解决问题，能够深刻理解家长的需求。目前，随着新一轮基础教育课程改革的深入开展，教师们通过多种新课程培训，正在逐渐树立新的教育理念和课堂理念。教师可以抓住机会，通过不同的方式和渠道把新课程理念传递给家长，指导和帮助家长树立正确的家庭教育理念，学习和掌握多种科学先进的家庭教育方式，从而提升家长进行家庭教育的能力。通过学校和家庭的联合行动，使教师和家长一起成长为新课程的开发人、推进人，进而实现教师和家长的共同成长，实现终极目标——促进学生的全面健康发展。

第四节 课堂管理制度优化策略

一、由谁制订制度——专制与民主

制订制度必须采取民主的方式，需要制度制订者与被约束者达成相同的认识，形成共同的理解，最终实现相同的价值观。课堂管理制度在制订过程中，必须让学生积极参与，提出自己的意见和想法，最终师生达成一致，形成制度，这样学生才能在制度实施中自觉自愿接受制度的约束和管理，呈现良好的制度管理效果。如果学生没有参与制度的制订，学生内心是排斥的、不认可的，所以制度执行中的自愿性和自觉性就会受到极大的影响。民主性不强的制度，专制性便极为鲜明，其中强制的程度就非常强烈，也为遭受抵制埋下隐患。"充分反映人们共同的价值观，这是教育制度获得服从者信仰和自愿遵从的必要条件。"从另一个角度而言，课堂管理制度是与学生学习、生活息息相关的教育管理制度。如果不让学生参与制度的制订，学生就没有体验到民主，学生的民主权利没有得到保障，学生就不知道什么是真正的民主，就不能形成民主意识和民主能力，将来走上社会，也会成为一个缺乏民主意识的不合格公民。课堂管理实际上只是完成教育的一种方法和途径，而不是像法律一样具有惩戒的性质。制度本身不是目的。制订教育制度的过程本身就具有深厚的教育价值，让教育制度成为善的、教育性的存在，而不是恶的、非教育性的存在，要充分利用好这一过程，使学生受到教育制度之外的教育。在课堂管理过程中，让学生真正参与制度的制订之中，这样课堂管理制度就会成为学生认可而不是相对立的管理制度。学生参与课堂管理制度的制订，也是学生智力和品德的一种外在表现，更是内在道德和责任的一种物化。这样由内而外形成的制度在具体实施过程中就具备了先天认同的有利因素。

教师进行课堂管理，制订管理制度是必做的一项工作。在制订课堂管理制度之前，教师必须遵循一个至关重要的原则：制订课堂管理制度的目的是给学生营造一个轻松、和谐、安全、良好的学习环境，让他们能够安心学习，健康成长、而不是对他们的错误或问题行为进行惩处。在课堂管理中，制度具有约束、规范和矫正课堂问题行为的作用，能够保证课堂教学活动和师生互动活动的顺利开展。更重要的是，课堂管理制度一旦被学生接受，就会转化为学生的内在行为，调动学生积极进行自我管理，促进其形成良好的自律习惯，进而营造轻松、愉悦的课堂环境。制订课堂制度应该遵循和注意的原则如下。

（一）课堂管理制度的内容要明晰、科学而合理，且具有可执行性

表述上要清楚、易于理解。如要求学生"课堂上要坐好"，这样的表述不够清楚和准确，没有明确坐好的内容，学生执行时会有难度，管理的效果也不理想。反之，如果制度的内容要求过于细化，比如要求学生上课听讲时两手背后、目视黑板。这样虽然会对学生认真听课有一定帮助，但从学生身体发育来看是不可取的。

（二）课堂制度陈述应该简明清晰，内容表达要以正向引导为主

制度的表达上尽可能采用正面引导的语言，比如"在课堂上，应该做什么"而不是表达为"禁止做什么"，而且制度的条款不要过多。

（三）课堂制度的制订要把握好时间，并在实践中不断修正

课堂管理制度应在学期初就组织学生进行制订，并采取各种方式加深对制度的理解和贯彻。制度在实施过程中，教师要注意收集多方面的反馈信息，及时对制度进行修正和完善。

（四）为确保课堂制度的有效实施，教师制订课堂制度时需取得家长的支持

可以采取致家长一封信的方式，把制订的课堂管理制度以及制订制度的原因、目标等对家长进行说明，使家长认识到制度的重要作用，并能与教师形成合力，共同促进管理制度的实施。

（五）课堂制度要让学生参与制订

只有参与制订了课堂制度，学生才会感到自己是课堂中的一员，能够获得一种归属感，才能够积极主动地遵守制度。这是最重要的一点，因为课堂制度面对的对象是学生。教师要注重培养学生管理课堂的责任感和主人翁意识，培养他们控制和管理的能力。学生积极参与制度的制订，能提升教师课堂管理的自信，促使教师及时调整自己的行为来适应学生参与的热情，同时教师采用多种方法来提高学生的参与度，又可以激发学生参与的热情。外在强制施压给学生的管理制度只能停留在表面，得不到学生内在的认同；而互相合作共同制订的管理制度才能让学生自觉自愿地加以遵守。具体而言，可以把班级内的学生分为几个小组，每个小组自由讨论，将自己小组认为应该遵守的管理制度写在纸上，然后将每个小组的纸贴在黑板上，老师也要把自己制订的管理制度贴在黑板上，然后汇总，让全班同学共同讨论哪些条目需保留，哪些不需要保留，最后老师进行整理，贴在教室的墙壁上，让学生共同遵守。最为关键的一

点，教师一定要让学生明白制订制度的原因和目的，以及如果没有管理制度我们班将会是什么样子，然后进一步推及管理制度的重要性。即使不需要学生直接参与制订管理制度，老师也可以要求学生不断地提出意见，并保证自己在行为规范范围之内活动。

另外，在对违反管理制度的处分规定上也要征求学生的意见。让全体学生都明确表达出自己的想法，并以此作为制订制度的延伸，让学生明白自己违反了制度会受到什么样的处罚。但老师也可以提出自己处罚学生问题行为的方法，因为教师更知道什么样的处理办法更有效，每位老师要根据不同的情况制订管理制度相应的执行、处罚措施。

以上是笔者提出的几点针对课堂环境建设的建议。当然建议还不是很全面具体，但笔者希望能为广大教育工作者，尤其是中学教育的工作者提供一点借鉴，以达到抛砖引玉的作用，大家共同促进中学生的健康成长，推进中学教育的发展。

二、课堂管理制度的执行

制订课堂管理制度只是最基本的一步，而关键还在于管理制度的实施。只有重视并认真实施课堂管理制度，才能培养学生正确的课堂行为，维护良好的课堂秩序。

（一）执行规则前应检查规则是否合适

课堂规则是课堂教学和师生互动的基本准则。但是消极而形式化的规则会对学生的学习造成很大的影响。所以，规则执行之前要进行检查。采用问题式的检查是一种具有可行性的方法。可以提出的问题有：规则的重点是否都已经列出，重要的规则有遗漏吗，奖励和惩罚的方法是否合适，规则是否采用了积极的、正面的引导方式，规则是否清晰可行，等等。通过这样的检查方式，可以再次确定制订的规则正确、合理、可行，且适合当前的课堂管理。

（二）执行规则应始终坚决

规则检查完成后就要正式实施。教师要向学生清楚而明确地表达实行规则的目的和要求，以及对学生执行规则后的期望。要让学生知道，遵守课堂规则，就会获得相应的奖励；而违反课堂规则，就会受到相应的惩罚。对学生采取放任随意的态度、不能对学生提出严格要求的教师，实际上缺少对学生的掌控能力。教师在规则执行过程中，不能仇视学生，也不能威胁和责骂学生，仇视和责骂学生会对学生造成极大的伤害。教育要尊重学生的个性特征，要以引导为主。执行规则的重点不是纠正学生的错误行为，而是积极引导。学生对自己的问题行为进行改正时，教师要及时给予肯定，使学生获得正面的积极的体验。只有教师的课堂行为成为系统时，这项工作才算结束。

（三）执行规则既要公平，又要灵活变通

规则的执行一定要确保执行标准的公平性、一贯性。所谓一贯性，就是规则的执行标准从始至终都是一样的，不会因为任何人或者任何原因而发生改变。否则，学生会无所适从。而且对待每个学生都采用一样的标准，不可以出现多个标准。学生已经具有了一定的价值评价标准，教师对于不同的学生采用统一的标准，这样才会让学生真正感受到公平和公正，从而促进师生关系的良好发展。同时，教师在实施课堂规则时，要根据学生的不同特点灵活变通地加以执行。虽然实施课堂规则的标准是统一的，但是学生存在着鲜明的个体差异，他们的家庭、心理和生活经验都不相同，因此对同一件事情做出的反应也不相同。学生作为生命个体，具有个性化和多样化的特征，相同的问题行为发生在不同的学生身上，其产生的原因和他们的情绪反应都是不同的。所以，教师要针对不同的学生采取灵活多变的方式，积极引导学生改正不良行为。

（四）执行规则应采用积极方法

心理学认为，给予良好的行为适当的肯定和赞扬，就会增加其强度，促进其再次发生，进而逐步成为良好的习惯。当学生表现出良好的行为时，教师进行鼓励和表扬，会增强学生的这种良好的心理，学生就会把这种行为延续。传统的课堂管理，教师会对学生的问题行为采取追溯性的引导，并加以惩罚，达到教育的目的。这种方式存在着很多弊端，学生常常是消极地接受，不利于课堂管理，需要加以改进。教师要对学生的良好行为给予赞扬和认可，进而使学生能够自觉强化良好行为，并养成习惯。而教师对于学生的问题行为宜采取间接或暗示的方式，让学生明白自己的行为是不正确的，从而自觉改正不良行为。教师尽可能采用正面引导的方式，如果迫不得已采用惩罚的方式，也要把握好处罚的度。最佳的办法还是要用理想行为来影响问题行为，促使其加以改正。而对于一些危险性不大的问题行为，教师更要以宽容和包容的态度来对待，不要把问题看得过于严重而采取极端做法，要避免伤害学生的自尊心，影响师生之间的关系和课堂管理的效果。

三、课堂管理制度的缺失与补救

任何一种制度都不是完美无缺的。教育制度的缺陷是由于教育制度自身的不完善而呈现的缺失。教育制度相对于教育活动是抽象的，教育制度即使内涵再丰富、内容再详尽、所列举的条目再多，也会因为它自身是一种制度，而无法把抽象的教育活动中各种可能出现的情况包罗其中。教育制度要在具体的教育活动中进行实践与运用，就会有各种各样的情况出现，为此要做出对应的具体解释。而在这种具体的解释中则蕴含着某个方面的缺陷。教育制度自身具有的特性，如统一性、有限性等，使具体的教育活动中复杂多样的具体问题无法涵盖在一个制度之中。教师和学生是具体而鲜活

的生命个体，具有鲜明的个性特征。教育制度的刚性和非人格化特征，使得教育制度如同一部机械性的大型装置，而教师和学生的个体特征，如个人的情感、欲望、心理状态等都被悬置，人就成了这台大机械中的零部件，没有个体，没有个性，也没有自己独立的精神世界。因此，从尊重学生个体的个性和差异性出发，用教师人性化的关爱和关注去挖掘教育制度之外和教育制度实施之后的问题，就成了教育的关键。教师要明白实施课堂管理制度不是课堂管理的终极目标，更重要的是要注重制度实施后学生的反应，要关注制度是否在学生那里产生了预期的效果。实施管理制度是为了维护制度的权威，但是在具体的实施过程中，要真正达到教育的目的，就要加强与学生的沟通和交流，深入了解学生，从而分析学生违反制度的原因。比如，学生在课堂上睡着了，教师不是简单地把学生叫醒进行批评和惩罚，而是要了解学生睡觉的原因，是身体不舒服了，是昨晚写作业太晚没休息好，还是对教学内容不感兴趣。教师要找出学生这一问题行为背后隐藏的真正原因，并尽可能为学生提供帮助。实际上，学生产生问题行为的真正原因才是教师进行教育的最佳切入点，也是最有意义和价值的教育。教育制度本身是抽象的，只有教师在具体执行后，对教育制度产生的后果给予更多的耐心和细心、关心和关注，才能真正让教育制度发挥它的作用。教师应该让学生明白，对他进行惩处和责罚，不是对他的侮辱和蔑视，而是老师对自己负责，希望自己成长得更好。只有这样，教师和学生之间的关系才不会由于制度自身的刚性而产生异化，而是形成了更为和谐而良好的教育关系。

  课堂管理制度不可能刚开始就尽善尽美，也不可能完全符合课堂的各种情景和学生的实际状况，而且学生也不可能一开始就能真正完全明白课堂管理制度的具体要求。在实施过程中，教师要积极搜集各方面的反馈信息，并根据具体的情况及时进行修正和完善。通常情况下可以采取活动式的制度，即每隔一两个星期就对制度进行修改，并与学生共同讨论，在学生共同参与的情况下对课堂管理制度予以更新。在需要修改的制度较多时，应先从最重要的一两项开始。教师对制度的执行实际上是从静态到动态、由结构管理到过程管理。静态的结构管理即是教师注重课堂规则和秩序的建立，并成为一种程序化，这需要教师在管理过程中构建管理队伍，形成"教师—班长—班委—组长—学生"的管理结构。静态结构管理对于课堂管理具有非常重要的作用，便于教师管理和操作。可是课程改革后的课堂呈现明显的变革性和生成性，课堂的环境在不断变化，课堂中的学生在不断成长，课堂中的一切都处于变化的动态之中。这时，教师就要采用动态的过程管理。教师在进行课堂管理时，要根据阶段的差异和即时的课堂情况，从不同的角度对课堂出现的问题进行动态的反应，同时要及时调整管理的方式和方法。总之，在课堂管理过程中，静态管理和动态管理不是互相对立的，而是相互融合、相互作用，这样才能形成合力，共同实现教育目标。

第五节 优化教学促进管理策略

优秀的课堂教学能够成功预防学生课堂违规行为的发生，有效的管理制度来自有效的课堂教学。所以，提高课堂管理制度的执行效率，首先就要提高课堂教学，增强教学的艺术性和吸引力。当前，课堂管理的专家都非常重视课堂教学与学生行为之间关系的研究。

格拉瑟提出课堂有效管理的三大要素：优质的课程、有效的教学以及优质的学习。库宁则提出：实施有效课堂管理的最好方式是吸引学生积极参加课堂活动。他对高效课堂管理和低效课堂管理的教师进行了研究，结果发现：虽然两种类型的教师所采用的课堂管理方法基本相同，但是最重要的差异是，高效课堂管理的教师都能利用有效的课堂教学和课堂组织预防学生问题行为的发生，而且教师在备课、组织教学、安排课堂活动等方面的过渡能力都非常强。此外，高效课堂管理的教师还能够抓住细节，善于调动学生学习的积极性，使学生能够集中精力完成教师安排的任务，布置具有个性特点的作业，使学生的活动一直围绕教学有序展开。这些研究充分说明，构建有效的课堂管理制度，不但要有科学的课堂管理观的指导和管理制度的规范，而且更要有优秀而高效的课堂教学。当代课堂管理中，需要以科学的教学行为来促进有效的课堂管理，使课堂秩序呈现最佳状态。

一、课堂时间的优化

时间管理在学生学业成绩预测方面具有非常重要的作用，而课堂上的时间和学生的学习成果更是有着极为密切的联系。20世纪初期，赖斯就指出应该把课堂中的时间作为影响课堂教学效果的重要因素。时间管理通过时间压力、学习满意度和作业拖延等影响着学生的学习成效。在此之后，很多专家都把时间作为课堂上特殊的变量进行探究，时间在课堂管理中的作用越发重要。课堂教学效率即是在单位时间内以最小的精力付出，而获得最大的成效。因此，要提高课堂教学效率，就要树立优化课堂时间的理念，注重时间管理策略的应用。

（一）有效利用课堂时间，降低时间消耗

要提高课堂时间的管理效益，就要强化教师的时间观念，把课堂上教师和学生有可能造成时间浪费的人为因素降到最低，从而使课堂有效时间得以保证，最终实现课堂教学效率的提升。首先，教师做好充分的备课工作，用心设计教学内容，撰写教案，准备好教学所需的教学用具。其次，按时上课、下课，不迟到也不提前离开教室，不利用教学时间来解决学生的违规行为。再次，要有效组织学生的讨论活动，注重互动效果，避免出现学生失控状况。最后，要用心设计问题，善于启发学生进行积极的思考。此外，要注意语言的艺术性，既要简洁凝练，又要善于引导。

（二）把握最佳时机，优化教学过程

研究表明，课堂上学生思维的最佳时间段是上课后5~20分钟。如果教师错失这一时机，那么就很难完成教学任务，更不会实现预期的教学目标。所以，提高课堂的时间效率，就要在最佳思维时间段内完成主要的教学任务，处理最关键的问题，同时要精心设计教学方法，保证教学活动正常开展，使学生积极、自觉地参与学习活动。

（三）合理掌握信息量，增强知识的有效性

课堂教学要传递给学生一定的信息，刺激学生的大脑积极进行思考，使学生具有活跃的状态和积极进取的心理。学生在课堂上的学习过程是一个逐渐获得知识信息从而完善认知结构的过程。如果课堂上的信息量太少，就会使教学环节散乱，造成教学时间的浪费；而如果信息量太大，又会超出学生的接受范围，不但教学效果差，也会造成教学时间的浪费。所以，教师课前对教学内容的信息量做好分析，确保课堂上单位时间内的信息量适中。同时也要确保，课堂上教师所传授的信息一定是有效信息，避免无用信息影响学生的思维和对知识的理解，影响课堂教学效果。

（四）提高学生专注率，增加学生的学术学习时间

伯利纳在分配时间和专注时间研究的基础上，提出了专注率理论，即分配时间内学生专于某项教学活动时间所占的百分比。通过提高学生专注率来提升专注时间，使专注时间越发接近分配时间。在实践中提高学生的专注率要从两方面入手：其一，抓住关键时机进行教育；其二，选择合适时机解决学生问题行为，避免出现影响课堂管理规则的矛盾冲突，特别要重视活动之间过渡时间的有效利用，确保教学活动能够顺利开展。学生专注率提高后，还要注意提高学生的学习的效率。教师在进行教学活动过程中，要准确把握教学的进度和密度、教学的重点和难点、教学信息的数量和有效性，学生学习的效率才会提升，学习时间才是有效的。

二、课堂教学内容优化

社会的发展和进步，对人才素质的要求越来越高。五天工作制的实施，教学条件和手段的不断完善，带来了教学时空的巨大变化。在新课程实施中，只有不断改革并优化教学内容、提高教学效率，才能使教学目标得以实现。优化教学内容，就是要依据教学目标的要求，结合学生的具体情况，在教学内容的数量和质量上、知识点的难易程度上进行合理优化、科学设计，从而提高课堂教学的效率。课堂教学内容的优化，一方面有利于更好地实现教学目标；另一方面也会极大地促进教学方法和手段的选择以及教学结构、教学过程的优化，形成良性循环，相互促进。

（一）教学内容的合理选择

教学目标是教学内容的依据和导向。同时，教学目标又需要教学内容去体现，并

引导着整个教学过程。选择教学内容前,要对教学对象进行具体的分析和研究。新课程下的教学目标体现在三个层面,即教育、培养和发展。这充分表明了现代教育目标不但重视思想道德和基本能力的培养,更注重学生智力因素和非智力因素的良好发展,从而体现了教学目标的整体要求,有利于优秀人才的培养。选取教学内容,要围绕教学目标做到以下三个"确定"。

首先,确定数量、深度和广度。教学内容的选择要考虑全面,把握好数量和深广度。教学内容的数量和深广度要与学生的现有水平相匹配,同时还能满足学生的潜在水平,使学生在已有知识的基础上顺利接受新知识。教学内容目标所要求的知识和技能,大部分学生通过努力都能够理解和掌握。

其次,确定主要内容和次要内容。教学内容的选择要主次分明。教师要了解哪些内容是主要内容,需要重点讲解;哪些是次要内容,可以一带而过,从而把学生的精力集中到主要内容上,提高教学效率和教学质量。

最后,确定难点和重点。教学内容的选择上要突出重点,教学中要注意突破难点。教师要根据学生已有的认知水平,采取合适的方式,使教学难点具有可操作性,也可以将教学内容的重点和难点按阶段性进行安排,有利于学生理解和掌握。

(二)教学内容的合理组合

教学内容确定后,要依据教学目标对已选的教学内容进行有效整合,即是对知识系统中的大量信息加以分析、归纳和甄别,找出重难点,并进行重新组编、调整和筛选,使知识结构最优化。通过有序编排的知识信息程序,学生在已有知识结构的基础上轻松学习新知识。教学时,首先要做到心中有数,知道用哪些内容、哪些方法完成教学目标,既包括知识目标,也包括能力和情感目标。同时要注意激发学生的学习兴趣,调动学生学习的积极性和主动性。其次,教师要准确把握教学内容中的知识含量。课堂内容要丰富,能满足学生求知的欲望,使学生积极学习,主动学习,实现课堂教学效果最优化。同时教学内容的数量和教学重点也不应过于集中,不要超出学生学习和接受能力,否则不但影响教师主导作用的发挥,而且会给学生造成较大的压力,导致教学目标难以实现。

教学内容的优化要注意:把握学科知识系统的逻辑性、结构性,根据教学目标有机优化教学内容,有效组织教学过程;按照学生认知发展规律整理教学内容,将书本知识信息优化后让学生易于接受和学习,并培养学生自主学习的能力;及时了解学生学习情况,并有针对性地做出合理的调整,提高教学效果。对于教学内容的设计,不但要注意科学安排教学内容,确保教学目标的实现,而且要符合学生的认知规律和身心发展规律,充分突出教学过程中教师的主导地位和学生的主体地位。

(三)教学内容的整体优化

从整体上把握教学内容是优化教学内容时非常关键的环节。优化教学内容要采用系统而科学的方法，准确把握各个学科之间或者学科内各个章节之间的内在联系和影响，同时也要注意课内外的联系。

1.处理好公共课和专业课内容间的衔接

各学科课程内容之间有其固有的层次性、连贯性和系统性。处理教学内容时，要联系前后学科内容予以取舍和讲授。通常情况下，几门低一级的课程合起来才成为高一级课程的基础。所以，教学内容上不但要注重基础知识，而且要能够达到高一级课程的标准，内容要承上启下，前后连接。但也不要出现学科内容重复，这会降低和减弱教学效率和效果。

2.处理好实践环节和课堂教学内容间的衔接

课堂教学内容是具体实践的理论指导，实践是课堂理论知识的具体应用。正确处理实践环节和课堂教学内容的关系，把两者有机衔接，才能培养出理论知识扎实又具有较强实践能力的人才，才能满足当代社会对人才的需要。

3.处理好内容设计与未来发展之间的衔接

社会的发展和经济的快速增长，使就业竞争日趋激烈，而社会也越来越需要高素质的人才。各个专业技术领域已不再是单一的存在，而是一种综合型的技术范畴，各种各样的新技术不断涌现。教师要对教学内容进行整体把控，紧跟社会发展的需要。教师要有新的教育观，可以对教学目标和教学内容进行创新和改革，善于运用各种现代的教学手段，采用先进的教学方法。教师应做到心中熟记《义务教育课程标准》，眼中关注学生个体、脑中有教学方法和教学手段，这样才能在教学过程中成竹在胸，运用自如，才能提高教学质量。

三、课堂教学手段与方法优化

（一）以传统教学手段为主

板书设计是教学中不可缺少的教学手段，也是备课和上课的一个重要环节。好的板书设计可以直观地把教学内容的重难点通过黑板展示给学生。板书设计是一门技巧，也是一门艺术。通过板书，可以很好地突出教学内容的重点，使学生对教学内容有整体的理解和把握，有利于培养学生思维的连续性，更有利于学生整体感知和概括能力的提升。通常情况下，板书设计可以分为四大类型。第一种是提纲式。这类板书体现的是教学内容的精华和框架，能够简洁清楚地概括教学的内容和重点。第二种是表格式。以表格的形式设计板书内容，可以使教学内容更加清晰醒目，具有层次感。第三种是图文式。这类板书内容既有文字内容，又有规范的图形。图形线条清楚，标准规范，还可以搭配不同的颜色，借以突出重点内容。第四种是总结式。即对教学内容的高度概括和提炼，是教学内容的要点和结论。

可是，因课堂时间和容量的限制，板书会在一定程度上影响学生获取知识的效率，限制了学生对知识的探索。而且，有一些需要动手操作的教学内容，教师可能无法在课堂上进行演示，导致了学生学习积极性下降，学习不够主动。最终会使学生不爱学，教师不爱教，影响课堂教学质量。

（二）以现代化教学手段为主

多媒体技术作为现代化的教学手段，能够充分整合并利用多种教育资源，优化课堂教学效果。多媒体应用到教学之中，可以很好地揭示事物之间的内在联系，并且能够打破时间和空间的限制，多角度地呈现课堂内容，使学生眼、口、耳等多种感官一起参与学习，提高学习效率。多媒体技术突破了传统教学手段的局限性，增进了师生之间的联系，提升了学生多种感官效能，减少了学生感官在课堂上的局限性。多媒体技术手段在课堂教学中的作用是其他教学手段所无法比拟的。可是，在实际应用过程中也存在一些问题，如很多教师过度依赖多媒体教学手段，抵制其他教学手段；教师对多媒体的辅助作用应用过多，使教师的备课质量下降。而且，在课堂上大量使用多媒体教学手段，在很大程度上不能真实反映教师的教学水平。对多媒体教学手段的依赖，会使教师产生惰性，专业能力降低，这些都不利于教学活动的开展。

（三）现代化教学手段与传统教学手段有机结合

随着时代的进步，现代化的教学手段在课堂教学中的应用越来越广泛。教师在大量运用现代化教学手段的同时，也要继续发挥传统教学手段的优点。每种教学手段都有自身的长处，但也并不是完美的。因此，要取各种教学手段之长，将现代教学手段与传统教学手段有机结合，使其互相促进，共同发展。

第一，要依据教学内容，把难以用语言文字、图形等表达的内容用多媒体手段进行教学。比如，一些比较复杂的图形、公式或者实践操作等，如果用板书进行教学，不但浪费时间，而且效果不够明显。此时教师就要采用多媒体教学手段辅助教学，以有效地突出重点、突破难点。

第二，当课堂教学内容信息量极大，而又需要看到反馈效果时，就可以选用现代化的教学手段。这样，既可以极大地节省教师在黑板上抄题的时间，提高单位时间内的效率，又增加了学生参与学习的时间，加快了教学的节奏，从而使教师有时间了解学生的反馈情况，使教学更有针对性和实效性。

第三，当遇到一些定理或者公式的推导教学时，如果采用现代化的教学手段，教师就会依赖于电教手段，弱化讲解，使学生的空间推理能力和想象能力受到限制，不利于知识的理解和学习。如果采用板书形式，教师能够按照一定的逻辑进行推理和板书，边讲解边板书，从而使学生有更多的独立思考和想象的空间，增进了师生之间的交流和互动，使学生能够准确地理解课堂教学内容，学会规范绘图。

第四，对于特殊类型的课程，比如机械制图练习课，教师就可以选用传统的教学手段，利用黑板上学生的板演，发现学生存在的问题并及时加以纠正。教师也可以根据课堂的具体情况随时调整自己的教学进度，有针对性地强化部分教学内容。通过对知识的巩固和活化，培养学生解决问题的能力。

第五，把多媒体课件和板书在教学中有机结合，能够呈现较好的课堂效果。实践教学中，教师可用多媒体课件作为课堂教学的主线，以呈现需要学生大量进行记录的内容，节约了时间成本。教师详细讲解教学内容时可以辅助板书来完成，尤其是公式和定理的演算和推导，这样便于学生理解知识点，提高学生的听课效率。

多媒体教学手段和传统板书的有机融合，既可以使教学内容呈现得更加清楚，更具有整体性和系统性；又可以多角度、多层面地对问题进行分析和探究。在教学中合理使用现代化的教学手段，调动学生多种感官参与学习活动，有利于提高教学质量。同时，也要注重板书的设计和书写，好的板书能够把一节课的重点教学内容和知识体系完美呈现，使学生在原有知识的基础上顺利掌握新知识，形成新的知识体系。

总之，多媒体技术在课堂教学中的应用，是对板书这一传统教学手段的延伸。板书所独有的实时性和反馈性是多媒体技术所无法替代的，而多媒体技术又能展示板书所不能表现的空间和容量。教师要树立现代教育观和质量观，将现代教学手段与传统教学手段进行有机整合，从而优化课堂教学结构，提高课堂教学成效，使学生爱学习，会学习，各个方面都有所进步。

四、课堂教学方法革新

教学方法指在教育思想指导下，教师和学生为了实现教学目标，选择一定的教学手段，从而产生相互作用的方式。教学方法是教法和学法的和谐统一，是一种方法系统：其一，教学目的和任务要通过教学方法得以实现，教师要根据不同的教学目标和内容选取恰当的教学方法。其二，教学方法是双向活动，教师和学生是两个重要因素。教师所选用的教学方法要在课堂上通过实践进行验证。其三，教学方法是教法和学法的和谐统一，而不单指教师的教法。

（一）充分发挥教师的主导作用

教师的主导作用直接影响着课堂教学的效果。要构建良好的课堂教学氛围，教师不仅要在教学内容设计上下功夫，还要对教学活动进行精心的组织，增加教师和学生之间的互动活动，因此教师就要做到仪表大方、穿着得体、充满激情。同时，教学语言要准确、精辟、富有感染力和吸引力，教学内容要充实、合理、具有实效性。教师要把握教育动态，了解教育最前沿的知识和动向，并向学生积极推荐有助于学习的书籍，激发学生积极主动地探索知识。

（二）要树立新课程理念

在课堂上要体现教师的主导作用和学生的主体地位。原有的课堂教学中，教师常常以自己的讲授为主，学生只是被动地接受知识。新课程提出了新的教学理念，学生主体地位得到重视，学生在课堂上是学习的主人，是课堂活动的主体，教师是课堂教学活动的引导者和辅助者。教师要积极投身新课程，树立新理念，采用新方法，积极探索课程改革新思路。教师要明白，教学是一种艺术，也是一种智慧。教师要具备多种专业能力，如板书、语言表达、备课等，在教学中要充分发挥教学艺术和教学智慧，以自己的人格魅力和渊博的业务知识培养和影响学生，使学生热爱学习、喜欢学习、主动学习，进一步提升学习效果。

（三）在教学过程中灵活运用教学方法

教学过程可以是活泼的，但不是课堂表面的热闹，而是指课堂教学方法的多样与灵活。教师要灵活掌握并运用启发式、谈话式、探究式、互动式等教学方法，着重培养学生自主学习能力和创新能力。例如进行讲授时可以在讲解和讲述的基础上，把案例式、对比法、师生互动法和问答法等多种教学方法融于整个教学过程，理论与实践有机结合，使教学内容丰富有趣味，能够引起学生探究的兴趣，主动进行知识和技能的学习。启发式教学方法要求教师善于提出问题，并引导学生自主解决问题，从而培养学生发现问题、解决问题的能力。而当遇到教学实践性较强的教学内容时，可以选择师生易位的互动式教学方法，即教师在教学过程中，通过预先布置的方式，在进行示范操作后，有目的地让学生进行实际演示和操作，体现课堂双向学习的特点。这种教学方法一方面能使课堂气氛更加活跃，课堂环境更加愉悦；另一方面增强了学生听课的效果，提高了学习质量。在教学方法上要注意避免原来重视理论教学而轻视实践操作的模式，要积极引导学生关注和发现事物的本质和内在联系。案例式教学方法，指教师在教学活动中把自己的经验和实践感悟融于其中。这样做一方面能促进教师教学水平的提高，提升课堂教学效果；另一方面能培养学生理论联系实际的方法，提高学生的实践能力。实际教学中，学校要坚持公开课、汇报课和研究课等制度，年轻教师必须由有资历的教师指导上课，发挥典型教师的辐射作用和传帮带作用，教师间开展互听互评的教学活动，让教师取人之长补己之短。

（四）多方努力，恰当引导，抓好学风建设

任课教师要密切配合班主任开展学风建设工作，对学生要以教育为主，重视学生良好行为习惯的养成教育。对于经常有问题行为发生的学生，教师要走近学生，深入了解学生，发现学生产生问题行为的真正原因，并通过不同的方式正面积极引导学生改正不良行为。对于班级中学习成绩较差的学生，教师要采取多种方式，帮助他们提高学习成绩，建立自信。教师要用自己的人格魅力去影响学生、用教学艺术去感染学生，从而形成良好的班风。

（五）构建科学的教学质量监督体系，提高课堂教学质量

第一，要健全管理制度，并坚决执行。要健全教学管理制度，以规范课堂教学活动，维持课堂教学纪律。第二，要做到坚持和评比并重，创设良好的竞争氛围。要大

力开展教研活动，教师之间坚持互相听课、评课，教研组要对教师上课的教学内容、教学方法、教学手段、教学效果等方面进行详细的评议，并提出反馈意见，促使教师进行整改。第三，要适时整顿教学秩序，保持良好的教学状态。要经常检查教学秩序，抽查教师的课堂教学状态，是否存在上课迟到、下课拖堂和课堂时间擅自离开教室等行为，也包括学生的出席情况和课堂制度的落实情况等。出现问题要第一时间进行解决，以维持良好的课堂纪律，形成良好班风。

五、课堂教学评价的改革

根据新课程改革要求，教学评价既应注重学生学业成绩，更应掌握学生个性特点，了解学生个体需求，发现以及发展学生的综合能力，并帮助学生逐步树立自信心。从课堂教学评价目的来看，在实现鉴别与选拔的同时，更要推动学生良好发展进步。所以，要求教师进行课堂管理时应使用科学的评价策略，运用发展眼光对学生开展评价。综观教育的根本目的，都以为学生创设良好学习环境以及促进学生良性发展为前提，而绝不是以让学生更好适应固定教育程式为目标。因此，对学生进行教学评价时，既要注重其学习成绩，又要从发现和培养学生能力入手，真正掌握学生的各自需要，掌握其个性特点，从而帮助其树立自信心。作为教师，要相信每一名学生都有巨大的发展潜能，工作中应运用积极乐观的态度、优雅的神态、合适的肢体动作等来正确评价学生、激励学生、辅助学生、赞扬学生，使学生获得更大的成功。针对学生学习过程中遇到的疑问和难题，应当对不同学生采取个性化指导和帮助，使所有学生都有不同程度的进步和收获。

评价学生还应使用多元评价标准。根据新课程要求，现代学生发展表现各异，如果单纯局限在某一认知领域，往往不能正确评价学生，应从学生成绩、态度、情感、价值观等多方面综合评价。如果单纯以分数作为评价指标，势必严重损害学生个性发展需求，许多时候所谓的"差生"往往是因教师的评价方法不正确所致。教师应从学生的学习态度、个人情感、日常表现、人生观、世界观、价值观等多方面评价学生。此外，针对不同学生应采取不同评价标准，鼓励学生差异化发展，让每一名学生都成为独立的健康个体。评价学生的方式应灵活多样、科学适宜，通过评价既要全面掌握学生的知识技能水平，又要掌握学生个人情感态度、理想追求、价值观等。因此，不能只通过考试测验等评价方式，还应通过课堂日记、建立学生档案等多种形式掌握学生情况。评价方式还应根据不同学生特点，采取不同方式评价学生综合表现。可以通过考试掌握学生双基情况，通过小组活动考查学生团队合作精神等。从评价主体来看，应该以班主任老师、任课老师、家长、小组同学以及学生自己作为学习效果评价主体。如果实行自主学习，教师还要让学生制订自我评估计划，并进行自我评估，从而使其养成良好的学习习惯。

课堂管理往往能通过评价反馈，从而有效指导课堂管理实践，激励和影响课堂管理者以及作为被管理者的学生。因此，教师评价学生的作用显得非常重要和必要，却不可将此视为课堂评价之唯一准则。教师评价更多地用于课堂管理以及为教学提供信息参考，从而更好地应用这些信息进行管理决策。目前评价主体已经从单一化转变为多元化，而评价对象也已经从被动接受转变为主动参与，评价方式也已经从简单模式转变为多层次视角、全方位过程的综合性评价。教师应鼓励学生积极进行自我评价以及合作评价，从而提升自我管理意识责任意识以及能力意识等。所以说课堂管理的创新需要多元协商评价的参与。

　　评价学生作业时，教师的角色更像法官，要求学生改正错误。对学生而言，进行问题解答时更多的是分析、综合、尝试、判断、推理等一系列过程的集合。学生要针对解答加以思考，针对自我认知进行再认知，从而更好地发现、提出以及解决问题，这是相对而言更加重要、深刻和深远的元认知过程。教师应当告诉学生要学会观察比较，寻找作业中的问题所在，不断思考解决实际问题，通过积极思考寻找正确结果，学会悟透知识，让学生知道如何对待作业、如何写作业、如何写好作业，真正提升知识能力水平。学生通过单元学习、学期学习之后能够自我反思学习情况，查找学习结果成因，明确未来努力方向，养成自我监测习惯，培养良好的学习兴趣。

六、因材施教策略

　　按照新课程标准，现代教育必须以人为本、以学生为中心。教师进行课堂管理也要体现学生的主体地位，教师面对的是具有不同个性特征、思想情感的学生，而并非"标准件"。人类的思想情感往往极其复杂，加之学生的生活环境、阅历经验、知识层次、智力水平存在较大差别，更加剧了这种复杂性。此外，学生的心理、生理发育也存在差别。因此，学生的学习需求、学习态度也有所不同。故此，教师绝不能以相同标准要求全体学生。如果教师还以命令、规定、要求等态度严格面对学生，驱使学生修改，导致学生心理负担过重，会造成不良学习影响。教师应学会换位思考，站在学生的视角想问题、做事情。作为个体的人，没有谁愿意被迫接受，强制用规范约束学生学习，即使能做到也存在许多弊端，如果教师不在场，如自习课时，学生就容易进入自由散漫状态。究其原因，是学生在心灵深处并未形成规范意识和约束习惯。从班级授课制分析，不同班级学生之间个体差异非常明显。其一，教师需要通过课堂教学全面了解和掌握学生个体差异情况，从而根据不同学生"学情"制订教学标准，开展分层教学，渐次推动，针对不同的学生进行不同的教育。教师应依据学生的知识水平、能力水平划分类别，再分门别类制订教学目标。针对学生采取的教学策略应当按照不同难度、深度和内容制订，辅导学生也要有针对性辅导策略。评价学生也应该采取不同的侧重点进行评价，通过教学分层满足学生不同的学习需求，令每个学生都能学有所获，都能找到学习信心。其二，教师要在个体差异中寻找到课堂教学资源，要深层次查找个体差异的成因，制订科学的解决办法，不断调整完善教学目标，根据学生的实际需求，遵从学生的差异特点，以人为本教学，逐步规范学生学习习惯，如此才能实现因材施教的目标。

七、满足学生学习的需要

任何学生均具有学习需要，而作为教师，如何有效满足学生不同程度的需要是值得认真思考的重要课题，其将直接决定学生的学习行为、习惯以及教学结果等。教师应该注重课堂教学的有效性、实用性和趣味性，让学生轻松学习、愉快学习。所有学生都盼望课堂学习有趣味、有意义、有收获。然而许多时候教师的教学方式简单落后，教学内容枯燥无味，教学形式千篇一律，这必然让学生产生消极情绪、逆反心理，学生不爱学习，也就不能学好。如何创设良好的课堂教学，满足学生学习需要呢？这就要求教师必须认真研究思考，制订教学策略，真正履行好师者职责。

首先，教师要让课堂教学内容与学生生活实践相融合。教师要想方设法让学生学习内容和日常生活实践联系在一起，让学生感知到其所学知识技能与现实生活存在密切关联，以调动学习的积极性，提高学习效果。

其次，教师要让学生参与学习任务，从而让学生感到更有意义和价值。教师要让学生运用多种感官参与学习，学生全身心投入学习任务，并从中体验到交流合作、探索研究、思考理解等感受，从而乐于学习。

再次，教师要抛出有价值的能够引发学生思考兴趣的问题信息。由于学生学习能力存在差别，教师如果按照单一方式平均水准上课，势必形成一部分学生认为知识内容太难无法理解接受，另一部分学生认为简单没有意思。前者感觉超越了自己的能力范畴，而后者不再认真学习思考。对此，教师要有针对性地制订教学策略，教授知识设置问题时要考虑不同学生需要，使用差异的方法，依次推进教学目标，分步进行设定与执行等。

最后，教师要学会运用基于学生导向的自我管理方法，如"3R"法。"3R"即引导学生认识到自身不良行为，产生悔恨，从而纠正自身不良行为。如何有效激发学生的积极行为至关重要，这既要求学校以及教师效能的不断提升，以创设积极向上、友爱互助的学习氛围，又要求结合学生实际情况，开展导向课堂教学管理。作为学生本身，其具备课堂不良行为约束能力，要让其自我管理、自我负责，提高职责意识，让学生学会客观评价自己，不断反思自己的行为，认识到自己的问题，从而制订纠正方案，养成良好习惯。

第六节　加强师生间沟通策略

一、建立情感关系

对于师生而言，情感关系至关重要。教师与学生之间的情感大致会经历的阶段是：从生疏到逐渐熟悉，再到相对亲近，最后彼此热爱。虽然许多教师都热爱教育事业，希望热情对待每一名学生，然而教师在刚刚接受新学生时难免存在生疏感，从而心理上产生距离感及些许不安情绪，这需要通过一段时间的接触了解才能逐渐消除，进一步掌握学生整体状况后，师生心理距离逐渐缩短。再继续发展会感到彼此亲近，愿意和学生在一起，心情愉快，再进一步发展为对学生的真正热爱之情，教师愿意把自身情感和人生价值都倾注在教育事业里，师生之间心心相、印密切相连，心理情感上产生巨大满足感。而学生的情感也大致会经历这样几个阶段：一是逐渐接近阶段，学生在此阶段逐渐由生疏、担心、惧怕到逐渐接受、接近、产生安全感；二是亲近阶段，内心感觉能够与教师和谐相处，自我表现也得到了教师认可，并愿意主动亲近教师，没有心理隔阂；三是产生共鸣阶段，在思想上感觉与教师存在共鸣，容易被教师的言行打动，愿意接受教师的安排指导，能够感受到教师对自己的感情付出和信赖，愿意与教师真心的沟通交流，倾诉内心真实感受，遇到问题和矛盾时能够得到教师及时的帮助与支持，能够达到情感世界的和谐稳定。情感关系作为师生心理关系的关键内容，其直接影响到教育教学的过程、结果以及功效，发挥着特有的润物无声的作用。建立起感情机制，能够消除或缓解正式交往中因为规章制度等各种外在压力导致的不良影响，从而在教师和学生之间敞开心扉自由交往，使外来因素影响减小，进而促进教学任务的更好完成。

通常而言，教师和学生之间情感关系的作用主要包括以下几方面：一是能够让学生乐于接受教师教诲、指导和帮助。亲其师才能信其道。如果学生能够根据自我的经验、观察和感受，体会到教师真挚的感情、真情的流露和真诚的善意，自然会产生亲近之感，从而放下芥蒂，敞开心扉，愿意听从教师教诲、指导和帮助。当教师和学生之间心灵相通时，信任得以建立，知识传递、教诲输出都将变得畅通无阻。相反，如果感情缺失，尤其是后进生大都对教师心存芥蒂，师生之间就永远存在一道无形的防线，教师说和教大多不能起作用，学生甚至产生逆反心理，导致关系恶化。二是能够有效提高学生认知活动能力。学生学习活动和其感情之间存在必然联系，所有活动都有情感的融入，在情感指导下进行。因此，教师和学生之间如果心理关系良好，学生心境模式就是积极乐观的，学习效能自然会增强。根据教育社会心理学观点，如果学生喜欢其教师，就能更好地接受老师所传授的课程知识以及教诲，自觉服从老师的安排，并能够主动解决难题。但是当学生产生了讨厌老师的心态时，情感上会存在阴影和不满，就会对所学课程缺乏兴趣甚至厌学。可见师生情感关系良好能够有效提高学习效率。三是能够激励教师更好地从事教育教学。教师如果愿意积极主动地接近学生并倾注自己的爱心、热情和心血，学生就能感受到，并反馈给教师，教师也能感受到学生发出的尊重、信任和爱，从而产生良性互动。教师会因尊重信任而更愿意付出关爱，更愿意为教育事业呕心沥血，对教育问题深入钻研，对教育艺术思考探索，感受教师职业岗位的神圣和价值。

总之，教师和学生间的心理关系必须贯穿教育始终，其直接作用于教育过程及其结果。师生感情深厚能够促进教育任务顺利实现，能够增强集体凝聚力、吸引力，进而提高学生学习质量，使学生各个方面都得到健康的发展。因此，教师应对该课题给予足够的重视，并发挥情感的重要作用。

二、行为激励策略

根据行为心理学观点，所有行为均可通过学习而获得，并且再教育能够对行为产生改变。而课堂行为包括问题行为和正当行为两个方面。课堂管理大多采取操作和强化策略，防止发生课堂问题行为。而要实现课堂管理创新，则既要对课堂直观变量加以思考，又要对课堂隐性变量加以分析，隐性变量包括学生人格特征以及内驱力等方面，要从学生情感、价值观等诸多方面激励学生的正当行为，实现行为激励目的。

首先，要关注学生切实需要。内驱力是推行和维持人类行为活动的重要内部动力，掌握学生的内驱力就是掌握学生的真正需要，并根据其需要而采取有效措施，满足和发展其需要就能增强其内驱力。其次，要对学生进行关怀激励。作为教师必须关心学生学习、生活，实现课堂教学与日常生活的和谐统一，达到师生之间有效合作。教师要从思想方面帮助学生树立正确的"三观"，要让学生学会自我管理，对自我行为负责，在生活方面要帮助学生解决困惑难题，经常沟通交流，从而让学生在情感上愿意接受教师的课堂规则以及日常教诲，形成优秀人格。再次，要对学生进行榜样激励。要树立并发挥榜样的作用，弘扬正当行为，摒弃不良表现。树立的榜样可以选择教师或者周围学生，通过耳濡目染影响学生，通过言传身教感召学生。最后，还可以通过奖惩措施的执行、激励策略的应用等多种方法鼓励课堂正当行为，达到教育目的。

按照新课程标准，实现课堂管理创新必须打破传统课堂管理理念，形成新的课堂生态理念，建立起课堂主体之间的共生关系，从而真正改变过去课堂教学中存在的对抗问题、枯燥问题，让学生能够主动学习、乐于学习，让教师能够热爱教育、关爱学生。然而课堂管理的创新存在着许多不确定性因素，随着教学创新的不断提出，相信课堂管理创新成效会越来越显著，可实现长远发展。

三、组织结构策略

所谓组织结构，是表明组织各部分排列顺序、空间位置、聚散状态、联系方式以及各要素之间相互关系的一种模式。根据莫尔根的论述，组织将被视为文化现象能够产生新的结构概念，就是指结构基于共享认识观念而产生。一般而言，结构是通过个人角色确定或角色间规定建议关系模式而加以体现，这也是组织特征的两种不同表现。

结构从其组成来分析，主要是组织内部成员之间相互关系的反映。组织从结构上分为：其一是理论层面的正式结构，以组织结构图形式加以体现；其二是实践层面的现实结构，以组织成员实践所获得。因为组织成员文化思想观念的差别，通常会出现各种非正式群体，而这些群体都拥有不同的结构形式。一般情况下组织正式结构大都是主流文化的反映，但是因组织多元亚文化的出现而容易导致结构裂变。

从理想的组织结构来分析，一方面课堂管理更多是教师专业权威的体现，而并非行政管理中职务权威的反映，这里体现的并不是通常我们认为的职务权威主观金字塔结构，恰恰相反，教师才是处于结构顶层的组织中心位置，线性管理者无法发号施令，而是通过教师教学形式加以体现职能、提供支持。另一方面，由于等级权力变弱，管理手段变成了文化，并加以情感投入的管理，所以整个结构被"压缩"成为一个扁平式结构。

组织结构中最大权力执行者是处于最顶层的教学专家团队，其拥有最大专业自主权利，能够独立处理教学业务工作；而中间管理团队通常人员有限，所以有些学校没有中间管理团队，这一层的人员主要负责标准完善、学习培训、任务分配，但不从事具体业务；而处于最底层的战略团队更多是负责组织文化的学习与培养，战略性问题的探究交流，以及消除顶层和中间层的管理障碍，执行具体的业务。因此，组织底部变平了，从而形成了上、下大而中间凹的"蛛网"形态，这种形态能够让员工快速聚集，以解决具体的工作问题，但工作结束后立即解散。该网状形态的优势是具有巨大能量，增加网络节点时其指数快速增长，"尽管只有极少数量的专家进行合作，但蛛网依然能够发挥数以百倍的职能作用。"以课堂为例，每位学生都属于不同团队，学生学习团队通常是由学习委员牵头以及各科课代表担任组长组建而成；体育活动团队通常是由体育委员牵头各体育小组组长组建而成，这些团队的内部和外部是彼此密切关联，经常沟通交流，并具有相关制度约束的组织。而从目前的学校管理来看，其更类似于"团队游戏"管理，作为管理人员主要起到内部凝聚作用，通过引导成员之间达成教育理念、思想观念、人生价值等方面的共识来实现。管理者会引导学校教师和学生积极参与管理以及进行自我管理，推崇自身价值的实现，保持教师和学生的尊严和特点，从而营造多元化的充满活力的组织。

课堂可以被视作社会组织形式之一，其更多的通过教师管理学生数量的形式加以表现，即课堂管理幅度大小。教师是课堂管理的领导者和执行者，其管理幅度通常未做标准限定，从几十人到上百人不等。但当教师管理学生数量过多时，课堂上师生之间如何有效进行知识传输和沟通交流显得非常关键。教师要以学生为课堂教学主体，让学生参与课堂教学管理、规划制订、组织实施以及教学评价工作，从而让课堂成为学生学习生活和展示自我的平台，不再是单纯的学习场所。这就要求教师具备高超的磋商能力。磋商主要指师生间能否达成一致进行合作，让学生明确教师的思想意图，态度积极地学习，全心全意地投入学习中，达到有效学习的目的。

第七节 提高师生自我效能感策略

所谓的教师自我效能感，主要指教师本身和环境之间彼此作用而产生的主体判断以及效验感应。它们并非凭空臆测而来，而是根据相关信息及经验做出判断的，其具体内容主要包括以下几点：一是教师自身教学经验。教师本身成功的教学经验能够促进其自我效能感的提升，失败教学经验能够让其自我效能感下降。教师具体教学中势必遇到各种新的问题和情况，而通过解决这些问题和情况能够让其积累丰富的经验，如果再遇到相关问题，教师就能轻松应对解决。因此，教师自身教学经验决定了其自我效能感的形成以及提升。二是教师的替代性经验。主要指教师在观察、总结、研究与自身能力水平接近的其他教师时所掌握积累的经验，并据此进行自我判断而做出的自我效能感。三是来自外界的评价以及劝导。主要指教师受到来自外界的针对自身教育教学工作能力水平的评价和劝导以及鼓励和批评等。四是自身情绪以及生理状态。教师如果产生焦虑紧张、烦躁不安等消极情绪，会对其自我效能感的判断产生不利影响；教师如果拥有愉快心情、感受到成功幸福等积极情绪时，则有利于其自我效能感的提升。教师的生理状态同样也能够影响其对自身能否胜任教学任务的感知。班杜拉提出，该四种经验及信息通常会综合影响自我效能的形成与提升。自我效能实际是基于效能信息加工而产生的，其间实现了自我效能信息的选择、比较、整合和效能信念的形成等，教师也正是从这些信息的成败分析中产生的自我效能感。

一、提高教师自我效能感之策略

（一）教师要注重自身素质的全面提升

教师自我效能感的提升要求其必须增强自身师德修养，提升其对自身价值意义的认识，专业知识扎实丰厚，教学理念先进超前，教学方法不断创新，才能达到预期的教学效果。此外，教师应科学制订学科目标，客观开展自我评价，针对自身问题及时进行调整改进，提高自身抗压能力以及抗挫能力，树立自信心和责任心，做好教育教学工作。

（二）学校要强化教师培训学习

学校应加强对教师的职业训练，鼓励教师进修学习，让教师通过培训学习不断总结教学经验成果，提高教学能力水平。学校还应注重教师专业特长的培养和提高，为教师进一步成长提供机会，为教师提供相互学习的条件。如召开学术研讨会、组织教师的教学交流与合作、聘请专家学者为教师进行专业知识培训、考察优秀院校等，通过多种渠道学习成功教学经验、掌握科学的教学艺术、创新教学的方式方法，以提高教师教学水平。

（三）学校要创设良好的校园环境

学校应全面提升集体效能感，弘扬积极健康的校园文化，营造生机勃勃、活力无限的校园环境，让教师能够充分体现自身能力价值以及充分发挥群体效能感。此外，还应设立科学激励机制，营造创新氛围以及竞争环境，制订公平公正的教师评价机制，打造有利于良性发展的校园氛围。学校还要加强教学科研机构的建设，形成互助合作，共同发展的态势，真正体现学校集体智慧的力量。

（四）学校要实施规范化管理

学校应满足教师正常合理的需要，为教师做好教学服务工作，管理方法要方便灵活，管理体制要科学规范，教学环境要和谐宽松。此外，还要充分考虑教师发展需要，为教师实现人生价值创设平台，使教师立足岗位、热爱岗位，全面提升教师素养水平。

二、提高学生自我效能感策略

学生的自我效能感会对其行为产生重要影响。因此，许多专家学者针对学生自我效能感的提升开展了探索研究，而在教育教学中自我效能感的引入也有所突破。综观这些研究，尽管许多方面有待教育教学实践检验，但总体仍有较大进步和提高。总体而言，学生自我效能感的培养大致有以下四种方法。

（一）外部强化

舒可是著名心理学家班杜拉的学生，其提出了外部强化理论，研究对象主要是不擅长除法运算的儿童。实验分成三个小组：奖励组（对学生自己解决问题进行奖励）、课题组（对所有学生进行奖励）、控制组（实践训练过程中并未对奖赏做出任何表达，在实验结束后突然进行奖励），通过实验结果可知，三组学生中自我效能提升幅度最高者为奖励组。心理学家班杜拉的观点认为，如果人们在已经掌握专业知识技能以后，为了显示自身能力水平，需使用外部强化能够提升其自我效能感。一方面，通过外部强化可以更好地促使其完成任务，鼓励学生更好地完成学习目标，学会知识技能等；另一方面，通过外部强化信息能够让学生在学习活动中感受到自身进步，促使自我效能感提升，虽然学生并未因此提高能力水平，其进步却得以强化。

（二）培养学生进行积极的自我强化

研究表明，人既受外部强化的作用，同时又受自我强化的作用。学生的自我强化对调节学生行为有重大影响，其往往通过奖赏方式来进行激励或者维持自身达到某一标准而表现出的行为过程。如果学生达到相关标准就会使自我效能感得到提升，相反则容易对自身行为能力缺乏信心。因此，要帮助学生积极进行自我强化和科学制订相关标准，其标准的制订既不能过高而产生挫折感，也不能过低而无法起到推动促进作用。学生标准都由其学习内化获得，学生学习过程中，通常会根据自身学习状况以及解决问题能力等进行自我判断评价，其标准制订相对客观。然而在校期间，学生还会通过与周围同学等加以比较，判断评价自身能力，该社会心理现象正逐步引起专家学者的普遍关注。

心理学家菲斯汀格指出：人能知道自己的好坏、优劣之需要；人能够根据与周围人的比较掌握自身实际情况；人在选择比较对象时通常会选择与其具有相似经历或者能力水平差距较小的人，以便更为标准地获得评价结果和提供评价信息，同时也更能维护自尊以及保证自身形象。而如果选择比较对象差距较大则无法表明自己的境况等信息。研究还表明，部分情况下人在选择比较对象时会以比自己能力高的人为标准，以便让自己充满斗志和勇气。具体选择哪种人作为比较对象，视实际需要而确定。将理论应用在教育教学中可以发现：学生之间进行的比较往往是自发产生的，而学校教育对于学生的比较往往是强加产生的。综观学校学习生活，学生间互相比较现象普遍存在，在学习、运动、生活以及其他方面都存在不同程度的比较，已成为一种校园风气，对整体校园环境以及学生自身都产生了较大的影响。如果比较过度，往往会让高兴的事丧失强化功能，让自卑的事强化学生自卑感。同时如果进行比较，学习较差的学生就可能自暴自弃，而学习较好的学生也容易故步自封、驻足不前。所以，教师应全面了解和掌握学生的心理特点，对学生之间的比较进行正面引导，消除消极情绪。在学校制订的部分措施中，可能存在加重学生之间比较所产生消极影响的情况，例如公布考试成绩时教师会对成绩好的学生进行表扬，而对成绩差的学生进行批评，虽然目的想激励学生进步，然而结果大多适得其反。可能还会把学习成绩较好和较差的同学进行分类分组，容易使两组学生无法客观评价自我，从而导致不良情绪和效果。此外，还有研究表明，在竞争非常激烈的重点学校中，大部分学生对自身实际能力的判断和评价普遍较低。

根据心理学家菲斯汀格的理论，应制订以下教育策略：注重学生之间的比较，让学生能够通过比较了解和掌握自身的成长进步以及优势特点，从而树立信心，针对学习成绩较差的学生要给予更多鼓励和帮助，让其从点滴做起慢慢进步；学生之间进行比较时，为避免差生产生严重自卑心理，应将其与相似能力水平的学生加以比较，以保护其自尊不受伤害；如果学生遭遇失败或者困难情况，此时不宜再将其与相似同学加以比较，而要等到其成绩提升时再与更高水平学生加以比较看齐，促使其不断进步。班杜拉的观点表明，适当标准的设立应在逐步接近的目标中加以实现，因为接近的目标更易实现，能够使学生自我效能感提升；如果目标设立过高过远，不仅不符合实际，而且不利于学生客观评价自我能力，损害学生自信心。总之，教师应帮助学生设立适当目标，客观地自我比较，从而使自我效能感有效提升。

（三）归因训练

通过研究发现，归因和所属维度能够对人的情绪、期待以及行为等存在重大影响。任务完成以后的成败归因分析，能够对自我效能感以及主体控制感产生重要影响，对学生而言也应重视归因的重要影响。因为教育教学中针对学生进行归因分析简单方便可操作，教师也经常采取归因训练以提升自我效能感。什么才是理想的归因形态呢？菲斯汀格通过观察维纳的归因论、Seligmen及Maier等的习得性无助模式和班杜拉自我效能感理论，认为其既能够实现自尊、自信、成就动机以及成功期望需要，又能够避免行为偏差以及无助感产生，其提出失败是因努力不足，观点归因也为大众所普遍认可并接受。

以提升儿童自我效能感的相关研究诸多针对归因训练，其中舒克以不擅长除法与减法的儿童作为研究对象开展了相关探索。研究发现，对未来行为的努力归因反馈不如对过去进行努力归因反馈好，没有对自我效能感的提升起到作用。舒克针对儿童过去行为进行能力归因以及努力归因，研究其对于儿童的自我效能感以及学习效果的影响和作用问题。研究结果表明：针对过去行为如果仅进行能力反馈，相对另外三组（其一为只进行努力归因反馈组，其二为进行能力和努力两种归因反馈组，其三为不进行反馈组）而言，学生在除法技能以及自我效能感提升方面效果明显。此外，只进行努力归因反馈组与进行能力和努力两种归因反馈组相比，差别较小。这表明能力归因反馈效果有可能因为再一次的努力归因反馈而失去了原有的效果。

教师进行归因训练可分为两步进行，第一步是诊断，第二步是训练。诊断过程中，对成功和失败的原因进行分析，在日常言行、学生作文日记等加强归因倾向确定。而归因训练的方式主要有以下三种。其一是进行操作。教师要帮助学生针对相同事件加以归因，如果归因正确应及时肯定，归因错误则及时纠正。其二是进行说服。教师要教会学生采用正确的归因方法，做好归因示范，提供相关信息，通过说服的方式简便易行。其三是学会转移。教师要帮助学生把可能产生心理障碍的归因转移到外部归因范畴，从而避免不良归因的产生。总之，教师进行归因训练可以采取各种方法，然而最重要的是让学生树立信心，相信自我能力，通过努力不断进步，并达到成效，最终走向成功。

（四）学习策略的培养

许多教育心理学研究表明：所谓有效学习通常指学生对自我学习过程进行管理和监控。其中自我管理包括计划的制订、目标的设立、信息的组织、学习时间的安排等诸多方面。这就要求学生树立正确的学习观念和掌握正确的学习方法，能够实现自我激励，同时要求学生主观上相信自己能够完成学习。在学习过程中，学生一旦认为课题存在较大困难，并且目前的自我知识技能可能无法解决时，便容易使自我效能感降低，面对这种情况应让学生把消极知觉逐步转化成积极学习动机，使用恰当的方法策略，维护其学习兴趣以及信心。这也说明学习策略在一定程度上能够提高学习效能。

著名心理学家梅耶认为，所谓学习策略主要指学习中能够提高学习效率的全部活动。梅耶提出学习策略应用过程就是学习的自我调节过程。而学习策略大致包括信息收集整理、制定目标计划、信息追踪记录、复述记忆、组织推论、自我评价、笔记复习、评估测验等。培养学生学习策略能够让学习行为更加高效，增强学生自我效能感。教师实践教学中应根据实际情况，有针对性地采取有效学习策略，促进学生自我效能感不断提升。

第四章　校本课程管理

第一节　校本课程管理的目标

校本课程的全面实施给学校的课程管理带来了全方位的挑战，成为中小学课程管理中亟待解决的问题。因此，加强对校本课程开发的规范和引导，避免校本课程开发流于形式，具有十分重要的现实意义。

一、三级课程管理的由来与价值

（一）三级课程管理填补了我国课程管理理论的空白

"三级课程"和"三级课程管理"不仅要求在课程管理权限上应分级，更重要的是下一级对上一级规定的课程既要坚决执行，又要创造性地自主开发。这既是权利分配的问题，也是责任分担的问题。课程改革中的问题需要国家、地方、学校共同解决，国家、地方、学校三级课程在管理层次和课程类别上有所区别，其教育功能也各有侧重，但这种差异是相对的，不是绝对的，是相互融合的，是一个无法割裂的对立统一的完整的课程管理体制。

课程的结构和内容要适应地区差异、不同学校的特点以及学生的个体差异，为学生提供更多的选择，因此必须充分发挥地方、学校、教师乃至学生进行课程资源开发的主体作用，给地方和学校较大的机动时间和自由空间。从高度集中统一的课程管理体制到实行国家、地方、学校三级课程管理政策，既不是中央的，也不是地方和学校的争抢，而是基础教育适应时代发展和社会变化的主动选择和必然结果。三级课程管理体制把中央集权与地方分权、社会需要和学生发展、国家统一的教育目的和学校教育的办学宗旨辩证地结合起来，改变课程管理过于集中的状况，增强了课程对地方、学校和学生的适应性，是课程管理体制的创新，是对课程管理理论的一大发展。

（二）三级课程管理的重大意义

第一，加强了课程与地方经济、社会和文化的适应性，有利于教育为当地经济、社会、文化建设服务。教育要适应并推动当地经济和社会的发展，就必须培养出适合当地实际需要的人才。"实行国家、地方、学校三级课程管理。国家制定中小学课程发展总体规划，确定国家课程门类和课时，制定国家课程标准，宏观指导中小学课程实施。在保证实施国家课程的基础上，鼓励地方开发适应本地区的地方课程……"为地方更好地结合本地区经济、社会、文化的发展来全面提高学生素质提供了更大的课程空间。

第二，加强了课程对学校的适应性，有利于中小学办出各自的特色。"办出特色"主要涉及课程和教学方法。"学校在执行国家课程和地方课程的同时，应视当地社会、经济发展的具体情况，结合本校的传统和优势、学生的兴趣和需要，开发或选用适合本校的课程。"给学校结合本地的实际和学生的实际实施素质教育腾出了空间，有利于中小学办出自己的特色，否则，形成学校特色只是一种空话。

第三，加强了课程对学生的适应性，有利于培养学生的创新精神和实践能力。"实施素质教育，就是全面贯彻党的教育方针，以提高国民素质为根本宗旨，以培养学生创新精神和实践能力为重点……"每一个学生都有自己的需要、兴趣和特长，都有自己的认知水平和学习方式，三级课程管理为转变教学方式和学习方式，满足每一个学生的"个性发展和需要"创造了课程空间。只有个性的发展，才有学生创新精神和实践能力的发展。

二、校本课程管理的目标

（一）校本课程管理的含义

所谓课程管理，顾名思义，就是对学校课程运行的管理。什么是校本课程管理呢？校本课程管理指课程管理者引导校本课程设计、课程选择、课程组织、课程实施和课程评价等一系列活动，有效地实现校本课程的既定目标。校本课程管理是一种全程管理，贯穿于校本课程开发的全过程，是校本课程质量的重要保障。

经国务院同意，教育部颁布的《基础教育课程改革纲要（试行）》中指出："为了保障和促进课程对不同地区、学校、学生的要求，实行国家、地方和学校三级课程管理。"校本课程管理按层次来分，可分为国家一级校本课程管理、地方一级校本课程管理、学校校本课程管理，各级权力主体在各自权利与责任范围内对校本课程进行管理。

（二）校本课程管理的目标

有的学者认为，校本课程管理的目标包括如下内容。

第一，根据本校的培养目标和课程资源状况，了解学生多样化发展的需要，设置可供学生选择的、灵活安排的课程。

第二，充分意识到教育专业的特性，满足教师专业发展的需要，提供适当的校本培训，给予教师开发课程的机会。

第三，体现学校的办学特色和学校课程的个性化，独立或合作开发有特色的课程。

第四，吸收学生家长或社会人士参与课程开发，丰富可得到的课程资源，强化课程的开放性和民主性，兼顾当地社区的发展需要。

第五，确保校本课程与国家、地方课程在培养目标上的一致性，处理好这三类课程在学校中的整合，避免教育上的价值冲突。

第二节　国家一级校本课程管理

国家一级课程领导的主体是国家教育行政部门的最高机构——教育部。

一、国家一级课程管理的职责

国家一级课程管理的职责表现如下方面。

第一，宏观指导我国基础教育课程改革，并具体制定相应的课程政策和国家基础教育课程计划框架。

第二，组织制定或修订、审定我国基础教育各个阶段的课程计划，包括统一规定国家课程在各个教育阶段中的课程结构，如学习领域或科目数，总课时、周课时及课程分配结构，严格控制学生的在校学习时间和基本学业负担。

第三，颁布国家课程标准，确保统一的基本学业要求，规定国家基本的教育质量要求。

第四，制定国家课程实施过程的指导性意见，引导地方和学校根据实际情况创造性地实施国家课程计划。

第五，确定基础教育课程的评价制度，确保国家基础教育课程在各个阶段的目标得到有效的落实。

第六，制定三级课程管理政策，颁布地方、学校课程管理指南，为地方课程和校本课程的开发以及地方一级和学校一级的基础教育课程管理提供基本的规范。

第七，制定教科书或教材开发与管理的政策，定期向学校和社会公布经过审定的中小学教材目录和教材使用情况评估报告。

第八，监控国家基础教育课程整体运行质量，对中小学教学、评价与考试、课程资源开发与利用等情况定期进行抽查和跟踪研究，并出具评估报告。

二、国家一级校本课程管理职能

我们认为，国家一级校本课程管理的职能主要有如下内容。

第一，为了帮助学校切实有效地实施校本课程开发，提高学校和教师的课程开发和建设能力，促进学生主动发展，教育部应制定校本课程开发的有关规定，对校本课程的功能、校本课程开发的理念、目标、原则、类型、程序和管理等进行规范引导。

第二，加强校本课程研究的组织和领导，不断探索和总结校本课程开发的经验，推动校本课程的实施和健康发展。

第三节 地方一级校本课程管理

地方一级课程管理的职能部门是地方教育行政部门。

一、地方一级课程管理职责

地方一级课程管理的权责表现在如下方面。

第一，省（自治区、直辖市）一级教育行政部门按照国家课程计划的要求，制定本地实施的各个教育阶段的课程计划，并报教育部基础教育司备案。同时，制定课程计划实施方案。

第二，负责对本省（自治区、直辖市）中小学教学、评价与考试、课程资源开发与利用情况进行监控，组织研究机构通过抽样调查、跟踪研究等方式对中小学课程运行质量做出评估，及时发现、反映和解决基础教育课程改革中出现的问题。

第三，依据教育部颁布的地方课程管理指南，组织专家或与专家合作开发地方课程，并制定学校实施地方课程的指导性意见。

第四，通过下属各级教育行政部门，负责指导学校制定学校课程计划的具体实施方案，以及校本课程的合理开发。

第五，县一级教育行政部门要在规定的时间内审议各中小学上报的校本课程开发方案，并反馈审议意见。

二、地方一级校本课程管理职能

地方一级对校本课程管理的最高形式是服务。服务表现在对地（市）、县（市、区）、学校的指导和帮助，其最高境界是鼓励创新。因此，我们认为，地方一级校本课程管理的职能主要有如下内容。

第一，地方一级要引领校本课程开发活动，组织校本课程开发研究、经验交流，区域性整体推进校本课程开发。

第二，在省级教育行政部门的宏观指导下，地（市）、县（市、区）在制订本地区课程实施方案时，应将校本课程的实施作为重要组成部分，做出整体规划，坚持分类指导，努力为校本课程的开发和实施提供空间和条件。指导和帮助学校从自身的条件和能力出发，自主开发或合作开发或选用校本课程。协调各方力量，整合和优化各种课程资源，组织理论学习、研讨和经验交流，为校本课程提供服务。利用典型事例对学校进行指导。

第三，建立县（市、区）校本课程审议制度。县（市、区）教育行政部门在收到学校《校本课程规划方案》申请后的一个月内，应反馈审议结果。

三、地方一级校本课程管理策略

（一）明确地（市）、县（市、区）教育行政部门校本课程管理职责

如果把校本课程管理的职责完全放到省级教育行政部门，就有可能忽视地（市）、县（市、区）的差异性，同时也不能调动地（市）、县（市、区）教育部门的积极性。因此，应明确地（市）、县（市、区）教育行政部门校本课程的管理职责。

1.地（市）教育行政部门校本课程开发的管理职责

第一，对本地（市）中小学校本课程开发进行宏观管理，定期或不定期检查、指导校本课程开发实践活动。

第二，及时发现、反映和解决校本课程开发中的问题。

第三，组织各种形式的校本课程开发培训和研究活动，促进本地（市）校本课程的健康发展。

2.县（市、区）教育行政部门校本课程开发的管理职责

县（市、区）教育行政部门对本县（市、区）中小学校本课程开发负有重要的直接管理职责。主要职责有：

第一，统筹规划本县（市、区）校本课程开发工作，不断创造条件开发课程资源，实现优势互补，保证健康有序地开发校本课程。

第二，在规定的时间内审定各中小学上报的《校本课程开发方案》，及时反馈修改建议，并指导学校完善《校本课程开发方案》。

第三，定期或不定期指导和检查中小学校本课程开发工作，及时发现、反映和解决校本课程开发中的问题，建立学校校本课程开发考核、奖励制度，把学校校本课程实施情况纳入对学校考核评估的指标之一，奖励在校本课程开发中做出突出成绩的个人和学校。

（二）实施学校校本课程规划方案审定制度

《校本课程规划方案》是学校对校本课程开发的整体规划，是学校关于校本课程开发总体思路的概略性描述，学校必须在准备实施的三个月前，将《校本课程规划方

案》报县（市、区）教育行政主管部门审议。县（市、区）教育行政部门应成立《校本课程规划方案》审议小组，专门负责审议学校上报的规划方案，审议小组成员可由课程专家、教育行政管理专家、校长、教师、教研员等组成。

（三）组建校本课程开发专业支持小组

省、地（市）、县（市、区）教育行政部门可分别组建校本课程开发专业支持小组，指导所辖区域的校本课程开发工作，总结、推广校本课程开发经验，提供校本课程开发信息。

（四）着力提高校长的课程领导能力

校本课程是学校自主开发和管理的课程，校长是校本课程开发与管理的主要责任人，校长对校本课程开发是否实施强有力的领导，是学校校本课程开发成败的关键。有的学者认为，从校本课程开发角度而言，校长的角色是多元的，他不仅应扮演传统的校长角色（如行政管理者、教学管理者等），而且应扮演与课程开发和管理相关的角色。具体而言，校长在校本课程开发中应扮演的角色有：学校环境的分析者、学校教育哲学的确定者、教师教育者、教学领导者、"安全的共同对话空间"的建立者、课程资源的协调者、校本课程开发的"决策者、评价者、指导者、管理者"。而校长在课程发展方面专业知识不足，课程领导能力欠缺，也是众所周知的。因此，学校要开设校本课程必须首先让校长走进校本课程，理解校本课程，实施校本课程。教育行政部门应加大培训力度，为校长提供课程领导所需的知识和咨询服务，帮助他们成长，以扮演好多种课程领导的角色。

（五）重视与家长、社会的沟通，取得社会的支持

校本课程开发需要课程专家、校长、教师、家长、学生和社区人士的广泛参与，需要各方的配合和支持。省级教育行政部门要充分利用广播、网络等新闻媒体，宣传校本课程开发的意义和作用，以形成目标一致、互联互动、不断协调整合的氛围，赢得家长、社会的理解和支持。

（六）创办校本课程开发网站

介绍校本课程开发的基础知识和技能以及国内外的校本课程开发案例，探讨校本课程开发中出现的问题。

第四节 学校校本课程管理

一、学校课程管理职能

第一，根据教育部和本省（自治区、直辖市）课程计划的有关规定，从当地社区和学校自身的实际出发，制定学校学年课程实施方案，报县一级教育行政部门备案。

第二，依据教育部颁布的学校课程管理指南，结合本校的传统和优势，独立自主或与校外有关机构或人士合作开发校本课程，提供给学生用以选择。校本课程开发方案必须在规定时间内报县一级教育行政部门审议。

第三，选用经国家一级审定或省一级审查获得通过的教材。教材的选用应体现民主原则，应该有教师、学生代表参加，并通过多种途径听取学生家长的意见。

第四，反映国家和地方课程计划在实施中所遇到的问题，建立校本课程的内部评价机制，以保证校本课程与国家课程、地方课程在总体目标上的一致性和互补性。

第五，根据上级教育行政部门的规定，结合本校的实际情况，对学校的所有课程实施管理。特别是对于教学、评价与考试、课程资源开发与利用等方面要进行自我监控，确保学校基本办学质量的稳定和提高。

二、学校校本课程的管理职责

校本课程开发是学校课程管理的重要组成部分。我们认为，学校校本课程管理的主要职责有如下方面。

第一，根据教育部颁布的《学校课程管理指南》，负责校本课程开发的组织和管理工作。

第二，负责制定《校本课程开发方案》，报县（区、市）级教育行政部门审定后，组织、协调各方面力量开发适合自己学校的校本课程。

第三，组织校本课程实施中的管理和评价工作。

第四，建立以校为本的教研制度，建设有利于教师创造性开发校本课程的环境。

第五，充分挖掘和利用校内外课程资源。

第六，建立和完善校本课程开发的各项规章制度，保障校本课程开发顺利进行。

第七，为校本课程开发提供必要的人力和财力保障。

第八，定期或不定期向县级教育行政部门汇报校本课程的实施情况。

三、学校校本课程的管理策略

（一）成立校本课程开发专业指导小组

校本课程开发是一项专业性很强的工作。学校应成立"校本课程开发专业指导小组"，指导校本课程开发工作。由主管教学的校长、教导主任、教科室主任、骨干教师、课程专家等组成校本课程开发专业指导小组，对校本课程开发中的问题开展经常性的研究，及时指导并解决校本课程开发中的问题。

（二）切实提升教师开发校本课程的能力

教师素质是制约校本课程开发的直接因素。教师对校本课程开发是否认同和是否能积极投入，教师的事业心、责任感，教师的学生观、课程观和教学思想，以及课程组织和课程实施的能力水平、研究水平等，都直接影响着校本课程的开发水平和质量，也直接影响着学生的发展水平和学校的发展水平。由于目前90%以上的高等师范院校仍沿袭凯洛夫《教育学》的模式，只在公共教育学中设"教学内容"一章，简单地介绍下什么是教学计划、教学大纲和教材，学生毕业后对课程理论和课程改革实践知之甚少，其课程理论修养令人担忧。加之，长期以来，教师的课程活动徘徊于"机械化的知识传播"状态，教师课程开发能力受到压抑和损伤，甚至在走向缺失。调查显示：中小学开设校本课最大的困难是"教师缺少课程方面的培训"；对各种学历层次和教龄的教师而言，缺乏"课程开发的知识与技能"的问题普遍存在。

第五章 教学工作的精细化管理

第一节 教学常规的精细化管理

一、制订教学工作计划

教学工作计划指在一定时期内,根据教学大纲、教材和学生实际情况制订的本学科教学工作进度和目标任务,也称为教学进度计划。制订教学计划是教师备课工作的一个重要内容,在学年、学期初对全学年、全学期的教学工作做出一个完整、全面的计划,对保证教学工作有条不紊地开展和提高教学质量有很大的作用。教学工作计划包括学年教学工作计划、学期教学工作计划(也称教学进度)、单元教学工作计划和课时计划(教案)等。学年计划和学期计划一般由学校统一制订,单元计划和课时计划一般在教研组(备课组)的领导下,由教师制订。

(一) 学年教学工作计划的制订

学年教学工作计划是在校长的领导下,以年级为单位,由年级组、教研组、教务处和部分骨干任课教师参与,根据国家规定的课程标准,结合学校实际和学生年龄特点,对全年教学内容和考核项目的规划。它是制订学期教学工作计划和其他教学工作计划的依据。制订学年教学工作计划,首先要制订学年教材内容分布表,要求熟知年级教材的学习目标以及课标推荐的学习内容。其次,就学习目标而言,它是在两个学期内完成的,因此需要分列入两个学期中。再次,教学内容的选择。一是课标推荐内容应与学校现有条件设备相结合,与教师个人专业能力相符合,因为制订出的教学内容要落实到课堂教学中,而不仅是写在教学计划里,无法开展的教学内容就要舍弃,要选择可以实现同样学习目标的其他内容。二是教学内容要与上学年的学习内容进行有针对性的衔接。了解之前学过的主要学习内容,使得学生的学习内容成为螺旋递进的体系，也是制订学年教学计划的另一主要关注点。最后，教学进度的安排。将学年教学内容转化成课时和课次，分配到两个学期中，用表格的形式展现出来并分步实施。

总之，学年教学计划只要能体现目标引领内容的要求，并将目标和相应内容有层次的分配到两个学期中，同时能清楚地反映两个学期的内容以及课时安排，就是一个完整的学年教学计划。学年教学计划，一般由学校统一组织，在暑假开学前制订完成。

（二）学期教学工作计划的制订

学期教学计划也称学期教学进度。每学期开学前，由教务处和教研组或备课组统一组织，由任课教师根据学年教学计划、教材、教学大纲的要求和学生特点，以周为单位，制订教学内容、教学进度、教学权重以及对教学工作的安排和要求。

一个好的教学计划对教师的教学工作有很大的指导作用。目前教学工作计划存在的问题较多，普遍存在的问题有以下几个方面。一是计划中应付的成分较多。有些教师没有深入研究教材和大纲，以应付任务的心态对待这项工作，从参考书中抄取部分内容，有的干脆抄袭别人或以前的教学计划，没有对教学内容和学生进行综合分析，对教学没有任何指导作用。二是有了计划也不执行。有些教师计划是计划，教学是教学，教学的随意性较大。要想改变这种状况，使计划在教师头脑中留下痕迹，必须有一个统一的要求，督促教师能认真、仔细地制定计划，把计划和自己的教学实际相结合，把计划很好地落实到教学过程中去。同时加强考核和监督，把制订和落实教学计划与教师的绩效挂钩，定期不定期进行检查。

学期教学计划制订由以下几个方面组成：一是学生情况分析。重点分析学生的习惯（听课、记笔记和发言提问等）、兴趣、态度、学期基础、班风和学风等方面，同时对学生优秀率、合格率、差生率等进行比较分析，对学生中存在的问题、两极分化情况进行分析，对学生中存在的小群体现象进行分析。针对学生情况制订详细的措施，既保证优秀学生能够"吃得饱"，又保证较差的学生能够"吃得了"。同时制订优生率、合格率等指标。二是对教材进行分析。确立教学目标，找出教学重点和难点，对教学内容进行认真分析，明确教学中要注意的事项等是教材分析的重点。对教材进行分析要研究教材、研究教学参考，要熟悉教材，对教材的体系结构、地位作用、知识结构进行整体了解，并进一步解读课程标准，依据课程标准的要求对教材内容进行取舍。在全面研究课程标准的基础上，全面熟悉教材，透彻理解教材，才能更好地掌握教材的技能体系和知识结构，才能明白教材要实现的目标，才有利于分析和处理教材。三是提出提高教学质量的措施。每学年学科不尽相同，但总的要求是通过本学科的教学达到教书又育人的目的，并提出提高学生自主学习能力和良好习惯养成的措施，提高学生基本功和综合能力的措施，培优补差的措施，加强重点难点教学的措施，提高学生思维和创新能力的措施，培养学生动手、动嘴能力的措施等，围绕以上几个方面，根据学科特点制订出具体和细化的措施。四是教学进度。以周为单位，根据教学重点和教学难易程度，安排不同学时进行教学和巩固提高。

（三）单元教学工作计划

单元教学工作计划是根据学期教学工作计划中的某阶段或某项教学内容及目标进行系统安排的课时计划，它有自己相对独立的完整性。单元教学工作计划应保证能达到学期教学计划的目标，它是学期教学工作计划（教学进度）的深化和具体化的教学文件，它为教师制订课时计划提供了更加科学的依据，有利于提高课堂教学质量。单元计划以教材单元内容多少和难易程度等安排课时，总体不要超过学期教学计划课时数。

单元教学工作计划的制订，必须从学生需要和客观实际出发，认真钻研教材，掌握教材的重点和难点，选择新颖、多样化的教学方法与手段，安排好合理的教学顺序。首先，确定单元教学目标。单元教学目标是学习完一个单元以后所达到的教学目标或教学要求。所有单元计划教学目标完成以后，才能完成教学总目标。其次，对单元教学工作计划进行分解（分解到每节课中），列出单元教学工作计划表。最后，填表并进行审查。

制订单元教学工作计划的注意事项如下。一是确定单元教学目标，这是完成学期教学要求和单元教学任务的关键。二是确定每次课的教学目标、教学要求和教学重点，这是完成单元教学不可缺少的部分。三是针对每次课的教学内容，认真安排每节课的教与学的组织形式。四是单元结束后要进行单元总结评价，有时候为了巩固教学成果，还要进行单元测试。

（四）课时计划

课时计划又称"教案"，是对每一堂课具体深入的教学准备，是对师生课堂预期的教学活动的设计和描述。一个完整的课时计划应包括：班级、学科名称、授课时间、课题、教学目的、课程类型、主要教学方法、教具、教学进程等。有的课时计划还会留有"教学后记"栏目，以便教师简要记录自己上课后的自我分析和体会，为研究改进教学工作积累资料，其格式分文字型、表格型和卡片型三种。

一是教案背景内容。包括学校、班级、时间、地点、授课教师等。二是课题名称。指本节课教学的主题，可以是教科书中某一章节的名称，也可以是该节课的教学任务名称，还可以是该节课教学主要内容的总称。三是教学目标。本节课结束后，学生应达到什么样的要求和水平。教学目标的陈述要求具有可操作性。四是教学内容。列出该节课教学的具体内容项目。五是教学重点、难点。重点是教学目标规定必须掌握和理解的内容，难点是学生现有水平尚不能充分理解和掌握的内容。六是课程类型。确定该节课是综合课还是单一课；若是单一课，进一步说明是什么样的单一课。七是教学方法。分析、选择、设计、确定该节课使用的教学方法。八是教具准备。确定本节课各个教学环节需要的教具。九是教学时间安排。对本节课教学时间做总体安排，并计划好各个教学环节所需时间。十是教学过程设计。这是教师对整个教学过程的预期设想，以文字或图表的形式体现在教案中，也是整个教案最核心的部分。从时间顺序上，教学过程一般分为导入、呈现、运用与总结四部分；从内容上，教学过程设计包括"内容处理""活动设计""方法设计"和"时间设计"。教学过程设计的撰写要求结构清晰、文字叙述详细、突出重点难点。十一是板书设计。板书类似于本节课教学内容的提纲，具有提纲挈领的作用。板书要求较高，应做到条理清楚、重点难点突出、书写工整、保留和擦除部分分明以及形象揭示教学内容的各种联系。

二、备课

教师集体备课是以教研组（备课组）为单位，组织教师开展集体研读大纲和教材、分析学情、制订学科教学计划、分解备课任务、审定备课提纲、反馈教学实践信息等系列活动。其具体运作方式如下。

（一）组织管理

集体备课由教务处实施管理。一般由教研组长实际主持集体备课活动。公共科和规模较大、门类较多的专业课，教研组可分成若干备课组，由备课组长负责具体实施，教研组长指导并参加各小组的备课活动。

（二）活动过程

一是活动准备——"二研、三定"。教研组长提前通知全组成员在集体活动前认真研读教材、大纲，通知中明确集体活动的"三定"：定时间、定地点、定中心发言人。二是集中研讨——"四备"。集中研讨即组长在集体备课时间里召集本组教师提出备课要求，听取中心发言人的发言，讨论备课提纲。讨论中心发言人提出的备课提纲，应包括备重点、备难点、备教法、备作业（还应包含单元检测）。讨论时要充分发扬学术民主，允许不同意见的存在。三是修改提纲——"五统一"。根据集体讨论的内容，中心发言人修改备课提纲，要充分体现"五统一"：统一教学思想，统一"双基"、"双力"（智力和能力）和"双育"的内容与要求，统一课时安排，统一达标题目，统一考核要求。同时提出改进教学方法的建议。四是撰写教案。各任课教师根据集体备课的备课提纲和各班的学情，撰写教案。在"五统一"的前提下，发挥个人特长。五是信息反馈。下一次集中活动时，把根据备课提纲实施时反映出来的重点问题提出来，供以后借鉴。

（三）时间安排

学校可根据各学科的特点，规定每学期具体次数，或每周一次，也可以根据学习内容每单元安排一次，视各校的教师组成情况而定。为了加强规范化管理，保证集体备课的时间，要把集体备课的时间排进课表。

（四）集体备课的注意事项

一是集体备课要统一进行。集体备课的实质是同步教学，具体实施中教学目标、教学进度、作业训练、资料使用、检测评估等必须统一。特别是教学进度和目标检测，一旦失去了统一性，就不能在集体讨论中获得正确的信息，不能及时矫正教学实践。

二是集体备课要适当超前。分配撰写备课提纲的任务和提供备课提纲要有一定的超前性，任课教师的提纲准备任务在制订学期教学计划时一并分配，便于教师早作准备，收集资料，钻研大纲和教材。备课提纲的讨论一般要提前1~2周。

三是集体备课要保持教材内容的完整。划定备课任务应考虑到教材内容的内在联系，保持其内容的完整性。一般依据教材的单元或章节来划分比较合适，切忌人为地将教材割裂开来。

四是集体备课采取集中讨论与个人钻研相结合的形式。如果仅仅依靠听中心发言人的说课，讨论是不能成功的。要发动全组成员认真钻研大纲和教材，讨论的时候才可能各抒己见，百花齐放。集中讨论时，组长要善于引导，把大家的积极性调动起来。还要善于总结，概括大家的长处，指导中心发言人整理备课提纲。

五是集体备课后要先进行适当试教。集体备课之后，由一人或几人进行试教，每次教后及时组织评课。执教者发挥自己的特长，讲出自己的风格。备课内容统一，教学风格可以百花齐放，方法可以各有不同，不要出现"千人一腔"的局面。

六是集体备课要注意培养新人。集体备课的中心发言人一般挑选本组骨干，一来有把握，二来组长也省心，备课贯穿于每学期的全过程，从培养新教师的角度出发，也应给新教师一定的压力，让新手来当"中心发言人"，同时采取"青蓝结对"的方法，逐步放手，这样可以一举数得。

三、上课

上课指教师在学校里讲课或学生听教师讲课、学生获得知识的多向交流和互动过程。上课是教师整个教学工作的中心环节，是教师的基本功，通过上课教师把自己掌握的知识和教科书上的知识传授给学生，让学生经过记忆、练习、复习、消化吸收变成自己的知识。上课的主要形式有教师讲授、学生探究、质疑、提问、消化吸收和训练等。教师上课的，直接关系到学生的学习兴趣和对新知识的理解接收，最终影响到教学效果。因此，教师上课是整个教学工作的关键环节，教师要在教学过程中加强锻炼，不断增强自身的上课能力，不断提高上课水平，把复杂的问题、难以理解的知识点，化作简单的东西，让学生一学就会、一听就懂。掌握课堂的主动性，把机智、幽默和激情贯穿于课堂教学的始终，让学生在轻松愉快中完成教学任务，在欢声笑语中掌握知识。

因此，教师在上课时要做到以下七个方面。

（一）教学目标明确具体

教师根据教学大纲、教学计划和学生的情况，首先要明确每堂课的教学目标是什么，对教学后学生在知识、能力、情感态度等方面发生的变化有一个较清晰的把握，这样才能使课堂教学有一个清晰的目标指向。在描述教学目标时，不说空话、套话和模棱两可的话。

（二）教学内容正确适当

教师要教给学生正确的知识，教学内容必须是科学的、准确的，不仅如此，教学内容的数量要适当，教学内容不能远远超越学生的理解和掌握能力，要让好学生能够"吃得饱"，差学生能够"吃得了"。所学知识之间要有连贯性，要把章节之间、学科系统内部、已经掌握的知识等融会贯通。教师在教学的过程中还要突出教学的重点、难点和关键点，以便学生更好地理解和学习。

（三）教学方法灵活运用

根据具体的教学目标和教学内容以及学生的实际情况，教师要选择适合的教学方法，并加以灵活地运用，使教学重点突出、难点分散，为学生提供思索与思考的空间，使学生能够举一反三，实现课堂中的多向交流。教学氛围要活跃、轻松、愉快，把所有学生的激情调动起来，积极参与教学的每一个过程和环节。

（四）教学结构严谨

教学要有计划性、条理性，教师要周密地考虑一些细节问题，如先讲什么，后讲什么，什么时候讲，什么时候练，什么时候演示，什么时候板书，板书写在什么位置等，都要预先设计好，使课堂教学能够紧凑、连贯、顺利地进行。要有预见性，要预先思考学生在课堂上可能出现的问题和情况，提出解决问题的预案。

（五）教师语言简洁生动、教态亲切自然

教师的语言是教师传递知识、启发学生思考、表达情感、吸引学生注意的最重要的媒介。教师教学语言既要科学准确，又要简洁生动，富于启发性。不要带口头禅，不要经常重复一句话，不要讲讽刺挖苦性的语言，学生有进步和取得成绩时要及时表扬性，经常用激励、鼓励语言，好学生是夸出来的，教师要切记这一点。教师的教态要自然、亲切、随和，易于学生接近，着装庄重、简洁、大方，不能穿奇装异服和过于暴露的衣服。

（六）适当的奖励

这一点在小学生中效果特别明显。利用班费购买一些学生喜爱的健康向上的小物品，如表现好的学生奖励一朵小红花、带有励志性内容的贴画等。开展"荣誉银行"活动，把表现好的同学的名字存入"银行"，每周一公布，每月一评比，以此激励学生学习进步。

（七）教学效果良好

教学效果是评价一节课的关键指标。教学的目的是使每个学生都能得到发展，学生是否在原有的知识水平上得到提高，是否掌握了新的知识，是否增长了分析问题、解决问题的能力，情感态度是否受到积极的影响，这些都可以从学生的课堂反应、作业质量、考试的成绩中了解到。坚决反对看似生动、眼花缭乱、华而不实的课堂，要善于启发学生思考，要精讲多练，要充分给予学生思考、探究、消化的时间，不要满堂灌，要让教师与学生、学生与学生之间充分互动，这样的课才能取得较好的教学效果。

要科学合理地利用多媒体教学，严格把握多媒体教学的容量，要根据学生的接受能力提供适当的内容，这一点在小学教学中特别重要。在教学实践中有些教师给学生提供了大量的多媒体内容，学生如看电影一样走马观花地学习，看似内容丰富、拓展范围广，实际上根本达不到应有的教学效果。多媒体教学不能代替板书教学。

四、布置、指导和处理学生作业

作业指学生为完成学习既定任务而进行的活动。学生的作业分为两类，一类是课堂作业，另一类是课外作业。课堂作业是教师在上课时布置学生当堂进行操练的各种练习，课外作业是学生在课外时间独立进行的学习活动。按照学校所设置的课程，作业可分为语、数、外、理、化、生、政、史、地、音、体、美、思品和劳技、拓展与探究等内容。布置作业是为了帮助学生理解、巩固和提高课堂所学的知识，学生通过写作业，发现自身的弱点，增强学习的技巧，提高学习的自信心，从小培养敬业精神。

（一）要确立有效的作业观

在教学过程中经常有教师布置了大量的作业，特别是布置了大量的课外作业，学生经常加班学习，天性被扼杀，体会不到学习的乐趣，久而久之既影响了学生的身体健康，又学生厌学情绪滋生，危害性非常大。产生这种现象的原因是有些教师对作业认识产生偏差，认为作业就是为了应付考试，提高考试成绩。这种唯分数、纯功利的认识，使大多数教师在安排作业训练时，总是针对考试进行设计，有的题型甚至就是考卷试题的翻版，更有甚者，有些教师每天让学生完成大量从书店买来的试卷，有些教师甚至让学生"抄课文、抄生字、抄乘法口诀表20遍、30遍……"。小学生的课外作业做到晚上10点后，中学生做到深夜，学生叫苦叫累，家长苦不堪言。学生每天总在做那些已经会做的题目，不会的题目做多少遍依旧不会。作业只有在适当、适量和适时的时候才会有效。那些遵循学生认知规律、切合课程标准要求、符合知识建构原理的练习、作业，那些充分调动学生积极性、进取性、创造性的练习和作业，才能够真正发挥其巩固、强化和拓展的练习价值，才能实现师生共同发展。

（二）作业布置要有层次

学生彼此间是存在差异性的。为面向全体学生，促进人人成功，作业要根据学生的学习动机、学习基础、学习能力做到分层设计。作业设计应由易到难，把作业设计为"必做"和"选做"两个层次。"必做"题要求全体学生都要完成，以达到教学的基本要求。有些概念上易混、易错的作业为"必做"。可以布置一些总结类作业、学案型作业、构建知识框架型作业、特色笔记等作为选做作业。这样既让中等以下学生"吃饱"，同时也能让优秀生"吃好"，让不同层次的学生都有收获。作业量过少、过于简单起不到良好的反馈、提高作用；作业量太多，学生在有限的时间内不能完成就会产生厌烦心理，从而不写作业；太难的作业，偏题、怪题、技巧题多数学生不会解答，因此需要教师课前先做调查，了解学生的实际情况，根据教学内容和学生实际选择适量、适度的作业。作业精而细的优化设计，可以最大限度地拓展学生的减负空间，真正有效利用好作业，培养学生形成良好的学习习惯，提升自主学习能力，不断提高教学质量。

（三）给学生提供必要的解决问题的方法

要有效利用作业培养学生自主学习能力，教师除合理布置作业、严格作业要求外，更应该教会学生必要的解决问题的方法，如怎样搜集和整理资料、遇到困难如何解决、怎样充分利用电脑和互联网解决一些探究性的问题等。让学生在写作业的过程中独立解决问题，进而提升自主学习能力，保证学生更好地完成作业。另外，要求学生作业必须工整、清洁、层次分明，不能潦草。

（四）及时评价作业

要想真正发挥作业的效用，还要对学生作业情况进行及时反馈。教师对作业的及时反馈评价能引起学生的重视，激发学习兴趣。因此，教师要采取多种形式及时检查、了解学生的作业情况，并指出作业的优缺点，对学生多进行鼓励评价，以不断调动学生自主学习的兴趣。

五、传授学习的方法

任何事情都是有规律可循的，学生的学习也不例外，教师要根据《教育学》《心理学》原理，结合自身的经验和学生的特点，揭示学习的规律，传授学习的方法，提高学习的效率，达到事半功倍的学习效果。这一点往往被很多学校和教师忽略，虽然在教学过程中有些教师融入了相应的学习方法和技巧，但是还不够系统和全面，更谈不上对学生进行学习方法的系统训练。学习规律和技巧主要有记忆的规律、时间管理的规律、学习的策略等。

（一）培养学生的学习动机

学生的学习动机是推动学生学习的内部动力，有什么样的动机就有什么样的学习效果。要求教师在指导学生制订学习计划时要切合实际，目标不要定得过高，恰到好处地控制动机水平，实行"小步快走"的方略。当完成一个目标后，要不失时机地鼓励学生，不断激发学生的学习积极性。鼓励学生树立远大的理想和个人抱负，要树立正确的人生观和价值观，从而激发学习的积极性。要根据不同学生的基本情况控制学习的难易度，要不失时机地对学生进行奖赏，多采取正强化的措施，让学生在成就感中学习。要经常讲一些励志故事，介绍古今中外发奋学习的例子，为学生学习树立榜样。

（二）训练学生掌握学习迁移的方法

学习的迁移指一种学习对另一种学习的影响或所习得经验对完成其他活动的影响。通过学习的迁移，能够达到举一反三、触类旁通、闻一知十的效果。教师在教学过程中要有意识地训练学生掌握学习迁移的方法，合理安排学习时间和顺序，合理把握学习内容，要在精选教辅材料上下功夫，掌握每个学科的基础知识、基本概念、基本原理、基本技能和基本体系，并搞清楚它们之间的相互关系和变化规律，这样才能达到事半功倍的效果。

（三）教授学生记忆的规律

人的记忆是一个复杂的心理过程，包括识记、保持、再认识或回忆三个基本的环节。一是教师要给学生讲清楚记忆的系统，即瞬时记忆、短时记忆和长时记忆，并讲清楚怎样才能把瞬时记忆和短时记忆变成长时记忆的方法（复习）。二是给学生讲遗忘规律，重点要把德国心理学家艾宾浩斯的遗忘曲线给学生讲清楚，并教授学生怎样充分利用遗忘曲线来提高学习效率。三是教授学生记忆的技巧，指导学生对获得的学习信息进行深度加工，有效运用记忆技术，对知识进行组织化编码、适当过度学习和复习等学习技巧。

（四）学习计划的制订和时间安排

在教学过程中发现很多学生根本没有学习计划，学习时间安排更无从谈起，越是低年级学生越是如此，这就要求教师要耐心地教会学生如何制订学习计划，如何有效地安排和利用时间，提高学习的效率。一是制订有效的学习计划。学生的学习计划包括平时计划、阶段计划和长期计划等，平时计划以通常的学习和临时性安排为内容；阶段计划以一个月或一个学期为一个周期；长期计划以一年或几年为周期。学习计划一般应包括对上学期（或前一阶段）学习情况的分析，简要说明所取得的主要成绩和存在的问题；提出本学期（或下一阶段）的努力方向并确定目标，学习时间如何安排、采取哪些措施、采用哪些方法等，做学习计划时要留有一定的余地。对低年级学生可以做简单的学习计划，对于中学生来说要做详细的学习计划，并把计划落到实处。二是科学地利用时间。学生的时间是有限的，怎样科学合理地利用时间提高学习效率，不是每个学生都能做到的，这就要求教师给予指导。要求学生根据自己的总学习目标，必须统筹安排时间，并通过阶段性的时间表进行落实。要高效利用最佳时间，确保在最佳状态学习最重要的内容；灵活运用零碎时间，提高时间的利用率。

（五）教授学习的技巧

在教授学习方法的基础上，学校要指导教师教会学生学习的技巧。虽说学习没有捷径可走，但是有很多技巧。如学生学习英语时，必须让学生学好48个国际音标和读音规则，并熟练运用这些知识。英语是拼音文字，学习好音标就能很容易地掌握英语发音和拼写方法，学习英语就会既快又好。学好汉字必须先学好汉语拼音，汉字和汉语拼音能够相互印证，提高记忆效果；另外，教师要把汉字的偏旁部首和造字规律教给学生，让学生充分认识汉字的来源和组成。学好化学要先学好元素周期表，元素周期表中蕴含着很多化学信息，熟练运用周期表就可以知道元素性质、活泼程度、电子轨道数、化合价等。在数学方面教师要教会学生有关数字的规律，让学生随时就可应用。教师在教学过程让学生掌握并充分理解每门学科的基础知识、基本概念、定义，熟练掌握和运用公式，也是提高学习效果的窍门。这方面的例子有很多，教师要在教学过程中潜心研究，并毫无保留地教授给学生。教师在教授以上方法的同时还要教会学生怎样阅读、预习，怎样养成好的学习习惯等。

作为学校和一名优秀的教师，必须学习有关学习方法技巧的理论，结合工作实际潜心研究学习方法和学习技巧，并把这些方法教给学生，让学生掌握学习的规律和技巧，能够极大地提高学习效果。学校在这方面要特别引起重视，有目的地引导、督促教师做好这方面的工作。

六、培优补差

培优补差指在教学过程中为了避免学生的成绩出现两极分化，要让优秀的学生更优秀，中等学生变成优秀生，学困生变成中等生或优秀生等，以努力提高整个班级的优秀率。通过对学生的全面分析，明确培优补差的目标，制订措施，全面整体地把握全班的成绩，不让任何人掉队，也不让任何人停滞不前。

（一）针对差生找出原因

通过多次考试成绩、平时作业完成情况、家庭走访和调查等，全面掌握优等生、中等生和学困生的情况，并对学困生的产生原因进行剖析，究竟是不爱学习、学习习惯不良、学习过程中出现错误还是家庭原因等。

（二）针对不同学生群体采取分层分类教学

所谓分层分类教学，简单来说是以学生个人情况为基础的个性化教学，即根据学生的学习程度、学习习惯的差异，在各种教育教学活动中区别对待、因人施教，以满足不同教育对象的个体需求，促进全体学生的协调健康发展。它是在教育教学过程中做到目标分层提要求、训练分层搞辅导、检测分层定标准，使不同智力、不同个性的学生在自己原有的基础上，在各个方面一步一步地滚动式向前发展，不断从小成功到大成功、从一方面成功到多方面成功、从个别成功向全面成功迈进，达到教学成功的一种手段。

一是对学困生提出切实可行的目标和计划。由于学困生的起点低、基础差，因此要从实际情况出发，做到不歧视、多鼓励、不粗暴、多宽容。只要学生一步一步扎实地向前进步，就不会使他们的学习之路停滞不前，暗淡无光。上课时多注意，下课督促他们及时地完成有关作业，某些时候适当地降低作业的要求，增强他们对学习的兴趣和进步的信心。

二是在课堂教学中，鼓励优等生自主探索、自我尝试，使他们的创造思维能力得到不断增强。有的学生虽然天资聪颖，学习能力强，但总是忽略细节，导致会做的题目出错，这就需要学生加强基础知识的学习，要稳扎稳打，才能一直取得优秀的成绩。而有的同学则非常用功，成绩优秀，对这样的孩子要适时鼓励，使他们发散思维，灵活应用知识。

三是在培优补差过程中，最容易被忽略的是中等生，而他们却是最有潜力的，无论是向前还是向后，所以他们才是培优补差的关键。对于中等生要加强其基础，鼓励他们以高标准要求自己，在学习生活中付出更多的努力，以取得最大的进步。他们的提升空间比较大，是潜在的优秀率，对这样的学生要多给予关注，多进行提高训练，使他们得到飞跃。

（三）采用综合的方法培优补差

针对学生的情况，利用课余时间，进行课外辅导。采用一优生带一学困生的一帮一行动，请优生介绍学习经验，学困生加以学习，课堂上创造机会，用优生学习思维、方法来影响学困生，对学困生采取多做多练措施，对优生适当增加题目难度，并安排课外题目和比较难的试题，不断提高做题和灵活运用的能力。采用激励机制，对学困生的每一点进步都给予肯定，并鼓励其继续进取，为其树立学习榜样，并给予学困生表现机会，调动他们的学习积极性和成就感。充分了解学困生现行学习方法，给予正确引导，以朝正确方向发展，保证学困生改善目前学习差的状况，提高学习成绩。重视中等成绩学生，保持其成绩稳定和提高。

（四）加强思想教育，注重心理疏导是培优补差的根本

利用班会进行励志教育、加强学生的思想教育，让学生树立正确的学习观，端正学习态度，增加学习的动力，坚定学习的信心，形成比学赶帮超的学习氛围和良好的班风。教师要倾注真诚的爱，在感情上亲近学生，在学习上帮助学生，在生活中关心学生，使学生真正感到教师可亲、可信、可敬。这样，学生才会主动亲近教师，才会乐意接受教师的批评和教育。公平、公正对待每一位同学，通过谈心、个别交流的形式，给予全班学生同样的关心指导、同样的信赖和尊重、同样的鼓舞和期待。对存在心理障碍的同学及时进行心理疏导，对家庭情况特殊的同学，给予更多的关心和帮

助，使他们放下心理包袱，把更多的精力投入学习中，养成良好的学习习惯。

第二节　听课评课的精细化管理

一、听课中的观察和思考

（一）听课不但要听，还要看

一看教师，看教师的精神是否饱满，教态是否自然亲切；看教师板书是否合理，看教师运用教具是否熟练；看教学方法的选择是否得当；看教师指导学生学习是否得法；看教师实验的安排及操作；看教师对学生出现问题的处理是否巧妙……总之，看教师主导作用发挥得如何。二看学生，看整个课堂气氛，学生是静坐呆听、死记硬背，还是情绪饱满、精神振奋；看学生参与教学活动的程度；看学生对教材的感知；看学生注意力是否集中，思维是否活跃；看学生的练习、板演、作业情况；看学生举手发言、思考问题情况；看学生活动的时间是否得当；看各类学生特别是后进生的积极性是否被调动起来；看学生与教师情感是否交融；看学生自学习惯、读书习惯、书写习惯是否养成；看学生分析问题，解决问题能力如何……总之，看学生主体作用发挥得如何。

（二）听课要思考

听课必须伴随着多思考才能有进步、有提高。一边听，一边思考这样一些问题：教师对教材为何这样处理？换成自己该如何处理？教师是怎样把复杂问题转化为简单问题？他的教学有什么地方值得自己学习？重难点是怎样突破的？自己应怎样对"闪光点"活学活用？高质量的课，应该能看出学生是怎样从不懂到懂、从不会到会、从不熟练到比较熟练的过程。在课堂上，学生答错了，答得不完整，答得结结巴巴，这是正常现象，正因为这样才要学习。教师的作用就是在学生答错时，能加以引导，答得不完整时，能加以启发。所以听课，一定要注意看实际效果，看学生怎么学，看教师怎样教。思考之后，可以和自己的备课思路进行对比分析，大胆地去粗取精，扬长避短，写出符合自己特点的教案。

（三）听课要有反馈式交流

有了反馈才有进一步的深化。听课中要使思维和讲课教师、学生的思维一致。听课后，能比较详细地向讲课教师汇报收益与看法，在具体问题上做进一步的切磋，共同探讨如何做得更好，为下一步评课做好准备。

（四）向别人学习，其实也是一种创造

这种创造有赖于自己的观察、思考与探索，只有通过这样的努力才能将别人的教育教学思想转化为自己的理念，而不仅仅是表面上的方法与技巧的增多。要达到这样的目的，首先要想办法提高自己的思想素养，让自己能够站在一定高度上来学习别人的经验，并逐步形成自己的教育思想、教育理念。

二、如何评课

评课指对课堂教学成败得失及其原因做中肯的分析和评估，并且能够从教育理论的高度对课堂上的教育行为做出正确的解释。评课是在听课活动结束之后的教学延伸，是加强教学常规管理，开展教育科研活动，深化课堂教学改革，促进学生发展，推进教师专业水平提高的重要手段。

（一）从教学目标上评课

教学目标是教学的出发点和归宿点，它的正确制订和达成，是衡量课堂教学的主要尺度。所以分析课堂教学首先要分析教学目标。现在的教学目标体系是由"知识与技能、过程与方法、情感、态度与价值观"这三个维度组成，体现了新课程"以学生发展为本"的价值追求。如何正确理解这三个目标之间的关系，也就成了如何准确把握教学目标，如何正确地评价课堂教学的关键。

（二）从处理教材上评课

评析教师一节课得好与坏，不仅要看教学目标的制订和落实，还要看教者对教材的组织和处理。在评析教师一节课时，既要看教师教授知识的准确科学性，更要注意分析教师教材处理和教法选择上是否突出了重点、突破了难点、抓住了关键。

（三）从教学程序上评课

教学目标要在教学程序中完成，教学目标能不能实现取决于教师教学程序的设计和运作。因此，评课就必须对教学程序做出评析。教学程序评析包括两个主要方面：一看教学思路设计，二看课堂结构安排。

（四）从教学方法和手段上评课

评析教师教学方法、教学手段的选择和运用是评课的又一项重要内容。一看是不是量体裁衣，优选活用。二看教学方法的多样化。三看教学方法的改革与创新。

（五）从教师教学基本功上评课

教学基本功是教师上好课的一个重要方面，所以评课还要看教师的教学基本功。从板书、教态、语言、操作等几个方面进行评价。

（六）从教学效果上评课

看课堂教学效果是评价课堂教学的重要依据。课堂效果评析包括以下几个方面。一是教学效率高，学生思维活跃，气氛热烈。主要是看学生是否参与、投入了教学过程，是不是兴奋、喜欢。还要看学生在课堂教学中的思考过程，这是非常重要的一个方面。按照课程标准的要求，教学内容不仅包括知识与技能，还包括解决问题的能力、思考能力和情感、态度、价值观的发展，思考是非常重要的。有的课学生很忙，但思考度很低。二是学生受益面广，不同程度的学生在原有基础上都有进步。知识、能力、思想情操目标的达成，主要看教师是不是面向全体学生，实行了因材施教。三是有效利用课堂时间。学生学得轻松愉快，积极性高，当堂问题当堂解决，学生负担合理。

课堂效果的评析，有时也可以借助于测试手段。上完课评课者可以出题对学生的知识掌握情况当场进行测试，而后通过统计分析来对课堂效果做出评价。

第三节　教学改革的精细化管理

一、围绕学生进行教学改革

当前我国教育中存在着很多问题，有些问题已经严重地阻碍了教育的发展，因此必须进行教学改革。怎样以学生为中心，一切教学活动怎样围绕学生的全面发展——人格、体格、文化修养、审美情趣等，是教学改革的重点。

（一）让学生参与课堂

在课堂教学的过程中，课堂教学设计越是复杂，教师对教学内容的处理越是精妙，学生参与课堂的机会就越少，参与的深度就越低。要让学生参与课堂，就要让教师让出课堂，学生是课堂的主角，教师是课堂教学的组织者。在目前情况下，让学生参与课堂教学要有一个让教师和学生适应的过程，目前有很多成功案例可以借鉴。也可以先从低年级开始试点，逐步摸索经验全面推广。实践证明，选择在薄弱班级实施，效果可能会更好。

（二）让学习主导课堂

学生到课堂是来学习的，教师到课堂是来教学的，解决好教学主导课堂还是学习主导课堂这个问题是教改的关键。在新教学改革过程中，应该让学生的学习主导课堂，这就要求教师在课堂教学中想方设法压缩讲课的时间，尽可能地保障学生的学习时间。为了保证学生的学习效果，要让学生在教师教学之前，主动地学习新的教学内容，通过学习的过程暴露学生的学习问题和学习困惑，以便在课堂学习时得到解决。

（三）把学生组织起来

教师把课堂还给学生的同时，必须当好导演，把学生有效地组织起来，充分利用同学之间的学习资源，来营造互帮互助共同受益的学习组织和学习氛围，采取"让学生教学生，让学生帮学生"的方式，让学生"在课堂学习中学会团结，在课堂团结中学会学习"，充分调动学生个体和群体学习探究的积极性，大家在这个群体中互相学习，互相启发，互相鼓励，比学赶帮超，才会在知识学习的路上取得可喜的成绩。在一些课堂上尝试小班制和个人积分制，更能激发学生的荣誉感和学习积极性。

二、完善学习的过程

学习的过程指学生自身如何学的过程，而非教师如何教的过程。学习的效果是学生的反思和发现，教师所起的作用是引导者和信息资源的提供者。根据学生记忆特点和学习规律，一个完整的学习过程应包括预习、课堂学习和复习巩固等阶段。在教学过程中如果教师只注重课堂教学，被动地让学生学，而缺失预习和复习的环节，这会导致学习效果差、学生学习吃力等。

（一）预习

预习是学生学习的重要一环，只有通过预习才能引发学生的好奇心，只有好奇心才能够最大限度地引导学习，并达到最好的学习效果。预习也是学生提前熟悉教学内容，发现问题的过程，通过预习让学生在课堂上能够有的放矢地学习。现在有很多地方开始了有益的探索，如："先学后教""导学案"等弥补学生没有预习的学习过程。

（二）课堂学习

课堂学习是获取知识的主要来源。听课是学生接受知识、理解知识、掌握知识和增长知识的重要环节和途径。在课堂上，不仅可以听到教师对知识的精心讲解，还可以学到教师分析问题、解决问题的方法，并通过课堂练习，使所学知识得以巩固。因而，课堂学习效率的高低，对学生学习成绩的优劣起着决定性的作用。课堂学习是发展智力的重要途径。搞好课堂学习，必须充分运用智力，即充分运用观察力、思维力、记忆力和想象力。而智力只有长时间地运用才能得到发展，努力提高课堂学习有利于智力的发展，而且智力发展了会大大促进课堂学习效率的提高。总之，高效的课堂是学生获得知识、发展智力最有效便捷的途径。

（三）复习

复习是学生对所学知识的巩固提高，通过复习把将要遗忘的知识记住，使学生对其印象更加深刻。如果学生没有自主复习的能力，教师在进行完一个单元后，带着学生进行系统的复习，以将知识掌握得更加牢固。

三、改革课堂教学

（一）增加课堂的吸引力

教师的课堂教学如果没有吸引力，学生就会拒绝听讲，昏昏欲睡，就达不到要求的教学效果。在今天，虽然教学仍然是为了传授知识，但离照本宣科的教学形式越来越远，教师不但要知道自己在教什么，更重要的是要关注自己的教学方法是否能够启发学生的学习兴趣，能否维持学生的学习兴趣，让学生乐于上课，增强课堂吸引力尤为重要，可注意以下几个方面。

一是教师学识的征服力。教师的知识面要广，既要有专业的知识，又要有多学科知识；既要有书本知识，又要有社会知识；既要有学科现在知识，又要有学科发展动态知识。教师只有勤奋学习，博览群书，才能在授课过程中旁征博引，涉猎古今，其渊博的知识才能令学生折服，使学生心悦诚服地学习你所传授的知识。教师只有通过不断的学习，努力掌握新知识、新理论，形成新观念，不断拓展知识面，才能使自己拥有的知识不老化、不陈旧；才能使自己所传授给学生的知识是最新的、最适合时代需要的；才能使学生觉得学有所得，学有所用。

二是教学内容的穿透力。教师应熟悉教材，而熟悉教材首先需要通读教材，明确各章节在教学体系中的地位和作用，熟悉难疑点的分布，做到心中有数。然后对各章节教材内容进行深入的钻研、透彻的了解，确定本节教学内容的深度、广度、重点和难点。重点要突出，难点要讲透，并要注重理论联系实际，指导学生运用所学知识去解决实际问题，提高他们解决问题的能力，激发学生的学习兴趣。

三是教学方法的激活力。好的教学方法是增强课堂吸引力的关键。要诱发学生学习的积极性，增强课堂吸引力，教师不能照本宣科或满堂灌，不能我讲、你听，我写、你抄，我给、你收。要让学生积极思考，激发求知欲，教师要不时地提出一些问题，给学生心理形成一定的压力，从而使学生能振奋精神，集中注意力。此外，在教学过程中还应鼓励学生提问，形成课堂上的互动，使自己的教学做到有趣、有味、有奇、有感，从而增强课堂的吸引力。

四是强烈的语言感染力。教学是一门科学，又是一门艺术，教师在讲台这个大舞台上就像演员一样展现美、传递美、创造美。语言是教学的重要工具，教学中语言简练清晰，生动活泼，能激发学生的学习兴趣，调动学生思维的积极性，能加深对知识的理解。简洁生动，幽默诙谐，张弛有度，抑扬顿挫，深入浅出的语言，不仅能把文字讲得有理有情，有声有色，而且能收到"言之有物，言之有理，言之有情"的语言美的功效。

五是较强的亲和力。课堂上教师要做到端庄中见微笑，严肃中见柔和，以生气勃勃，充满活力的情态、风度、品格展现教学魅力，给学生以自然、亲切、舒畅的美感。要与学生建立一种平等、民主、互信、和谐的关系，与学生情感相通、心理相融。而要做到这些，教师就必须注重自身素质的修养，既要有优美、健康的外貌，还要有高尚的思想境界、较高的品行修养、广泛的知识结构、较高的能力水平。只有这样才会带给学生积极而深刻的正面影响，从而产生一种强大的磁场效应，使学生对教师有一种信任感。

总之，学生最大的学习兴趣是参与，参与容易使人获得成就感，能够激发学习兴趣和积极性。采用多样化的教学手段，呈现多形式的教学内容，学生的积极参与，让学生快乐地学习、快乐地成长，才能增加课堂教学的吸引力。

（二）拓展课堂教学宽度

课堂教学拓展指在课堂教学过程中依据该课的教学内容、教学目标、教学目的，在一定范围和深度上将与外部相关的内容密切联系起来的教学活动。课堂拓展旨在加强对教学内容的深入理解，在深度和广度上培养学生的探究意识和兴趣，建立科学的思维方法和探究方法，在认识问题和解决问题的能力上得到提高，促进学生均衡而有个性地发展。随着教育部新课程标准（新课标）的贯彻执行，课堂教学拓展已成为课堂教学的重要组成部分，它不同于传统教学只注重知识的传授，而是从更高的层次对教师和学生提出了要求。课堂教学拓展的方式方法是多样的，可以是专题的，也可以是不同阶段、不同梯度的，对学生可以是口头的、文字的、动手操作的、形体的、课内的或课外有所准备的等，采用什么方式方法由教学内容决定。

拓展课堂教学的宽度应注意以下几点：一是拓展应根据学生的真实水平，不可好高骛远，人为地给学生设置学习障碍；二是既要基于教材，又要高于教材，把握难度系数，有时候降低教学内容的难度，让学生在学科学习上有成就感，给学生更多自主学习的时间，才是取得好成绩的捷径；三是拓展需要情景真实，贴近现实生活；四是拓展要达到让学生学以致用的目的。

学生的成功并不是单一学科的成功，而是所有学科共同的成功。今天的课堂教学已经不再是哪一个学科教师的课堂，还需要学科教师走出自己的课堂，去配合其他学科教师的课堂教学。要让学生全面发展，不偏科，这样的要求并不是针对学生，而是针对培养学生的教师，要达到这样的目标，就意味着学科教师之间要团结协作，要互帮互助。

（三）教学有法，但教无定法

只有有效地完成课程改革赋予的教学使命，才能够有效地帮助学生达成学习目标。同一所学校，应该允许课堂教学有多种多样的模式。一所真正优秀的学校，并不是把某一种教学模式做到极致，而是学校每一位教师都能寻找到与自己相适应的教学模式。但是，在多种多样的课堂教学模式的背后，对课堂教学规律的遵循，对课堂教学发展趋势的把握，还是不可缺少的。

总之，教学改革的关键不仅是解决教师怎样教的问题，而且是重点解决学生怎样学的问题。目前我国教育资源很不均衡，有些地方教师缺乏，有些地方班额太大，甚至每班达到 60~70 人，这会给课堂的组织带来一定的困难。在高考指标棒的指挥下，在目前我国的教育国情情况下，教学改革要全面推开还有一个漫长的过程，需要学校和教师持续不断地探索。

第四节　试卷的精细化分析方法

一、试卷分析的内容

（一）整卷难度分析

了解难度把握（平均分）、离散程度（标准差）、分数段分布（正态分布）、试题得分分布（期望难度的布局与实际情况的差异）。

（二）难度层次分析

通过对"容易题""稍难题""较难题"的得分情况分析，了解学情把握、教学定位是否准确等问题。

（三）知识结构分析

通过对知识板块得分情况分析，了解学生知识板块的掌握情况以及教学目标达成情况。

（四）题型得分分析

了解"选择题""填空题""解答题"等题型的解题能力水平。

（五）命题质量分析

考察试题区分度，了解试题质量以及考试结果的信度水平。

（六）相关性分析

通过研究某些特性的个体与整体的相关系数，进行该特性的个体差异性分析，如女生群体与整体的相关性分析。

二、教学、命题提出调整与改进的策略

从试卷的分析来看，今后在教学中可以从以下几个方面来改进。

（一）立足于教材，重视基础

教材是教学之本，在教学中，既要以教材为本，扎扎实实地渗透教材的重点、难点，不忽视有些自己以为无关紧要的知识；又要在教材的基础上，紧密联系生活，让学生多了解生活中的数学，用数学解决生活的问题。而且，在高中数学的教学上要有意识地与初中数学接轨。

高考试卷的难度系数一般在 0.6 左右。这意味着只要能掌握了基础概念、基本原理和基本事实，就至少能拿到 60% 的分，就进入了基础较好、能力较强、具有学习潜能的考生的行列，就有希望考上大学。因此，高中数学教学中要把基础教学放在重要的位置。

（二）教学中要重在突出学生的学习过程，培养学生的分析能力

在平时的教学中，作为教师应尽可能地为学生提供学习材料，创造自主学习的机会。尤其是在应用题的教学中，要让学生的思维得到充分的展示，让学生自己来分析题目，设计解题的策略，多做分析和编题等训练，让有的学生从"怕"应用题到喜欢应用题。

（三）多做多练，切实培养和提高学生的计算能力

要学生讲清楚题目的算理，也许不一定会错，但有时他们是凭自己的直觉做题，不讲道理，不想原因。这点可以从试卷上很清晰地反映出来，教师要有计划地帮助学生提高计算的能力。

（四）关注生活，培养实践能力

加强教学内容和学生生活的联系，让数学从生活中来、到生活中去是数学课程改革的重要内容。多做一些与生活有关联的题目，把学生的学习真正引向生活、引向社会，从而有效地培养学生解决问题的能力。

（五）关注思维训练，引导探究创新

数学教学不仅要使学生获得基础知识和基本技能，而且要着力引导学生进行自主探索，培养自觉发现新知和规律的能力。这样既能使学生对知识有深层次的理解，又能让学生在探索的过程中学会探索的科学方法。让学生的学习不仅知其然，还知其所以然。

第五节　学生成绩的精细化分析方法

一、班级整体成绩分析

学生的成绩可以分成绝对成绩和相对成绩两种。每次考试的分数就是绝对成绩。绝对成绩与试卷难易、学生的基础有很大关系，所以只分析绝对成绩是不够的，与绝对成绩相比，"相对成绩"更有参考意义。所谓相对成绩就是绝对成绩在参考人群中的排位，或者称为名次。虽然有很多人以各种理由反对给学生排名，但由于所有的大型选拔性考试（如高考）都是根据相对成绩筛选出入围考生，因此，排名的问题无法回避。

现在计算机和网络都很发达，获取学生的成绩相对更加容易。考试的级别不同，参考的人数不同，成绩也是各种各样的，人数越多成绩的参考价值就越大。比如高中的市级统考，每一个考生在全市参考学生中的位置是很精确的，结合这个地区每一年高考本科上线的人数（这个数据比较稳定），就可以大致了解这名考生在全体考生中所处的层次。

对于班主任和任课教师而言，可能更加关心学生在年级考试中的相对成绩，所以年级名次这项指标非常重要。下面以高三学生为例，就如何做好总分和单科成绩排名进行分析。

（一）建立班级考试成绩档案

班主任或任课教师把每个学生每次考试的成绩进行登记，建立学生成绩档案。考试成绩的登记分纸质版和电子版两种形式。纸质版主要是记分册，而在电脑上可以很方便地使用Excel表格软件，建立学生成绩电子档案并执行多种分析功能，这样更方便也更高效。为了便于比对和分析，可以将全班各次考试综合成绩全部存储在一张电子表格中，以考试时间和类型为文件名进行区分，如"2016.3月考"等。随着考试次数的增多，数据库就越来越庞大。但记录数据不是目的，重要的是对这些数据进行分析，要让这些数据说话。

（二）进行成绩排序

Excel软件可以很方便地进行各种排序，如学号、总分、单科等，亦可按照各种需要进行筛选。例如：按照学生总分排序，可以得到全班学生的班级或年级排名。方法如下：录入学生考试成绩，用Excel算出每一个同学的总分，按降序排序后，可以得到一张按总分从高到低的表格。

（三）均分代表班级的总体考试水平

在各项分析指标中，教师往往最看重均分。其实比较均分的意义是很有限的，特别是在追求升学率的大背景之下，"有效分""有效人群""匹配度"等指标的意义已超过了均分。不过，均分确实可以反映班级学习的总体水平，所以，班级成绩推进的重要标志是均分的提高。

（四）标准差是班级学习分化程度的指标

两个班或一个班两门学科的均分相差不大，是不是就意味着学习状况差不多呢？引入"标准差"指标后就立见分晓。在成绩之后引用函数"STDEVP"，可以计算成绩的标准差。

（五）成绩的层次

从全班（全校）的角度看，学生成绩确实是分层次的：领先层次、中间层次和落后层次。班级（全校）成绩的整体提高其实就是分层推进。班主任要在清楚各个层次人员组成的基础上，制订科学的成绩提高计划，包括底部抬高（减少低分）计划、保先计划、超越计划等。比如，让领先层次的同学担任落后层次学生的导师，实行一对一的帮教，就是一种托底的方案，可以有效地解决低分的问题（消灭低分比提升高分更加容易做到）。托底成功会让更多的后进学生尝到成功的滋味，提升自信心，也必然推动中间层次的学生向上推进，扩大领先层次的阵营。防止中间层次的学生下滑当然也是至关重要的。中等生往往是教师容易忽略的一个群体，但是，中等生是全班成绩推进的中流砥柱，也是提升优等生人数的重要保证。所以，学校、班主任和任课教师一定要在中等生群体上多花一些时间，中等生的可塑性最大，对中等生的投入最容易产生效果。

明确各层次的具体人数，有助于做好分层提高工作。同时，学生可以很清楚地看到自己与上一层次成绩的差距其实并不大，只要有一点提升，就有可能进入更高的层次。这种理性的分析对于稳定心态、鼓舞士气、明确追赶目标有很大帮助。

（六）班级整体成绩的提高

分析班级考试成绩的整体情况，有助于班主任和任课教师从总体上把握全班同学的学习状况，找到继续提升的空间。

（七）成绩变化趋势，谁在保持进步

考试成绩有偶然性。学生某次考试的成绩，与试卷难易、试题范围、考试状态等因素有很大关系。作为教师对此要有清醒的认识，要把科学的分析方法和分析态度教给学生，不因一次考试成绩滑坡就责怪学生（要分析原因），也不宜因某次考试成绩突出而沾沾自喜（该表彰的还是要表彰）。学生成绩进步的概念应该是在一段较长的时间内（如一个学期），数次大型考试的相对成绩的变化趋势是向上的。但多数情况下，这种分析被简单化了，只用前后两次考试的成绩做对比就得出进步或退步的结论。因为每次考试总有进步的学生，也有退步的学生，学生的成绩是波动的，所以，仅以两次考试的相对成绩做评价依据是不科学的。

改进方法是：确定学生成绩提高的起点，拉长考察时间，增加考察次数，发现学生成绩变化的总体趋势。在每一次考试结束后，要对波动较大的学生做单独交流，对处于正常波动范围的学生不必过于担忧，但对于成绩出现连续下降的学生一定要加强关注和调查了解。为此，可以引入"连续进步次数""总进步次数""进步次数与退步次数比"等指标，对每次进步一点点、积小胜为大胜或总体呈现进步趋势的同学加以表彰。

二、学生成绩个案分析

（一）建立学生个人成绩档案

学生个体进步了，班级整体才能进步。每个学生的情况都是不同的，有效的教学更加关注学生个案。所以，除了班级成绩档案之外，还应该建立学生个体的成绩档案，这个需要花费一些时间。档案建立后，可以非常清楚地了解学生的学情。

用一张 Excel 表格即可建立全班同学成绩档案，每一个学生有一张工作表，需要时随时调出查询。因每次更新工作量较大，班主任可以让学生自建个人成绩档案，在学习委员处汇总，每次自己进行更新。自建成绩档案，不仅让班主任节省了时间，还可以让学生更加了解自己的状况，培养对自己负责的态度，一举两得。

（二）成绩波动区间

学生考试成绩与学习水平成正比。对于一个正常学习的学生而言，知识在逐步积累，理解能力也在逐步提高，但考试成绩不一定提升。要想提高考试成绩，特别是相对成绩，就需要额外地付出努力。

学习水平提升是非线性的，呈阶梯式上升。你可能付出了很多努力，但是不一定立即见效。这时学生往往会产生情绪和心理上的波动，认为努力了没有用，这就需要教师及时疏导。教师应该让学生明白成绩提高的基本规律，即在成绩取得实质性提高之前，需要做长时间的积累，当知识积累到一定程度后，才能融会贯通形成网络；有针对性的训练必不可少，训练可以巩固知识掌握的牢固程度和运用的熟练程度。各个方面的积累都到位了，成绩上一个台阶就会水到渠成。

学校和学生都应该了解成绩的正常波动区间，正确评估教学和成绩的水平。在一段时期内，成绩具有一定的稳定性，但会在某一个范围内波动，这是正常的，要尽量减少成绩波动给学生心理和情绪上带来的波动。

（三）个人最佳水平

将学生在一段时期内的各次考试中各门学科出现的最高分相加，得出该生理论上可以达到的最佳成绩。虽然这是一种假想的情况，但是对学生而言，是最实实在在的鼓励，即这些成绩都是自己考出来的（尽管不是同一次考试成绩），如果每门学科都能正常发挥，自己完全可以达到这个高度。那么以后要做的，就是尽量让最好的成绩出现在同一次考试中，这样就可以大幅度提高总分，进入优秀的行列。用这种激励方法可以大幅度提升学生的士气，让学生感觉到奋斗目标并非遥不可及，是一种很好的励志教育。

第六节 教育科研的精细化管理

一、教育科研的内容

学校教育科研的内容非常丰富，教学、管理、德育等在学校教育教学中出现的问题和现象，都可以成为教师研究的对象。目前教师教育科研主要途径有如下几种：从班主任工作中遇到的实际问题中提炼出课题，从学科教学改革实践中发现课题，从合作课题中确定个人承担的子课题，从成功的经验中找出自己需要深入研究的课题，从国内外教育信息的分析中发现问题。但是，在当前很长一个时期内，学校科研的重点应放在深化教育改革，全面推进素质教育的问题上。全面推进素质教育，是我国教育事业的一场深刻变革，是一项事关全局、影响深远和涉及社会各方面的系统工程，这也为教师的教育科研活动提出了新的课题。

（一）教学改革的指导思想研究

教学改革以什么思想为指导，关系到教学改革的方向和成效。"全面贯彻党的教育方针，以提高国民素质为根本宗旨，以培养学生的创新精神和实践能力为重点，造就有理想、有道德、有文化、有纪律，德智体美等全面发展的社会主义事业建设者和接班人"。这是我国各级学校教学改革的出发点和归宿，也是教学改革的根本指导思想。什么样的教学观、学生观、教师观和质量观才是正确的？怎样形成正确的教学观、学生观、教师观和质量观？这些是目前摆在学校和教师面前亟待解决的问题。

（二）课程改革研究

学校教学内容的核心是课程设置问题。学校的课程设置使各科的教学内容形成一个完整的教学体系，成为学校培养人才的蓝图。如何适应素质教育的要求，建立新的基础教育课程体系，试行国家课程、地方课程和校本课程；如何改变课程过分强调学科体系、脱离时代和社会发展以及学生实际的状况；如何压缩必修课、适当增加选修课、开好活动课程等，这些都是在课程方面对教师提出的新的研究课题。

（三）教学组织形式改革研究

教学是有计划、有组织的实践活动，任何教学活动必须在一定的组织形式中进行。长期以来，我们采用的是班级授课制。班级授课制的主要优点是有利于培养人才，有利于发挥班集体的教育作用，有利于发挥教师的作用。但是，它的缺陷也非常明显，那就是不利于因材施教，不利于发展学生的个性，不利于调动学生学习的积极性、主动性。因此，如何发扬班级授课制的优点，汲取其他教学组织形式的长处，灵活多样地组织实施新课程教学，最大限度地发挥学生的主体作用等，已成为教育改革发展所关注的热点和焦点。

（四）教学方法改革研究

改革教学方法是教学改革的重要课题之一，原因是不少教师所采用的教学方法，概括起来就是注入式，要求学生死记硬背。国家在《关于深化教育改革全面推进素质教育的决定》中要求，"积极实行启发式和讨论式教学，激发学生独立思考和创新意识，切实提高教学质量"。因此，如何适应现代社会和学生身心发展规律的要求，探索多种多样、机动灵活的教学方法，将单调的知识传输、接收变为形式多样、丰富多彩的思考、探索活动，提倡自主、合作、探究学习和高中的研究性学习，使学生主动地得到发展，是亟待加以研究的课题。

（五）评价标准和评价机制研究

教育评价是影响教育发展的杠杆，对于教育的发展起着关键性的作用。我们要培养什么样的人才，怎样的教育才符合学生发展的需要，怎样的管理才有利于教育的发展，应该以什么样的方式方法开展教育质量评价等问题，都是需要加以研究的。

二、教育科研的方法

常用的教育科学研究方法有：观察法、调查法、历史法、比较法、统计法、实验研究法和行动研究法等。

（一）观察法

观察法是教育科学研究常用的一种方法。研究者依据一定的目的和计划，在自然条件下，对研究对象进行系统的、连续的观察，并做出准确、具体和详尽的记录，以便全面而正确地掌握所要研究的情况。观察法的一般步骤是：一是事先做好准备，制订观察计划，先对观察的对象做一般的了解，然后根据研究任务和研究对象的特点，确定观察的目的、内容和重点，最后制订整个观察计划，确定进行观察全过程的步骤、次数、时间、记录用纸、表格，以及所用的仪器等。二是按计划进行实际观察，在进行观察过程中，一般要严格按计划进行，必要时也可随机应变，观察时要选择最适宜的位置，集中注意力并及时做好记录。三是及时整理材料，对大量分散材料进行汇总加工，剔除一切错误材料，然后对典型材料进行分析，如有遗漏，及时纠正，对反映特殊情况的材料另做处理。

（二）调查法

调查法是研究者有计划地通过亲身接触和广泛考察了解，掌握大量的第一手材料，并在这一基础上进行综合分析，研究有关教育实际的历史、现状及发展趋势，做出科学的结论，以指导教育实践的方法。调查法一般是在自然的过程中进行，通过访问、开调查会、发放问卷、测验等方式去搜集反映研究现象的材料。调查法常同观察法、历史研究法、实验法等配合使用。调查法的步骤：一是制订调查方案。选定调查对象，确定调查范围，了解调查对象的基本情况，研究有关理论和资料，拟订调查计划、表格、问卷和谈话提纲等，规划调查的程序和方法及各种必要的安排。二是按方案进行调查。通过各种手段搜集材料，必要时可根据实际情况，对方案做相应的调整，以保证调查工作的正常开展。三是整理材料，研究情况，包括分类、统计、分析、综合，撰写调查报告。

（三）历史法

历史法强调历史传统和民族特性对教育的决定性作用，注重广泛搜集和研究教育的历史文献资料，鉴别和整理史料，分析比较研究教育的发生和发展过程，最后得出相应的结论。

（四）比较法

比较法是对某类教育现象在不同时期、不同地点、不同情况下的不同表现，进行比较研究，以揭示教育的普遍规律及其特殊表现的方法。采用比较法要注意社会经济制度、政治制度、历史传统、科学和技术以及文化发展的水平、教育理论及其在实践中的反映等，明确可比较的指标，从而正确掌握教育发展的基本趋势，明确可以借鉴和学习经验。比较法的步骤：一是描述。准确、客观地描述所要比较的教育现象的外部特征，为进一步分析、比较提供必要的资料。二是整理。把搜集到的有关资料进行整理，如做出统计材料，进行解释、分析、评价，设立比较的标准等。三是比较。对资料进行比较和对照，找出异同和差距，提出合理运用的意见。比较法在应用时要同其他方法互相配合。

（五）统计法

统计法是通过观察、测验、调查、实验，把得到的大量数据材料进行统计分类，以对所研究的教育现象做出数量分析，获得结果的方法。这是数理统计方法在教育中的应用。在教育实际工作中，经常使用描述统计来研究情况，如整理实验或调查得来的大量数据，通过数学建模、计算机分析等，找出这些数据分布的特征，计算集中趋势、离中趋势或相关系数等，将大量数据简缩，找出其中所传递的信息。同时，还可进一步使用推断统计法，即利用描述统计取得的信息，通过局部去推断全局的情况。此外，近几十年来随着统计学的发展，提出了实验设计，要求在较严谨的实验研究中检验设计中所列的自变量和因变量之间的关系，建立函数关系和数学模型，找出变化的规律。统计法一般分为两大步骤：一是统计分类。整理数据，形成系统，分类统计，制成统计表或统计图。二是数据分析。通过数据进行计算，算出集中趋势、离中趋势或相关系数等，从中找出改进工作的措施。使用统计法，必须学会科学的推理方法和掌握统计计算的技术。

（六）实验研究法

实验研究法是在人工控制教育现象的情况下，有目的、有计划地观察教育现象的变化和结果的方法。实验法可分为实验室实验法和自然实验法。前者基本上在人工设置的条件下进行，可借助各种仪器和现代信息技术。后者在日常教育工作的正常条件下进行。两者都要保证受试者处在正常的状态中。实验法一般分为三种：一是单组法。以一个组或班进行实验，观察施加某一实验因子与不施加实验因子，或在不同时期施加另一实验因子有什么不同效果。二是等组法。对各方面情况相等的两个班或组，分别施以不同的实验因子，然后比较其效果。三是循环法。把几个不同的实验因子按照预定的排列次序，分别施加在几个不同的班或组，然后把每个因子的所有效果相加，进行比较。

实验法的步骤：一是确定实验目的、方法和组织形式，拟定实验计划。二是创造实验条件，准备实验用具。三是进行实验，在实验过程中要做精确而详尽的记录，在各阶段中要做准确的测验。四是处理实验结果，考虑各种因素的作用，慎重核对结论，力求排除偶然因素作用。与实验法有关的还有模拟法，即专门设置类似物（模型）或情境的办法。科学模拟便于进行精确分析，把所得结论用于现实环境。

（七）行动研究法

行动研究法是为了克服传统的教育研究脱离教育实际、脱离教师实际的弊端，教育实践的参与者与教育理论工作者或组织中的成员共同合作，为了解决实际问题，按照一定的操作程序，综合运用多种研究方法和技术，在真实、自然的教育环境中开展的一种教育科学研究模式。

三、教育科研的精细化管理方法

（一）建立健全校本教研机构，切实加强校本教研工作

一是学校要健全教研组织。学校教务处（教研室）是学校教科研中心，负责全校教科研的组织和管理工作；教研组是教科研的最基层组织，接受校教务处（教研室）的指导，承担教育科研目标任务的具体实施。

二是中心小学以上学校设立学科教研组或相近学科综合教研组，村小以综合教研组为主，乡镇要以中心小学和基地中学为依托，以骨干教师或学科带头人为主要成员，组建好乡镇小学和初中中心教研组，规模较大的中小学必须设立教研组。教研组要根据年度或学期教研计划，扎实开展以校本教研为主的教育教学研究活动。教研组集体活动频率为：中心小学以上学校每周不少于1次，村小可每两周1次；镇中心教研组，集体研讨每学期不得少于2次。镇中心教研组在学期末应向乡镇中心学校上报书面总结。

三是规范开展常规教研活动。常规教研活动要做到"四定一有"，即定时间、定地点、定人员、定专题，有记录。要认真组织好课前研讨、听课、授课、说课、课后评课等系列活动，教务处（教研室）要定期或不定期对教研活动开展情况进行督查与指导。

四是积极开展校本联片教研活动。"联片教研"指相邻的几个镇（校）联合在一起，围绕一个相同的主题，通过观摩、对话、合作、切磋、交流、研讨等教研活动，促进教师专业成长，提高教师教育教学的能力和水平，达到资源共享、优势互补的目的。要建立和完善联片教研活动的导向机制、激励机制、经费保障机制、竞争机制和评价机制，使学校和教师都能有效地投入联片教研之中。开展联片教研活动，要从名师引领、新秀培养、结对教研、成果交流、课题研究、质量分析等方面入手，以课堂为载体，以问题为主线，以课题研究为抓手，以共同提高质量为终极目标，通过校本联片教研活动，不断提高教师的教育科研意识、团结协作意识、竞争意识、忧患意识和质量意识，为推进基础教育课程改革，全面提高教育教学质量，促进教育均衡发展奠定坚实的基础。

五是大力开展校本研究。学校要以校本研究为载体，积极开展专家引领、同伴互助、个人反思等多种形式的校本教研活动，积极开展有针对性的主题研讨活动，解决

教师在教育教学过程中的困惑与问题，使教师真正成为"研究者"。通过校本研究，让教师学会在行动中研究，在研究中反思，在反思中学习，在学习中成长。要通过校本研究，使学校成为学习型组织。

六是学校要积极推进教育信息化"网络学习空间人人通"建设，鼓励教师建立个性化学习空间。教师空间主要包含教案和学案、教学总结与反思、教学论文和获奖成果等，既可以参加网络培训，又可以进行在线研讨和交流，既体现教师的成长足迹，又可促进专业发展，实现资源共享。学生空间主要是为了方便学生进行在线学习与交流，及时将综合素质评价实证材料上传到自己的学习空间与管理空间，促进学生的健康成长。

（二）立足教育教学现实需求，扎实开展教育教学课题研究

一是学校要建立健全德育课题研究机构。开展以养成教育、践行社会主义核心价值观、心理健康教育等为内容的德育课题研究，以课题研究为抓手，不断探索新时期德育工作的规律和特点。加强校本德育课程建设，积累经验，形成特色。

二是积极开展高效课堂教学课题研究。全面贯彻"问题就是课题，反思就是研究，成长就是成果"的科研理念，扎实开展课题研究，立足教学实践，选择真实而具体的问题作为课题进行研究。认真探索科学有效的教学模式和教学策略，在实践中反思，在反思中完善，有效解决教学实践中的现实问题，切实提高课堂教学的质量和效率，使课题研究成为构建高效课堂研究活动的重要举措，从而逐步形成"课题从课堂教学中去选，研究到课堂教学中去做，答案到课堂教学中去找，成果到课堂教学中去用"的研究文化。

（三）强化教科研监管

中小学校校长、校委会成员均须兼课，经常深入教学一线，深入课堂，掌握第一手资料，以教学领导教学。中小学校长每学期听课评课不少于20节，教学副校长、中心学校业务副校长、教务处、教科室负责人等每学期听课评课不少于30节，其他任课教师原则上每学期听课评课不少于10节。听课用统一发放的听课本，制定听课计划，填写相关内容，做好听课记录，及时写出评课意见，并当面进行点评、探讨、研究和指导。提倡听推门课，行政听课要兼顾不同学科。

加强校内外听课学习。中小学要根据教学改革的新要求，修订完善公开课、听课和评课制度。学校领导和教师每学期每人至少执教一次公开课，并按常规要求积极参加听评课活动。要加强校际教研，教师外出听课、参加培训学习，返校后要落实"四个一"，即做一个专题汇报、交一份学习心得、上一节汇报课、交一份教案。

第六章 学校文化的精细化管理

第一节 学校文化概述

一、学校文化的特征

学校文化是科学精神与人文精神的统一,是理想主义与现实主义的统一,是民族文化与世界文化的统一,是历史积淀与时代发展的统一,是书卷气息与大众习俗的统一。学校文化的核心是学校精神,因此,学校文化与其他文化相比,有着自己的特征。

（一）独特性

学校文化的独特性首先表现为,从整体而言它与其他社会文化是不同的。因为学校文化的人文性、民族性、时代性、教育性、传承性等这些特性,都是其他社会文化所不具有的或者较少具有的。其次,学校文化的独特性还表现为它内部构成的多样性。每一所学校由于历史传统、领导方式、实践水平的不同,具有本校特色的学校文化,在校风、价值观等方面与其他学校有所区别。学校文化正是由一个个富有特色的学校所具有的文化汇聚而成,这是它的独特性的重要表现。

（二）渗透性

学校文化的价值观、信仰、行为准则等种种精神因素,都是作为一种文化心态和氛围而渗透学校的方方面面,学校中的人时时刻刻感都能受到它的作用和约束,它影响和规范着学校中的每一位学生和教职工的言行。如果学校的文化形成时间长,影响力大,有时还会渗透与学校关系密切的公众中。如安徽毛坦厂中学、河北衡水中学、甘肃省会宁县的高考文化,不仅影响着学校师生,而且渗透与此关系密切的家长群体和社会。

（三）实践性

学校文化具有强烈的实践性。学校文化的根本目的是为了指导学校教育和管理实践，只有把学校文化用在教书和育人上，学校文化才具有生命力。学校文化来源于学校教育、教学和管理的实践活动，是在各种活动中产生和总结出来，长期优化形成的，只有通过实践活动，学校文化才能得到发展。

（四）综合性

学校文化是对学校教育、教学、管理等各方面的整体概括和综合，是学校中起支配作用的价值观和学生观。在管理上它是以人为本，充分尊重人、相信人、支持人，处处表现出人情味和人文关怀，经过长期的影响，而内化为师生的自觉行动。从育人方面而言，学校文化还包括思想道德、知识智能、身体心理、艺术审美等几个方面。这些方面的综合作用，才能造就德、智、体、美、劳全面发展的高素质创新型人才。

二、学校文化的类型

我国学校文化的研究起步较晚，对学校文化的内涵和外延等的界定标准不统一，众说纷纭。近年来，随着教育理论和实践研究的不断深入，对学校文化的研究和阐述越来越多。根据现有研究的成果，按照不同的标准，把学校文化分为以下类型。

（一）按学校目标分

一是传统型学校文化。这类学校把教育等同于"两耳不闻窗外事，一心只读圣贤书"，鼓励学生追求功名和成绩。这种学校的学生重视课本知识，重视考试成绩，囿于教师的观点和见解，多数学生只追求分数，思考和创新能力不能得到培养。现实中，很多中小学校文化就属于这种文化类型。

二是功利实用型学校文化。这类学校注重功利实用教育，读书的目的就是为了取得好成绩、考上好大学、有好的工作、过上好的生活，做"人上人"。学校管理中实行"拼教师、拼学生、拼时间"的三拼教学模式；实行洗脑式的教育："梦想与汗水齐飞，成功与拼搏共舞"，"拼一个春夏秋冬，搏一个无悔人生"，"你今天的努力就是明天的幸福"等，多数"高考工厂式"学校属于这一类型。

三是开放型学校文化。这类学校具有现代性，注重新思想、新观念的传播，能调动学生学习的主动性和积极性，鼓励学生自主学习，鼓励教师相互交流学习。鼓励教师教学的同时进行科学研究，以促进教学成绩的提高和自身专业素养的发展。重视理论与实践的结合，把培养人才与社会实践、科学研究结合起来。这类学校就是今天大力提倡的素质教育学校。

（二）按学校的组织风格分

一是专制型学校文化，也叫官僚式文化。以任务、制度为中心，不重视人的情感需要。它强调制度和标准，教师的工作要依照固定的制度和标准进行。学校发展的方向和决策由学校的领导制订,教师几乎不参与。教师的招聘与晋升、薪酬待遇都有明文规定,同事之间的关系建立在职位的基础上,除工作外联系很少。学生被当作一种学习的机器,要努力达到既定的标准,否则就会被评判为不及格或失败。

二是交互型学校文化。这类学校以人的情感和需要为中心,而非以强硬的制度为中心。学校领导、教师和学生之间有平等的权利,彼此信任,为整个组织的进步共同出力。教师参与学校发展方向等重大决策的制订。教师在课堂教学中重视学生的意见,能考虑到学生的认知规律和学生的个体差异,不再用统一的标准去"套"每个学生。师生之间、领导和教师之间都有强烈的信任关系,能够进行有效的沟通与合作。

(三) 按学校文化的组成分

一是精神文化。学校精神文化是一所学校的整体精神面貌的反映,是学校群体在长期的教育教学实践中积淀起来的、共同的心理和行为中体现出来的理念、价值体系、群体心理特征及精神价值传统。它构成了学校文化的内核,影响着学校的思维方式和工作态度,决定着学校的校风、学风和教风,归根到底决定并制约着学校文化系统的取向和性质。这种精神是学校办学传统与办学经验的文化积淀,它植根于其悠久的历史进程与深厚的学校文化内涵之中,是被全体师生员工认同的一种群体意识,是学校的一种"教育场",是学校的"精、气、神"。它赋予学校特有的个性魅力,是学校群体凝聚力、向心力和战斗力的"原动力气"。

学校精神文化,就是一种团队精神。它能使群体的每个成员产生一种精神的认同感和归宿感,为了实现共同的目标,齐心协力,服从群体,服从大局。它能使学校每个成员产生强烈的义务感和责任感,具有主人翁意识和荣誉感,把自己的进退荣辱与群体联系在一起,整个群体成员互帮互学,共同进步。

学校精神具有强大的熏陶功能。熏陶和督促两种力量相比较,熏陶更为重要。学校教育的真正价值就在于通过这种熏陶和感染,引领学生获取感受、体验情感、理解观点、生成智慧、积淀文化,最终形成自己丰富的精神世界。

二是制度文化。学校制度文化是学校文化的主要内容之一,它是学校精神文化和物质文化的中介。制度建设是学校最基本的管理内容,学校制度文化的好坏直接影响学校文化的作用发挥,从而影响学校的发展。学校制度作为学校显性的规范和准则,表现为体制、规章、规范、模式及其操作程序,是刚性的、程序性的和可控的层面,也是可以通过调整而不断更新和改造的。制度面前人人平等,学校制度正是通过这种强制性的力量,对学校成员的行为进行规范、引导和约束,从而形成制度所期望生成的学校文化。同时,充满文化的学校制度体系是一种尊重师生的合理设想和要求的科学体系,制度内容的字里行间都体现着人性的光辉,都关怀着人的成长和发展。

三是物质文化。学校物质文化是学校文化的有形外壳,它以物质为表,蕴文化于内,因而其构成要件主要是两方面。一是学校的物质结构本身,学校物质文化是以看得见、摸得着的物质形态存在，以此构成学校文化建设和学校发展的物质基础。二是蕴含在这些物质中的思想、规范和价值以及人们对待物质环境的态度。学校物质文化是学校中人的对象化活动的结果，一方面，人创造和建设了物质环境，并让物质环境打上了精神文化的烙印；另一方面，人又是物质环境的受用者，不管其自身是否意识到，人时时刻刻都在特定的物质环境中受到熏陶和感染。从这个角度来说，学校的"物质"之所以有"文化"，是因为人文色彩蕴于自然环境之中，以特有的象征符号潜移默化地影响着在校内学习、工作、生活的人们，传递着一定的理念、规范和价值标准，以此影响学校成员的心理意识、价值观念、态度与行为。

三、研究学校文化的意义

学校文化对于一所学校的意义，犹如灵魂对于生命、思想对于人类，是一所学校凝聚力和活力的源泉。富有魅力的学校文化会衍生出一股强大的文化力，它无时不在，润物无声，能使学校的品质卓然，并绽放出个性的神采。

第一，健康的学校文化契合了人的内心自我，能深度调动人的积极性。在健康的学校文化中，大多数人具有相同的价值追求，并以相似的方式实现着这种价值追求，学校文化使学校走向成熟和自信。

第二，建设健康向上的学校文化，可以为学生个性的自由发展提供广阔的天地，有助于造就个性鲜明、情趣高雅、知识丰富、结构合理、发展全面的人才。学校文化建设是一个长期的复杂的系统工程，它渗透学校工作的方方面面，积累于学校发展的滴滴点点，体现于师生员工的一言一行。学校要给学生提供充分的积极向上的活动和交往环境，发挥学生的学习自主性，通过学习、吸收、内化让学生品味人生真谛，加深理解"学习改变命运，人格成就未来"的真正内涵。

第三，建设健康向上的学校文化可以丰富教职工，特别是教师的业务知识，提高他们的实践能力，增强他们的"教书育人"的职业道德信念，从而提高教育质量和效果。学校文化建设是精神文明建设的一个重要组成部分，渗透学校的教学、科研、管理、生活及学校活动的方方面面，在学校教育中有着广泛而深刻的内涵，直接影响着学校教育的目的和效果，影响着学校精神文明建设的成败。

第四，建设健康向上的学校文化，有助于优秀学校精神的形成、学校整体素质的形成和教育质量的提高。学校作为大众教育的重要基地，作为人与人打交道的文化场所，应把先进文化的理念转化为具体的、大众认同的观念，形成具体可操作的目标，让不同领域的知识在交流中相融，让不同观点的思想在碰撞中升华，让不同种类的文化在沟通中趋同，真正成为从事文化的传承、积累和创新的地方，成为思想与思想交流、情感与情感沟通、生命与生命对话的心灵家园。

第五，学校文化的建设也是学生心理发展的直接途径。学校文化是青少年学生身心发展的亚文化系统。学校的环境建设本身就是学校文化的一部分，现代化的设施有利于营造现代化的教育氛围。置身于充满着历史与文化韵味的学校文化氛围中，师生受到的熏陶会更加立体、长久和自然，这种有形无形的熏染和教育，使学生可以自然地受到历史文化的滋润，在不知不觉中受到同化，从而使心灵得到全面的熏陶。

综上所述，学校文化建设是学校精神建设的重要组成部分，渗透学校的教学、科研、管理、生活及学校活动的方方面面。学校文化在学校教育中有着广泛而深刻的内涵，直接影响着学校教育的目的和效果，影响着学校价值观念的形成。良好的学校文化不仅可以促进教学、科研及管理活动，而且可以丰富学校生活，提振师生的精神；良好的学校文化具有强大的凝聚力和吸引力，能调节和激励师生的思想行为，培养和激发师生的群体意识和集体精神，促进师生自我约束、自我管理和自我完善，保持学校的长期稳定发展。

第二节 学校文化的内容和功能

一、教师文化

教师是学校中传道、授业、解惑的特殊群体，是学校的教育者。教师文化是教师在教育教学活动中形成与发展起来的价值观念和行为方式，是教师这个特殊群体在工作和生活中所形成的一种文化形式。教师文化是学校文化的主体，它决定着学校的价值系统，影响着学校的传统。教师文化的内容主要包括职业意识、角色认同、教育理念、教风、价值取向和情绪反应等方面。它是教师这个群体的信仰、价值观、态度和行为方式的集体体现。

（一）职业意识

教师的职业意识指教师对教书育人这一职业的看法和思考。这是教师从事教书育人这一职业的心理准备和思想基础。主要包括师表意识——师表为范，育人意识——德育为首，胸襟意识——容人为怀，课堂意识——教学为主，质量意识——质量为上，自省意识——自省为本等。总之，教师的职业意识就是爱业、敬业、乐业。

（二）角色认同

教师角色认同指教师在其职业生涯里，在与社会发生关系的职业角色学习中，通过自我反思内化为教师角色的集合体，达到适应职业所需要理想角色的社会化过程。教师角色认同就是正确认识教师角色的性质、作用、任务和价值，在情感和态度上接受这一角色，把教师角色看作自己，把自己看作这一角色，也就是教师角色的同一性。

（三）教育理念

教师的教育理念指教师在教学实践和思维活动中，形成的对教育应有的理性认识和主观要求，包括教师的知识观、学习观、学生观、教学观、研究观等方面。先进的教育理念是促进教育发展和创新的动力，是繁荣教育科研的基础。

（四）教风

教师的教风指教师在教学精神、教学态度和教学方法等方面形成的、长期稳定的教育教学风气，是教师在道德、才学、作风、素养、治教等方面的集中反映。

教风是校风的重要组成部分，好的教风也是一个学校崇高的精神旗帜，它对学生可以起到熏陶、激励和潜移默化的教育作用；可以提高学校的知名度、社会声誉和社会可信度。因此，教风可以说是一个学校生存和持续发展的不竭动力。

（五）价值取向

教师的价值取向指教师内心关于所从事的教师职业，对自己、对社会意义和重要性的认识倾向，是个人内化了的职业价值观，对教师的职业行为和职业发展起着重要的调节与定向作用。在教育改革不断深入，教师专业化发展成为主要趋势的今天，关注教师的职业价值取向，对正确制订教师职业政策，优化教师管理，指导教师职业发展规划，提高教师教学效能尤为重要。价值取向具有实践品格，它的突出作用是决定、支配教师的价值选择，因而对教师自身、教师间关系、其他教师均有重大的影响。价值取向的合理化是人进步的标志。

（六）情绪反应

教师的情绪反应指教师喜、怒、悲、恐时所表现出的行为，是植物性神经系统的一系列反应。教师不良情绪的主要表现形式有愤怒、焦虑、忧愁、悲伤、疲劳、缺乏教学工作的动机、过于兴奋或激动等。教师不良情绪会直接传染给学生，学生在教师长期不良情绪的影响下，会对人格、习惯、价值观等产生很多负面影响。教师不良情绪对教师的形象、师生关系和教学任务的完成都有重要的影响。因此，教师要加强修养，克服不良情绪，在面对学生时保持愉悦的情绪，积极向上和乐观的态度。

二、学生文化

学生文化指某个或某些学生群体，所具有的独特的行为规范、言语表达和价值观念所构成的生活方式。也可以理解为学生这个特殊群体在生活和学习中形成的价值观念和行为方式。学生文化是一种亚文化，它反映这个特定年龄阶段学生真实生活世界的影像，也是学生由儿童世界向成人世界发展的阶段性产物。学生是教育的对象，虽然接受着教师的影响，但在某种程度上与教师文化有许多相似的地方，具有学校文化的普遍性。由于学生自身的特点和身心发展的特殊需要，他们也会在相互作用中形成自己的独有文化特征，构成学校文化的一种相对独立的形态。学生文化涵盖了学生的观念、心理和行为等多方面的文化要素，是中小学校文化的重要组成部分，从教育社会学的角度分析，相对教师文化，学生文化是一种"受抑文化""需求文化"和"局限编码文化"。学生文化主要包括学生的观念文化、学习文化、形象文化、礼仪文化和活动文化等内容。

（一）观念文化

学生的观念文化指学生长期生活在同一文化环境中，逐步形成的对自然、社会和人本身基本的、比较一致的观点与信念。不同年级、不同群体的学生的观念文化是不同的，学生的观念文化随着年龄的增长在不断地发展变化，通过教育、引导、培养、熏陶可以形成积极向上的观念文化。

（二）学习文化

学生的学习文化指学生在家庭、社会、学校和教师的共同影响下，通过长期的熏陶、感染和积累，在达成共识的基础上，逐渐形成的学习行为和学习观念，包括学习习惯、学习方法、学习态度、学习创新和思考问题的方法等内容。在学生中建立学习文化，培养学生学习的自然性、建构性、发展性和终身性。在学校管理中采取自主管理、自我教育、陶冶与体验、沟通、建构、激活等方式，让学生养成自主学习、自读自研、刻苦探索的良好学习态度。

（三）形象文化

学生的形象文化是学生文化的重要组成部分，是学生文化的展示和表现，是学生在社会上的认识和评价，包括学生的外表、衣着、气质、精神面貌和意志等方面的内容。通过形象文化的建设重点培养学生的"精、气、神"，让学生形成积极向上、朝气蓬勃的精神面貌和意志品质。

（四）礼仪文化

礼仪是在人际交往中，以一定的约定俗成的程序方式来表现的律己敬人的过程，涉及穿着、交往、沟通、情商等方面的内容。学生礼仪文化是学生内在修养和素质的外在表现，是学生交往中约定俗成的对人以尊重、友好的习惯做法，是学生进行沟通的技巧。学生的礼仪文化包括举止文明、待人礼貌、言行一致、团结互助、尊敬师长、孝敬父母、尊老爱幼等方面的内容。在学校的文化管理中，按照敬人、律己、适度和真诚的原则建设学生的礼仪文化。

（五）活动文化

学生活动文化是学校有目的、有计划、有步骤地组织学生参加具有育人功能的思想政治活动、学习交流、文娱体育、社会实践等所体现出来的一种精神氛围，旨在把德育、智育、体育、美育文化思想和理念渗透活动之中，使学生在活动氛围中提高思想素养，形成正确的世界观、人生观、价值观与优良的人文素质，增强实践经验，推动自身的全面发展。学生活动文化作为教育教学活动的重要组成部分，对促进和推动素质教育将起到举足轻重的作用。学生文化建设的主要任务是结合学校实际，规划学生科技、文化、艺术、体育活动，让学科竞赛、技能比赛、文体大赛在校园内热起来、响起来，普及起来。让学生在学校文化活动中真正"动"起来，促使学生"跳一两支舞、唱三四首歌、读五六部书"，让校园充满歌声、琴声和读书声。通过制度设计让学生走进社会，积极参与社会活动。

三、课程文化

课程文化指按照社会对培养学生的要求，在课程的制订、实施、反馈等过程中所反映出来的，对人类文化进行整理、选择和提炼所形成的一种课程观念和课程活动形态。课程文化是以课程为载体对一定社会群体文化的体现，是课程本身的文化特质，是师生双方互动的产物。课程观念和课程活动形态是课程文化的灵魂。课程文化包括课程人本书化、课程物质文化、课程制度文化和课程精神文化四方面的内容。

（一）课程人本书化

课程人本书化指以人为本的课程文化，一切为了人和为了人的一切的课程理念。课程文化是一种教育学化与人学化的文化。教育工作者的工作对象是人，教育学就是一种"人学"。教育的核心是课程，课程人本书化就是教师和学生的生命与精神世界充实和完善的过程与结果，是一种深深打上人本主义的文化，即"一种以人为本的文化"。学生是成长和发展的个体，课程人本书化也应该随着学生的成长与发展不断发展变化。

（二）课程物质文化

课程物质文化指看得见摸得着的物质所表达出来的文化内涵和教育价值，指在课程原理指导下研制出的课程计划、课程标准、课本、教学指南、补充材料、课件，以及它们的语言特色和表达方式等。主要指课程付诸实施的客观物质条件和必要前提，它们以物质的形式存在，并以形象化的形式出现，如各种教材、教学多媒体、校园、校舍等。教材和各种教学媒体等是显性的课程物质文化，而校园、校舍、校貌等是一种潜在隐性的课程物质文化，它对学生身心发展和人格健全形成潜移默化的影响。同时，潜在的课程物质文化会与正式的显性的课程物质文化一道，积极推进学校课程育人目标的实现。

（三）课程制度文化

课程制度文化是指学校和上级部门制订的一系列保证课程顺利实施的规章制度；同时，也指学校内师生长期教学生活中形成的相互理解信任与合作的传统班风和校风。各级教育行政部门制订的相关政策、法律法规以及一系列课程教学规范和指导标准等，如《中华人民共和国义务教育法》《教师法》《基础教育课程改革纲要（试行）》《课程标准》等，可视为课程制度文化的外层，旨在为课程的科学运行提供制度保障和执行规范。而相互理解信任与合作的传统班风和校风，才是课程制度文化的内层。两者构成课程文化形成的外因和客观基础。

（四）课程精神文化

课程精神文化是课程文化的核心，它以课程理念的形式体现在课程目标、课程研制与开发、课程实施与管理的各种课程活动中。精神文化是课程文化的本质所在。精神文化与人的本质具有统一性。课程精神文化主要指一种卓越高远的治学理念、求真务实的科学态度、实践创新的探究精神、富有真善美的人文素养，以及文化自觉的意识与能力等。这种精神文化，对个人而言，是人面对纷繁复杂世界的主心骨和从事实践活动的指示器；对课程设计而言是课程观和人才观应当考虑的主导价值取向；对学校而言，是学校成熟发展、提高育人品位的深厚底蕴和灵魂，也是学校品牌建设的核心。

四、制度文化

制度文化，即典章制度，是维系个体生活于一定文化共同体的人类关系的法则，它是人类在团体中为了满足或适应某种基本需要而建立的有系统、有组织的社会行为模式。学校制度文化是由学校制度所承载、表达、衍生和推动的文化，它是一所学校渗透在体系架构、规章制度、工作流程、岗位职责中的价值观念和风格特色，也是在生成和执行各类制度过程中折射出来的价值取向和行为准则。它是有形的制度与无形的价值的有机结合，一方面以有形的制度作为载体，另一方面以无形的价值在学校的诸多领域中体现出来，不仅体现在制度本身，而且通过制度实施，体现在一切结构、组织、形式、过程、方法、技术、行为方式、人际关系、心理氛围之中。学校制度文化发展越完善，无形价值在上述各领域的体现与制度所承载和推动的文化越趋同。

学校制度文化并不等同于学校制度。学校制度一般指"有形的"各种学校规范章程。这种规范章程既有党和国家颁布的教育方针、政策、法律、规章，也有地方政府主管部门制订的各类章程、规则、指令、命令等，还有学校结合自身实际而制订的大量有关教育教学、科研、工作、学习、日常管理等规章制度。这一切有形的规范章程就是学校要求大家共同遵守的办事规程或行为准则，要靠强制的手段加以实现。而学校制度文化则指"有形的"各种规章制度与"无形的"规章制度的结合与统一。"无形的"规章制度指广大师生在思想观念上的、道德认识水平上的和价值观念上的共同行为准则。这种无形的行为准则是广师生在长期的教育教学实践中形成的自觉的规范要求，是通过舆论导向来约束、规范、引导大家的行为。

学校制度文化渗透学校的道德要求与教育意志，是一个具有丰富情感色彩的环境氛围，具有行为规范功能。学校制度文化对师生的政治方向、价值观念、思想品德、行为规范和生活方式等具有思想导向作用。学校制度文化坚持以人为本的原则，在刚性的制度下有柔性的人文关怀，具有人文关怀功能。

五、环境文化

学校环境文化是学校文化的组成部分，属于学校文化的子文化。它是学校物质环境和精神环境所构成的潜在的育人存在方式。学校环境文化包括静态的物质环境文化和动态的人文环境文化。静态的物质环境文化，主要指以静态的物质形态方式存在的景观文化，是隐藏在学校物质表象中的精神内核，是通过校园的物质层面呈现的文化和教育要素。具体而言，它是由校舍建筑、场地设备、花草树木等各方面设施综合而成的文化的要素，是看得见、摸得到的显性文化，是学校物质文明建设的成果。

动态的人文环境文化主要指学校长期积淀而形成的非景观文化，是学校教育理念、精神风貌、个性特色和社会魅力的集中体现。具体而言，它包括学校的教风、学风、文化氛围、人际关系等所蕴含的文化内质，是看不见、但能感受得到的隐性文化，是学校精神文明建设的成果。总之，学校环境文化既有硬环境文化，又有软环境文化；既有视角文化，又有感觉文化；既有显性文化，又有隐性文化。但无论是哪一类文化形态，从科学的教育发展观角度衡量，都体现了"以人为本"的核心价值观，共同承载着学校文化的精神内核和理想追求，内涵是十分深厚的。学校环境文化相对其他文化而言，有其独特的功能。

一是育人功能。育人有多种途径，如教书育人、服务育人、管理育人等，而环境具备文化因素后，就自然产生出育人功能，即环境育人。一所学校如果拥有优雅的学习环境、良好的学习氛围、纯正的校风学风、浓郁的古韵今风、醉人的翰墨书香、浓厚的文化积淀以及和谐的人际关系，就必定对师生产生熏陶、感染和互相激励的作用。因此，良好的学校环境会寓精神激励于潜移默化之中，产生"润物细无声"的微妙效应。

二是融合功能。学校环境形成一种文化形态后，都会蕴含着我国传统文化"天人合一"的思想内涵。特别是人文环境，总蕴藏着许多潜在的"和合"因素，蕴含着一种学校精神和共同价值观。这不仅对师生具有约束、调节作用，更重要的是能使师生产生一种价值认同感和归属感，从而使师生之间形成强大的凝聚力，并促使师生结成命运共同体。

三是怡情功能。学校环境被赋予文化的因素后，就会形成高品位的境界，显示出艺术的魅力。特别是自然景观，一草一木、一水一石，都能带给师生以美的享受。如果学校春有花、夏有荫、秋有香、冬有景，师生置身其中，便会忘却一切疲劳和烦恼，心情十分舒畅，精神百倍地投入学习之中。古人云：景美则心旷，心旷则神怡，神怡则智清，智清则学佳。

第三节　学校文化建设中存在的问题

一、教师文化建设中存在的问题

由于受传统文化的影响，教师还局限在传道、授业、解惑的范围之内，要求学生绝对服从的思想严重；由于职业特性决定的社会地位问题，对教师的价值观念产生不利影响；教师普遍感觉到发展空间受到限制；随着竞争压力的增大，个人主义和派别文化的发展影响教师的成长。

（一）传统文化对教师思维的束缚作用依然存在

儒家文化是中国的传统文化，在中国文化中处于主导地位，儒家文化的思想意识和行为观念在教师的思想中打下了深深的烙印，形成了以重共性、轻个性为核心的群体意识心态。反映在教育教学上就是要求学生"统一"和"求同"的思维方式，严重扼杀了学生的个性张扬和专长发挥，违背了多元文化时代的要求。

面对当今文化的多元性，很多教师受到传统文化的影响依然较深，跟不上学生思想发展的步伐，在教学上仍然采取单一的教学和评价方法，影响了学生的学习积极性和个性的发挥；在管理上采取强制高压的手段，导致师生关系对立的情况时有发生。在多元文化的环境中教育学生，教师要有发散的思维，用多元的标准，善于从不同角度教育和评价学生；采取民主、平等、激励、赏识的管理方法，激发学生学习的积极性和主动性，变"要我学"为"我要学"，只有这样才能培养出符合文化多元时代需要的人才。

（二）社会地位不高影响着教师的价值观

社会地位影响着教师的价值观，社会风气影响着教师的从教观。在我国不论是在历史上还是现在，中小学教师的社会地位都不是很高。

教师的地位与发挥的作用，是辩证地联系在一起的。近年来，各级政府不断加大教育的投入，教师的地位有了一定的改善，收入不断增加，但与其所肩负的责任和付出相比，还有一定的距离。教师的责任之重、付出之多，与其地位、收入并非相称，特别是高中教师的付出更多、责任更大。这对教师队伍的稳定性影响很大，也阻碍了中小学教师正确、稳定价值观的形成，不利于学校文化的质量和建设。让中小学教师既能养得起老，又能得到应有的社会地位，是社会要努力的方向。

（三）不良的文化影响教师的发展和成长

由于历史的原因，教师的职业特点及不正确的考核制度、薪酬制度等决定了教师之间的沟通少、合作少，这种现象在民办学校尤为突出。表现在教学上互相封锁、互不合作，孤军奋战，只要完成自己的教学任务，做好自己的事，很少关心帮助其他人。这种个人主义的文化在一些教师中占据主导地位，无法为教师提供积极发展的环境，阻碍着教师的进步，削弱了教师参与自身发展的想法和兴趣，对学校发展带来负面影响。

人从自身安全和利益的角度考虑，往往依附于某一个团体或组织，教师也是一样。教师中有很多"特殊"关系，如老乡关系、同学校友关系、师生关系等非正式组织关系，他们之间交往联系密切，发展到一定程度就形成了派别，并且各个派别之间相互分离，甚至彼此竞争，游离于整个学校组织之外，出现了派别主义文化。派别中的教师对其所处团体具有很强的认同感，且内部非常忠诚团结，一旦本团体的利益受损或学校没有满足其要求，就会形成合力对学校施压。派别之间为了利益进行争斗，形成内耗，影响了教师之间的团结，不利于相互合作，对学校的工作影响很大，更不利于教师的发展和成长。

二、学生文化建设中存在的问题

学生文化的行为主体是学生，学生文化的核心是学生的主体精神和观念意识。外来文化的影响导致了学生价值观念的迷失；人口结构的变化导致"自我中心"文化倾向明显；在升学压力下，学生自主性文化的丧失。

（一）外来文化侵蚀，导致价值观念的迷失

中小学生的鉴别能力较弱，缺乏最基本的判断和选择，在好奇心驱使下，对外来文化产生好奇和浓厚的兴趣，学生对这些文化无选择的吸收，势必影响正确的价值观和人生观的形成。如现在学校中洋节盛行，中国的传统节日淡化；勤俭节约的意识减弱，享乐主义思潮抬头等，这些都与文化多元导致学生价值观念的迷失有关。

大众文化的优势和诱惑力，对中小学生产生强大的吸引力。在大众文化的世俗性和功利性的影响下，中小学生崇尚时尚和享乐，在生活上追求潮流和名牌；在行为上方式上追求舒适、安逸，导致学生文化的世俗化，从而导致学生价值观念世俗化的倾向。

（二）人口结构的变化，"自我为中心"的意识严重

长期实行计划生育政策，导致家庭人口结构的改变，在家庭中无论是一孩还是两孩，孩子永远是家庭的中心，受到家长额外的呵护，产生了"唯我独尊"的心态。学生中以"自我为中心"的倾向比较严重，导致学生法制意识的弱化，公德意识和人文关怀意识的淡漠，自私自利的倾向明显。因此，在不良社会风气的综合作用下，公交车上主动让座的少，公共场所乱丢垃圾的多，不遵守交通规则的现象较为普遍，感恩意识淡薄等。学生中这种自我中心倾向和人文精神的缺失，不利于学生健康人格的形成。

（三）强制性的管理文化，导致学生自主性丧失，个性和专长不能很好发挥

学校针对学生的各种规章制度，缺乏必要的人文关怀，有些规章制度不能从实际出发，往往带有强制性，要求学生必须遵守。有些学校课程不能开足、开全，音、体、美成为"副科"，成为可有可无的课程，随时可能被"主科"挤走。学生空间受到严格的限制，活动和交往成了日程表的内容，在考试和升学的双重压力下，学生每天在"三点一线"（教室、食堂、宿舍）间度过，导致学生文化的自主性丧失，个性无法张扬，不利于学生的专长发挥。

总之，学生德育文化的僵滞死板，学习文化的机械单一，综合实践活动的极端功利性，以及审美文化、生活和心理文化的缺陷等学生文化建设中的种种弊端，其根源在于学生文化价值观念的世俗化，在于人文精神、情感的迷失。

三、课程文化建设中存在的问题

课程文化不仅是意识的东西，而且是主观心理层面的东西，包含着感性与理性的内容，是一种主体文化。课程文化就是课程实践活动潜在的力量，是一种与课程行为紧密相关的潜在文化。课程文化具有把宏观分析与微观分析联结起来的功能，因此，课程文化又是中介文化。课程文化在当前存在着明显的不足。

（一）课程中的主流文化偏向

课程与国家的政治经济紧密联系在一起，受到国家政权的控制和约束，是国家意志的体现。我国的课程总是体现一定社会群体的主流文化，并将社会的主流文化转化为适合学生接受的方式，使学生在学习中习得这种文化，发扬和传承这种文化。这种主流文化的偏向，容易导致文化的单一。新的课程改革增加了一些多元文化的内容。

任何国家的教育都是为一定的阶级服务的，是与社会意识形态密切联系在一起的。我国的课程当然要以传播社会主义文化为己任，以传播社会主义核心价值观为重点。但是在传播主流文化的过程中，要反映出多元文化背景下课程应有的文化品质，要在体现国家意志的前提下，在提高人的素质的能力上下功夫。

（二）课程中的性别偏见

课程中的性别偏见由来已久，直接折射出社会文化的意见和主旨，对学生的性别认同和归属影响很大。比如，我国语文教材中故事课文及插图中，男性数量多于女性，并且越到高年级越是倾向于反映男性人物的形象。男女的职业特点也存在着明显的差异，并且把男女职业模式化。在男女角色形象的塑造上也存在着偏见，男性多表现为知识渊博、能力强等，而女性则表现为无知无能和目光短浅等。

（三）课程文化价值观的冲突

在经济全球化、信息化的大背景下，多元文化的渗透与价值观念的冲突和交流，使我国的课程文化建设面临着前所未有的困惑和问题。矛盾集中表现为促进社会发展

和促进人的发展两者之间如何保持必要的张力，以及课程多元价值取向中主导价值取向问题。主要表现在以下几个方面。一是民众文化心态的根本变化。社会主义市场经济的发展产生了新的社会关系、生活方式、文化风格，从而导致了人们个体意识、公平竞争意识、法制意识等的增强，使人们更加关注主体精神、多元、平等、差异等品质，给传统的价值观念带来了很大的冲击。二是区域发展的不平衡。我国东西部地区发展极不平衡，使我国农业、工业和后工业文明同时存在，这就给学校的课程建设带来很大的困难。三是多元文化并存带来的价值冲突。现代社会文化发展呈现开放性、民主化和多样性的特征，多种文化的冲突、融合与价值选择已成为课程文化建设面临的重大问题。一方面为课程文化的更新提供了视野与转机，另一方面又使课程文化的建设面临诸多矛盾和冲突。

（四）课程文化的自觉意识不够强

文化自觉是对文化地位作用的深刻认识、对文化发展规律的正确把握、对文化发展历史责任的主动担当。这种文化自觉与文化自信，表现为对中华文化的发展前途充满信心、对中国特色社会主义文化发展道路充满信心、对社会主义文化强国充满信心。目前我国课程文化的自觉意识不够强，没有充分认识到我国目前的课程还没有摆脱"文化传承工具"的境地，不能在多元文化的背景中达到自主适应，使之能够"各美其美，美人其美，美美与共，天下大同"。

四、制度文化建设中存在的问题

现代学校的管理日趋制度化。教育的制度化一方面推动了教育的社会化，另一方面导致教育自身的异化。这种异化的结果，使得现代学校制度建设相对滞后，在前进和发展过程中出现了问题，影响着教育发展的水平、人才培养的质量和知识贡献的力度。中小学制度文化建设中存在着以下问题。

（一）过分追求效率

效率是以最小的成本，获得最大的利益。学校追求效率并没有错，错误的是过分追求效率，把这种过分追求效率的理念渗透学校制度中，学校就蜕变为工厂，学生和教师成为"工厂"中可以任意塑造的原材料，教育"过程"的意义和价值被所谓的"结果"掩盖。这种只注重结果的教育，导致教育过程的表面化，使教育的精髓——培育生命，被放逐于学校制度之外。这样的学校制度不利于学生多元化思想的发展，不利于教师的身心健康。追求效率的强制性，钳制了师生的思想发展，束缚了他们的行为。

（二）采用强制性的服从手段

制度化的管理模式是以组织的科层制为核心，科层制对每个人的权利都有明确的规定，不允许个人随意扩大行动。在校长负责制的情况下，校长的意愿在制度建设中起关键性作用，制度制订过程中很少征求教师、学生的意见，即使征求意见也是流于形式，在制度的执行过程中采用强制性的方法让大家服从。在这种高压下，个体的生命能动性、丰富性、潜在性被禁锢在命令—服从的枷锁中。要使学校变得有吸引力，成为人们舒展心灵、放飞梦想的地方，就必须营造宽松、高洁、明丽、清新的文化氛围，禁止强制的纪律和严苛的规训，因为人的发展需要足够的自主空间，教师希望被领导欣赏、学生希望得到教师赏识，而不需要强制。

（三）控制性的制度文化，障碍师生发展

控制型制度文化是教师积极向上的最大障碍。控制主义只能造就一些顺从、无个性、受压抑的教师，教师把职业的取向放在了"对得住领导"而不是"学生的发展"上。教育本是一种良心的事业，当教师的价值取向和信念被扭曲，教师文化也就变成了吞噬教师生命的牢笼。一旦教师成为"缺失了教育理想"的一般职业者，没有崇高的信念和基本的道德情操，最终也就难守职业之尊。面对"分数至上"的制度，许多教师选择了保护自我，有的甚至走向了"反职业道德"。在"以分数论英雄"的"狭隘的职业自尊"掩盖下，教师不愿承担自我暴露的文化风险，于是选择抛弃交流与对话，固守个人狭小的"责任田"。这种消极的教师文化，影响着教师个人职业理想的实现，使许多教师失去了职业信念，因而也失去了工作动力。

同时，对作为学习者的学生而言，应是一个对话的过程，是"学习者同客观事物的对话、同教师和同学的对话、同自身的对话"，在控制型制度文化的规约下，学生在学校和教师的控制下，失去了与教师和同学的愉快对话过程，学习也趋向于消极。特别是那些所谓的"差生"易形成一种"痞性"以及对他人、社会的不信任或敌对情绪，就会发生"反学校的行为"。

（四）学校制度过分强调统一

在很多中小学中，制度而非人成为学校关注的焦点。学校中盛行是烦琐、刻板、整齐划一的规章制度，很多学校的制度被印制成书，师生的衣食住行、学习、工作等，事无巨细，均在制度的严密监控之下。这些烦琐的制度强调是"整齐划一"的"一元"，而非"多元"的思想，要求师生在同一个标准下工作、学习，更加不能面对多元文化的存在以适应个性的发展。

（五）人文关怀的缺失

教育的主体都是活生生的人，无论是教师还是学生，他们都有着自己的生活背景和个人感情。学校现行很大一部分制度规范着师生学习工作的方方面面，学校就像一张无形的制度之网，将他们笼罩得严严实实。任何单位、任何地方的制度都是秩序的保障，学校也不例外，制度建设是必要的。然而很多制度是从人性本恶的假设出发，而没有从以人为本的角度来制订制度。传统的学校制度强调约束、制裁的作用，忽视了激励、促进的人性功能。因此，学校在制订和修订制度时应在维持基本秩序的基础上，实行人性化制度管理，创造宽松、自由的空间，保障师生自主的思想和活动，可以充分发挥师生工作、学习的积极性和主动性，达到事半功倍的效果。

五、环境文化建设中存在的问题

学校环境文化的核心归根结底就是育人，它是价值观念和意识的物化与形态化。学校环境文化的存在是为了育人而存在的，学校环境文化的育人性体现了它的文化品性。近年来，环境育人的作用越来越引起人们的重视，在学校环境文化建设的理论和实践中取得了可喜的成绩。但是，当前学校环境文化建设中还存在着文化建设混乱、文化内涵匮乏人性理念残缺、盲目性建设等问题。

（一）学校环境文化建设的混乱

有些学校追求时髦，没有从实际出发，而是盲目引进国外和外地的"文化"，舍弃自己的特色和专长，把多元文化的元素繁乱地拼凑在一起，造成学校环境文化建设的混乱。这种多样文化形态杂乱无序的堆砌和叠加，导致传统的文化逐渐消失，新的内容也没有，表现出价值观念的无定状态。

还有些学校把环境文化建设的重点放在校园环境的绿化美化方面，并称之为"学校文化建设"。建设的内容大同小异：花草假山、名人画像、校园雕塑等，很多"名人"和雕塑不被学校里的多数人"认识"和认同。这种注重"面子"而不注重"内涵"的学校环境文化建设，除了能反映决策者的"文化"外，它还违背了学校环境文化的本义，或者说这是一种"没有文化"的"学校文化"建设。

（二）文化内涵的匮乏

传统文化根深蒂固地影响了各个领域几千年的时间，在学校里到处可以见到它的身影。文化的积淀并非一定是精华和健康的，在传统文化中既有精华也有糟粕，即使是精华的部分随着时间的推移，也不一定适应今天变化的校园。人们溺于传统文化中，沉浸在过往模式和行为规范之中，"三尺讲台、几只粉笔"，一切表现的陈旧而木然，缺乏新的理念和文化内涵，没有对多元文化中优秀的东西进行吸收、借鉴，更没有文化创新的成分，使学校环境文化内涵贫乏，更没有自己的特色。

当前，学校中一个较为普遍的现象就是口号盛行。办学思想、办学理念、办学宗旨、办学方略、办学目标、管理理念、校训校风、教风学风、学校口号一大堆。这些口号或者空洞无物，或者表里不一，或者千篇一律，没有明确的内涵和要求，装满了各种东西。这种生硬、空洞、功利、毫无文化、千篇一律的口号，充斥在学校环境文化的建设之中。有的学校绿化、建筑、设施等杂乱无章、索然无味。"一花一世界，一叶一菩提"，学校的一草一木、一物一景都应该被赋予文化的内容和教育意义。凡此种种，都说明了学校环境文化建设中文化的内涵匮乏。

（三）环境文化建设中人性理念的残缺

学校环境文化建设由于受到办学条件、教育资源和人文观念等多方面因素的影响，不能从人性需求的角度出发，为师生创造自由、宽松的发展空间。有些学校师生生活场地严重不足，教学设施落后，很多教室拥挤不堪，宿舍设施简陋，厕所肮脏而设计不合理，建筑单调，绿化没有主题，雕塑不伦不类等；各种要求和规定严格限制着师生的言行，有些学校采取人治和高压的手段进行管理，使师生时时刻刻处在紧张、焦虑和不安全之中。时下最流行的一个词就是"以人为本"。"以人为本"的基本内涵是尊重人、关心人、发展人。但在"以人为本"的口号下，教师的劳动得不到尊重，教师的专业成长得不到关注，教师的法定待遇得不到落实，教师的民主权利得不到保障。由此表明人性化理念的残缺，是导致这种状况的根本原因。

（四）学校环境文化建设的盲目性

近年来，随着教育投入的大量增加，学校硬件建设纷纷拆旧换新，但在强调"气派""现代"的同时，忽略了学校环境应该体现教育理念和教育意义，结果"现代"是有了，也气派了，但距离教育的作用、建设的宗旨越来越远，最终只能成为摆设，造成有限教育资源的浪费。

现有的中小学学校文化建设中存在的种种问题，表明当前有些学校文化，已不适合时代发展的要求，严重阻碍了基础教育的发展。克服当前学校文化建设的种种弊端，使学校文化建设适应教育发展的需要意义深远。

第四节　学校文化建设的途径

"一流学校靠文化，二流学校靠制度，三流学校靠校长"。学校文化管理是对人性的管理，是学校最有效的管理方法，开展学校文化的精细化管理研究，提高学校文化管理的有效性和针对性，是学校文化建设的重要组成部分。学校文化建设的途径很多，我们将从时代转型和多元文化的背景出发，以价值观的引导、人格的塑造、冲突的解决为主线，从教师文化、学生文化、课程文化等五个方面对学校文化建设进行全面的探讨，以实现民主、合作、适应时代发展的学校文化建设为目标，推行人性化的文化管理，全面提高学校的管理水平。

一、建设自我与职业相融的教师文化

教师文化是学校教师共同的价值体系与行为规范的综合，是学校文化的重要组成部分。它既包括教师团体的信念、价值、态度、习惯以及行为规范，也包括教师之间的关系形态以及集体成员的结合方式。教师文化是一种特殊性质的文化，它是在贯彻育人取向过程中的主导文化。要建设好学校文化，关键在于教师文化的改革，改革教

师文化是学校文化建设的根本。教师文化建设已成为打造学校核心竞争力的重要途径和保证。学校教育的成败，教师扮演着关键的角色，因此教师文化对于一个学校的文化建设乃至对教育的改革都具有重要意义。

（一）树立正确稳定的教师价值观

教师正确的价值观就是在社会主义核心价值观的指导下，教好书、育好人，确立正确的教师观、职业道德观和学生观。教师是一个特殊的职业，树立爱岗敬业、关爱学生的思想，是教师价值观的基本目标。在工作中怀着高度的责任心和积极的工作态度，怀着服务于人民群众的胸怀进行工作，勤恳踏实，忘我投入，这是教师职业属性对教师的要求；要爱生如子，真心热爱学生，才能收到"教育无痕，润物无声"的效果，这是教师职责对教师的要求。

刻苦钻研，严谨笃学是教师价值观的基本要求。学无止境，人非圣贤，要树立终身学习的理念，随时更新自己的知识素养和教育观念；要勤于学习，刻苦学习，对知识"吐故纳新"，不断探索和反思，才能跟上时代步伐。为人师表，用严谨笃学的行为，潜移默化地激发学生的求知欲，为学生的终身发展打下良好的基础。

在树立正确的教师价值观的过程中，学校要经常进行宣传教育，帮助教师厘清教师价值观的内涵和外延，将教师的价值观内化为教师的精神动力，外化为教师的具体行动。增强教师价值观的认同感，创造教师成长的条件，不断扩大教师成长的空间。

教师工作时间长、强度大，社会责任重，教师也要养家糊口，要保证教师长期稳定的正确价值观，必须从提高教师的社会地位、增加收入着手。当前，有些地方教师工资不高，特别是一些偏远地区，教师收入与付出不能成正比，导致教师流失的情况比较严重。各级政府和学校要把落实《教师法》作为工作重点，确保教师收入不低于当地公务员的收入水平；并随着社会经济的发展，不断提高教师的经济地位，让教师有自豪感，促进教师对自身角色价值的重新审视，对教师形成正确稳定的价值观有非常重要的作用。

改善教师的社会地位，让社会给予教师更多的情感和关爱，理解和支持。在新的形势下，建立起民主、公平、公正、竞争的管理机制，加强校长权力的监管，使之透明、公平、合理，让教师参与到学校管理中去，是改善教师社会地位的必要之举，也是促成教师稳定价值观形成的必要前提。

（二）拓宽知识领域，注重情感，健全教师人格

教师是文化的传播者，即使在信息技术高度发展的今天，也不能取代教师文化传播者的地位。教师文化的传播，并不是简单的文化符号的传播，更多的是情感的交流，教师与学生之间情感交流的真实感受和体验是不可替代的。教师在传播文化的过程中，利用语言、表情、动作、经验等，通过对学生生理和心理的分析，达到对学生进行有目的、有计划的传播文化知识的目标，达到对学生的一种"濡化"，这种"濡

化"在学生成长过程中的重要性是任何网络所无法比拟的。因此,教师文化建设不仅仅是符号信息的积累和转发,还有情感因素的投入和耦合。

教学是教师进行文化传播的主要形式,教师教学的过程就是师生共在的精神生活过程,是认识、交往与审美交互作用、相互生成的过程。因此,教师文化的建设必须要求教师拓宽自己的文化领域,善于运用各种文化形式和产品,让课堂充满乐趣和生机。教师是一个特殊的职业,不仅承担着传承文化的任务,而且其自身承载着文化的意义。教师的教养、品质、精神、气质对学生的影响是其他媒体无法做到的。在今天的时代背景下,作为文化传播者的教师,不仅肩负文化符号的传播重任,更要求有丰富的人性,真挚的情感交流,能够自觉地发挥自身所承载的文化内涵,以教养、品质、精神、人格、气质等独特魅力的人性特点作用于学生。只有这样教师才能以自身人格的力量去教育和影响学生。

总之,教师文化建设的重点是拓宽知识面,让渊博的知识充实学生;健全人格,让高尚的品质教育和影响学生;提高品位,让良好的修养感召学生,用知识和情感双层作用教育学生。

(三)根植传统,面向多元,培养教师跨文化的能力

当今社会是一个信息开放的社会,各种文化和思想的交流和碰撞不断加深,全球化和一体化是一个无法阻挡的潮流,在这种背景下,中国传统文化正在面对多样文化的挑战。作为教师应该具有致力于保护传统民族文化精华的意识,树立文化多样性的价值信念,提高教师在文化多样性条件下跨文化交往的能力。增强教师在课程、教材和教学方面对文化多样性的敏感性,掌握与学校文化生态有关的知识,促使学生形成跨文化的意识和能力。学校要积极组织教师参加文化多样性和跨文化交往能力的培训,不断提高教师驾驭跨文化的能力。

中国传统文化是中华民族的根,学校是传承传统文化的重要场所,教师是传承传统文化的使者和活的载体。在多元文化的今天,教师要根植于中国传统文化之中,同时融多元文化于一体,有所持守、有自己的价值判断和选择,守护着优秀的传统文化,让教师成为传统文化鲜活的课程,让学生在传统文化的学习中得到启发和教育。

(四)海纳百川,积极整合,提高教师文化的艺术创造力

学校教育是一种有"限定"的传承活动。一方面是有限的教学时空限定了教学的内容和范围;另一方面是特定的目的和要求限定了教学内容的性质和部类,这种限定决定了教育不应该是程序化操作,而应是艺术化的创造。在教育的目的性、系统性和时空限制的有限性要求下,教师在当前多元文化的背景下,要以海纳百川的胸怀,吸收历史和当下多元文化中的优秀成分,进行合理有效地辨析、取舍、重组、整合、提炼、创新,并进行艺术的再创造,以有利于学生接纳和吸收的方式传递给学生,让学生在植根传统的基础上,汲取多元文化的营养,开阔视野,培养学生的优秀品质和远

大理想，树立报效祖国的精神，并不断积聚为这种理想而奋斗的精神力量。

（五）传承历史，包容吸纳，培养教师文化的创新能力

学校应该是创新文化的基地，教师应该在当前多元文化的背景下，把本民族的历史文化集成并传递下去，使它们在本民族生生不息的繁衍过程中不断再生。在传递文化的过程中，不断吸收先进的文化，并不断批判、反思、综合、提炼、扬弃和取舍，在积累和现实经验的基础上进行综合和创新。教师要适应当今多变、多元、多彩的社会生活，就必须学会等待、学会分享、学会宽容、学会选择、学会合作、学会创新。在传承历史的基础上，解放思想、更新观念、积极进取、勇于探索，广泛吸纳先进的文化元素，大胆创新，用先进的教学理念武装头脑，用精湛的业务能力完成各项教学任务，用必胜的信念克服各种困难，用忘我的工作精神投入教育和教学中，做一名优秀的教师。

总之，加强教师文化建设的具体途径很多，主要有加强思想教育，提高教师思想觉悟；开展各种学习培训活动，解放教师思想，更新教师观念；加强师德建设，提高教师综合素质；民主管理，科学决策，提高教师参与意识，增强教师主人翁精神；建设科学合理的评估机制，创造公开竞争的环境；营造宽松的学术氛围，扩大教师成长的空间，为教师的发展创造良好的条件等。

二、建设自主、协作、和谐的学生文化

学生文化是学生学习和生活所处的特定的文化环境和氛围内，经过长期积淀而形成的文化，是学生的主体精神，是一种个体间不断传递的信息流和群体意识圈。学生文化是一种亚文化，主要指学生群体在学习活动中所表现出来的特有的价值观念、思维习惯、行为方式等，其核心是学生的价值观。建设积极健康向上的学生文化，是建设现代学校文化的需要，是现代学校培养具有中国魂和世界眼光的现代人才的需要，是提高学生文化素养的需要。

（一）运用心理机制，培养学生的人文素养

在学生文化建设过程中，要综合运用心理强化、心理定式等心理机制，通过认同、适应、同化、融合等多种心理过程，依托学生文化建设的多种表现形式，将先进文化转化为学生的人文素养。具体而言，学生文化建设可通过学科渗透、开设选修课、主题活动、综合实践活动以及与之对应的更具体的多种表现形式，引导学生对先进文化进行吸收、转化和生成，并指导学生在吸收、转化和生成的实际行动中，从自我做起，从小事做起，从平时做起，从今天做起，不断提高学生的人文素养。

（二）善于利用文化冲突，促进学生文化的创新

我们处在一个多元文化的社会，文化冲突不可避免，在学生文化建设中要善待文化冲突，保持文化弹性，促进文化创新。文化冲突是文化弹性的外在表现，是积极的

文化现象。文化发展的动力不仅在于潜在的文化滋生和融合，更得益于不同性质文化的滋生和冲突。学生文化的建设，既要体现文化的辐射力和影响力，又要体现文化的接纳性与兼容性，充分发挥学生文化建设的价值导向功能、群体凝聚功能、精神陶冶功能、规范约束功能和激励功能，建设一种体现主体性、民主性、开放性和个性的学生文化。

（三）突出价值观念，加强学生文化核心建设

在学生文化建设策略方面，要抓住学生文化建设的价值这个核心，开展综合性的一体化建设活动。学生文化建设是学校文化建设的一个相对独立的整体，与教师文化建设、课程文化建设、学校制度文化建设等关系极为密切。因此，进行学生文化建设必须围绕价值观这个核心进行统筹规划，开展综合性、一体化的文化建设活动，充分发挥各方面文化建设对学生文化建设的作用。学生文化建设的一体化实施，是对与学生文化建设关系密切的各项文化建设，进行整体构思、整体规划、整体操作，以构建学生文化建设体系，保持学生文化建设的开放、协作和整合的良性运行状态。

（四）以活动为载体，提高学生文化建设的针对性

学生文化建设的内容包括德育文化、学习文化、综合实践活动文化、文娱体育和审美文化、生活与心理卫生文化等。在学生文化建设的实施中，通过开展多层次、多系列、多侧面、多形态、多序列的建设活动，把学生文化建设内容融入各种活动中，让学生通过活动培养爱国主义思想，激发民族自豪感和责任感，坚定理想信念，不畏艰险，乐观向上，立志成才，报效祖国。学生文化建设系列活动主要有主题班会活动系列，年级组活动系列，也有艺术节、社团活动等系列。

（五）理清思路，选准学生文化建设的切入点

在学生文化建设操作上，要理清思路，选择切合实际的切入点。有了一个切合实际的切入点，学生文化建设的思路就会更加清晰，就会容易实施一体化的建设策略。学生文化建设切入点的选择要体现学校的特色，从开发能体现本校特色，具有本校特点的文化项目入手，使之成为与众不同的文化景观，实现文化创新，从而产生良好的教育效果和社会效应。

学生文化建设的切入点很多。总体而言，可以从某一内容切入，可以从某一种形式切入，也可以从某一种活动、某一专题、某一层次、某个侧面、某种形态切入。例如：以实施中小学生守则和行为规范为切入点，要体现时代特征，尊重与信任学生，对未成年人身心健康和合法权益要切实保护。以礼仪、礼节、礼貌教育为切入点，要抓学生日常行为规范教育和校风、班风建设，从外塑形象达到内强素质的目的，最终实现教育学生学会如何待人；把培养学生生活习惯、学习习惯、良好的日常行为道德规范、基本社会意识和生活基本常识等教育内容，通过一定的规范要求如礼仪进行规范，培养学生的良好习惯；以学生文化建设体系为切入点，如利用"五四""十一"

等节日，通过座谈会、报告会、读书活动、升国旗仪式等对学生进行爱国主义、社会主义、集体主义教育，培养学生的爱国情怀；以开展"经典诵读活动"为切入点，选择《论语》《孟子》等典籍以及《史记》，历代诗、词、文、赋等包含优秀传统文化的古代文学作品进行诵读，培养学生的传统意识。

再如，以引导学生分析自己的行为为切入点，以价值观教育为切入点，以理想信念教育为切入点，以艺术节为切入点，以学生社团活动为切入点，以自主管理为依托的班级文化建设为切入点，以系列主题班、队会为切入点，以弘扬民族精神为切入点，以校风班风建设为切入点，以综合活动实践课为切入点，以选修课为切入点，以学生自办校刊、班刊、班报等为切入点等。在明确了学生文化建设的切入点后，也可以将不同的切入点进行整合，构建出各具特色的学生文化建设操作方式。如可以把爱国主义教育、行为规范养成、班级文化建设整合为以爱国主义教育为主线、以行为规范养成为基础、以班级文化建设为载体，构建将学生的自我文化修养与学校、家庭、社会文化建设有机结合的学生文化建设格局。

学生文化建设是一个庞大的系统工程，是一个比较长的过程。在建设的过程中，要抓住学生文化的价值核心，积极开展综合性的、一体性建设活动，从一点一滴做起，但绝不是上几节有关文化的选修课、开展几次文化建设活动等就能解决一切问题的，要把建设积极健康向上的学生文化作为一个重要的教育目标，作为现代学校文化建设的一项重要内容，长期坚持下去。

此外，要避免学生文化的功利性，使学生摆脱分数和知识的牢笼。尊重学生，给学生以明丽的生活、真性的情感，使学生文化不再是僵化的世界，而是鲜活的人性世界，这也是学生文化建设必须解决的问题。在具体的实践活动中，在内容上要使学生文化丰富完整，以避免有德育文化、学习文化而无娱乐文化。在形式上要力求丰富多样，切合实际。要建设科学合理的评估反馈机制，科学地指导学生文化建设。总之，学生文化建设要从整个学校文化环境着眼，从内在的理念着手，用正确的理念指导建设。

三、科学与人文整合的课程文化建设

我们正处在一个多元文化交织的时代，任何人也无法阻止多元文化的发展。在多元文化的背景下，课程文化的建设要建立一种多元化的课程，使这种课程在实施的过程中能够满足不同的学生传承和发展的需要。

中小学课程文化建设要以人的发展为根本原则。当前我国已成为全球第二大经济体，国家要继续快速发展，唯有创新，创新的基础取决于国民素质的提高和人才的培养。中小学生教育是基础教育、是国民素质教育，作为中小学教育基础的课程文化建设，要立足于以人为本的观念。要在继承中国优秀传统文化的基础上、在坚持社会主

义核心价值观的基础上,对多元文化进行批判的吸收和超越。在国际化和本土化之间把握好合理的度,基础教育的课程要在植根中国文化的基础上,让学生拥有国际视野。

(一)以人的发展为核心,确立课程文化的价值导向

在多元文化背景下建设课程文化首先要解决各种文化价值观念的冲突,实现课程目标价值从知识论向主体教育论的转化,要以人的发展为核心。在课程目标中既要强调基础知识的掌握和基本技能的训练,又要强调学生的生活经验、情感和创造性能力的培养,实现科学与人文的统一。课程文化作为现代学校文化的核心,是按照时代的要求和学生身心发展特点,通过对现代文化的选择、提炼而形成的一种课程观念和课程活动形态。科学与人文整合的课程文化是一种新形式,在课程建设中要求课程以人文精神为指导,规范、统领科学;以科学理性为基础,促进、提升人文精神,从而形成科学与人文相结合的关系。因此,课程文化的建设要树立正确的价值导向,要从整体出发,站在学生发展的高度,更多地关注学生自身的生命性,促进学生生命活力的焕发。

(二)建立对话、平等的课程文化

对话是一种交往、互动、沟通、合作的过程,是与民主、平等、理解、宽容联系在一起的,并以之为前提。课程文化的建设,要树立对话的意识。对话理念的确立意味着课程设计对人的关注,针对学生的不同需要以及对学生情感体验的思考和尊重,体现课程设计的人生化追求。通过对话让课程与学生进行心灵沟通,引导学生树立正确的价值观;通过对话把教师与学生之间联系起来,建立良好的师生关系。在对话的基础上,课程设计要注重不同民族文化的平等、男女平等,注重多元文化在交流和碰撞中的创新,引导学生从跨文化的理解中,开阔视野,让学生从不同的文化视角看世界,培养学生宽广的胸襟和远大的目标。因此,在课程设计时要根据不同地区、不同学生需求,设计出有学生参与和符合学生特点的课程。

(三)立足于传统,建设多样化课程文化

在多元文化时代,要立足于中国传统文化,建立起反映多元文化社会的、具有国际性的课程。首先,从文化多样性角度出发,审视课程文化内容的价值取向,努力从各种文化传统中吸取丰富的课程资源。在学科课程中,要注意吸收传统知识、本土知识和民间知识,使学生了解多样化的知识体系及与环境之间的内在关系。在社会实践、课外活动中,积极引导学生学习、利用、保护和宣传具有本民族和地方特色的文化遗产,提高学生保护传统文化的参与意识、责任和能力。如现在很多学校编写的校本课程,将会促进学生对本地文化的了解,增强学生对本地文化的责任感和自豪感。其次,在传承传统文化的同时,要不断创新,使传统文化不断发扬光大,走向世界。

（四）建立参与、合作的课程实施文化

课程的实施是教师在教学活动与实践的基础上，通过交往促进学生主体性发展的过程。在实施主体性教学过程中，教师要与学生进行积极、平等的交流和讨论，让学生在讨论中体验到参与、合作的快乐，从而提高学生的学习积极性和主动性，同时，在参与、合作中提高学生的创造性。课程不仅是学生学习的内容和对学习的规划，还是学生学习的情景、氛围以及师生获得的各种体验，课程包括在教学中师生共同活动的过程和成果。因此，课程的实施过程中要加强学生对课程的理解和体验，当学生真正理解、领会、体验到课程内容时，课程对于学生的意义才真正得以实现。

四、建立科学、民主与人性化的制度文化

学校制度文化指渗透学校各种组织机构与规章制度中的价值观念和行为方式。学校制度文化承载着精神或观念文化，是一种带有强制性的"外在文化"的制度文化，要经历很长时间才能形成。学校制度文化的建设要建立在传统文化的基础上，并面向未来，要牢牢把握教育的本身和教育的价值取向，学校制度文化建设要关注教师、关注学生、关注生命，要下大力气探索实现学校生命价值需要什么样的制度文化。

（一）树立正确观念，建立"以人为本"的制度文化

发挥制度文化的约束作用，首要前提是建立一个既符合社会需求，又符合师生个体需求的学校制度文化，两者缺一不可。相对简单机械强迫的管理模式，"以人为本"的模式从本质上是一种"软"的管理，把师生的学校生活看作自身生命不可复演的一种经历。通过调动人的积极主动性，将学校制度文化转化为师生的内心法则和外显行为。此时，尽管建立了许多规章制度，师生不会有压抑感，心情舒畅。因为这样的制度出台过程都是经过师生公认的程序：调查清楚，摸清情况；发扬民主，热烈讨论。这些规章来自师生，所以符合主体需要，大家就能自觉地维护和执行。这种模式的建立离不开相对宽松的环境，制度文化的解释者（或执行者）首先应有平等意识，树立为师生发展服务的观念，选择适当途径，收集各方面信息，点滴积累。参与交换意见，指导交流，发挥管理者知识经验等方面的优势，力求以多角度的思维分析去与处理现实生活中的问题，建立不失原则而又可亲可爱的学校制度文化，确立服务的理念。

（二）发挥隐性课程功能，达到育人目的

学校制度文化作为隐性课程的一部分，对学生的发展起到不容忽视的作用，所以在学校制度文化建设的实践中，应借鉴隐性课程实现的机制为学生发展服务。

隐性课程的功能包括如下三个方面。

首先是认识导向功能。道德认识是学生对是非、善恶、美丑的理解和掌握及在此

基础上形成的相应的价值观和判断能力，道德认识在人的品德形成过程中，需要一定的灌输和说理，但离不开学生长期生活于其中的可知可感的一种具体生动的环境影响。好的学校制度文化是这种环境不可缺少的组成部分。在此期间，如文化传统、校园气氛、集体舆论以及教师言行评价的强化，都会给学生提供一个参考，并传递出一定的价值观信息给学生以暗示和导向，这会对学生态度和认识的形成发挥着导向作用。

其次是情感陶冶功能。学校制度文化从形式上可分为传统、仪式和规章。相对传统和仪式而言规章的教育作用是外显的，但它毕竟不同于德育课程中的思想品德课教学中所产生的集中、系统的效果。它对学生的作用更多的是一种气氛的影响，使人与这种环境相互作用，使学生在特定的环境中自然而然地获得一种道德情感与心灵的熏陶（特别是这种良好的校风和传统），这种情感的形成尤其离不开隐性课程的体验、熏陶和感染的作用机制。理论研究表明，情感的重要特征之一是"情境性"。任何人的情感总是在一定的情景中产生的。隐性课程恰好提供了现实的情境让学生体验感悟，从而使学生建立良好的道德情感。这是学校制度文化发挥作用的最佳方式，因为它替代了传统制度文化中机械说理的局限性，温柔中不失刚性的魅力。陶冶作用的发挥与制度解释者（或执行者）主体形象的树立不可分割，这是由教师劳动手段主体性决定的。当一切事宜妥当时应淡化教师的作用，更能显示教师的挚爱、真诚以及自身的人格力量。

最后是行为规范功能。行为表现是学生思想品德的重要外在标志，隐性课程可以对学生道德行为起重要的约束和规范作用。由于学校制度文化的规章设置、仪式和传统的形成都渗透着学校的道德要求与教育意志，是一个有情感色彩的具体生动的环境，因此可以通过暗示、舆论、从众等特殊机制对学生产生潜在的心理压力和动力，自觉感受到这种影响不带有强制性，在这种环境中学生感觉自己是一个被尊重的主体，从而主动地接受外部影响，而不带有任何逆反性。

综上所述，从隐性课程角度研究学校制度文化及育人功能，具有实践意义，期望能发挥隐性课程的"随风潜入夜，润物细无声""桃李不言，下自成蹊"的育人功能。

（三）注重方法实效，发挥制度文化的整体效能

辩证唯物主义认为，"任何事物都不是孤立存在，而是由若干相互作用、相互制约的因素构成的整体"。因此，建设制度文化时要考虑方法的综合性问题，来克服局限性。学校制度文化，有时是几代人智慧的沉淀，已被证明是正确的，但在教师和学生眼中始终是约束人的异己性东西。由于学校制度文化存在着由外及内的过程，要使学校制度文化发挥最大效能，必须关注教师和学生的主观能动性。运用学校制度文化，特别是规章制度的执行，必须与教师学生思想工作相联系，在执行规章制度的过程中要关注师生思想的变化。执行某项制度的过程其实也是对某一针对性事件或普遍性问题反复说理宣传的过程，争取得到教师学生内心的认同。再者，要使学校制度文化的动态与静态管理相结合。学校制度文化具有规范性特点，一般给人以简单、生硬的感觉，只注重制度文化的静态执行不免有僵化之嫌，执行对象的灵活性也要求在执行过程中既讲求原则又不乏人情味，在动态执行过程中增进执行主体与被执行者的交往和理解，放大管理的效率。

（四）制度课程化，落实习俗化，把制度文化变成师生生活的哲学

学校制度课程化指改变学校传统制度的制订、实施、评价等传播运行途径和动力模式，把学校制度作为学校课程的一个有机组成部分，整合到学校课程开发、设计、目标选择、组织、实施、评价的过程中。学校制度课程化有利于促进学校制度文化的成长。当学校制度作为课程内容成为师生交往的手段和工具时，它会随着课程一起成长，学校制度不再是一个静态的结果，而是一个随课程不断前进的过程；不再是控制学校，阻碍变革的消极因素，而是推动文化变迁，促进学校制度文化生成的积极因素。

当一个学校的制度不健全、缺乏基本的制度管理时，学校的任务是完善制度，从无序走向有序；当学校制度完善、井然有序时，学校的任务是思考如何超越制度，从强序走向弱序、从他控走向自律，这就要求学校形成一种促进师生自律的氛围。正式制度不可能穷尽人的行为，因此无法对人的任何可能的行为进行有效的规定，正式的制度也只是限制人们选择的一小部分规则，没有意识形态和习惯（非正式制度）的支持，制度很难被实施。因此，必须以师生的意识形态和习惯等的变革为基础来实施制度，这样才能使硬邦邦的制度变得有血有肉，使"死"的制度条文升华为"活"的生活哲学，并外化为师生的生活方式，从而达到预期的效果。

五、建立富有人文底蕴的环境文化

学校环境文化是价值观念、思想意识的物化，表现为有形的显性形态和无形的隐性形态，这种形态包含着丰富的文化内涵。学校环境文化在功能上体现为育人性，即为育人创设"教育情景"。学校环境文化具有鲜明的时代性，不同时代有不同的学校环境文化。

学校环境是一种潜在的课程，环境设计总会暗含一定的教育思想和教育理念，从而成为某种教育思想在显性层面的延续。因此，学校环境的建设必须上升到教育思想转变的高度加以审视。学校环境文化的建设要确立正确的建设理念，要坚持育人为本的原则，要注意民族性和时代性的有机结合，要能够体现学校的特色。学校环境文化是学校文化的组成部分，好的环境文化能够直接反映学校的文化特点。

新时期下教学管理模式的创新与实践研究

（一）高度重视环境育人的重要性，形成正确的环境文化建设理念

学校从领导到师生必须科学地认识到学校环境文化的功能，深入体悟学校环境文化的文化品性，体悟环境文化包含的丰富文化内涵，才能形成对环境文化的正确认识。要根据学校的实际，研究学校环境文化的发展历程和丰富内容，明确其功能，充分挖掘它的价值所在，才能充分认识它的重要性。确定环境文化建设在学校文化建设的地位，提高认识，统一思想，以便循序渐进地开展学校环境文化建设。

（二）围绕育人，开展学校环境文化建设

学校环境的每一部分都要考虑是否对学生有教育作用。建筑、装饰、标牌、场地、仪式、程序等都要考虑在内；采光、通风、音响等要有人性化的内涵，这些对学生的学习、生活都有直接的教育作用。装饰图画和墙壁的色彩等都能产生不同的效果，影响着学生的喜、怒、哀、乐。如明快鲜亮的色调能够引起学生心灵的反响和共鸣，因此，学校的整体环境要以明丽的色调为主。在细节部分还要区别考虑：活动场所、休息的地方则以自然明快为主，使人轻松愉快；图书馆和教室等学习的地方以冷色为主，促使学生安心、冷静思考。

学校的选址要尽量远离混乱的街道和娱乐场所，选择幽静的环境。把学校的每一个地方都寄托着育人之意，这是学校环境文化建设的必然追求，是学校育人这一目的的要求。总之，在学生的周围如墙壁上、教室里、活动场所，经常看到的一切，对于学生精神面貌的形成具有重大意义，学校里的任何东西都不应该是随意安排的，学校环境文化建设要努力做到使学校里的每件东西都会说话。

（三）学校环境文化建设要蕴集文化的品质，体现时代的特色

学校环境建设要具有文化底蕴，体现高尚、典雅的文化品质。如学校建筑属于造型艺术之一，既体现了设计者的哲学思想和文化素养，又反映了使用者的文化品位和审美情趣，在一定程度上可以陶冶师生身心，涵养性情。学校的环境设计要有宁静感和深邃感，便于形成良好的学习氛围。多样使人活泼、统一使人安静、协调使人舒适、均衡使人敦实，因此，学校的建筑要多样而统一、均衡而又协调，建筑内部应展示学校的精神内核，创造良好的教育氛围。

科学地处理好传统文化与其他文化的关系问题，是搞好学校环境文化建设的关键。学校环境文化建设，要充分保留传统文化中的精华，在传承的基础上大胆创新，体现时代特色。要从多元文化中汲取其优秀的成分，保持文化的多样性，满足学生了解各种文化的需求。

（四）学校环境文化建设要人性化

学校环境文化建设是为育人服务的，因此学校环境文化要人性化，使环境文化的每一事物形态都体现人文关怀，根据学生的身心特点来创设环境氛围，从各个方面体现人性的关怀。如教室的采光、通风要好，楼道要宽敞，黑板、桌椅要符合学生身

高，墙饰、壁画要让学生爱看和能够看得懂，画面形象要亲切、自然，符合学生的心理，标语的内容要让学生能够理解等。要从不同年龄段学生的身心状态出发，创设生活般丰富、亲近、和谐的学习环境，让学生有家一样的感觉，给学生带来心灵的熏陶和感染。

学校环境文化建设在注重静态的物质文化建设的同时，还必须加强动态的人文环境文化建设。树立良好的教风和学风，创造师生愉悦的文化氛围，建立平等、民主、公平、友爱的领导与教师、教师与教师、教师与学生、学生与学生的关系，展现出学校崇高的教育理想，昂扬向上的精神面貌和鲜明的个性特色。

学校文化建设是一个系统工程，学校良好文化的形成，需要学校长期的积淀，需要全体师生长期的、不懈的努力。教师文化、学生文化、课程文化、制度文化和环境文化是学校文化建设的组成部分，它们之间既有区别，又存在着必然的联系，在学校文化建设中不能把它们割裂开来，它们是学校文化建设的一个有机组成部分，必须统筹兼顾，不能偏废。要培育民主与合作的学校文化，使学校文化在良性的氛围中创新发展。教育是引导人的心灵成长的价值引领工作，学校是精神感召的场所，学校文化建设的核心就是教育思想的引领，学校文化的实质就是教师、学生、校长所持有的共同信念，以及这一信念所支配的行为方式。

第七章　小学教育创新背景下的教学模式探究

第一节　基础教学

　　为了保证教材的质量，我国建立了中小学教材审查制度，国家规定的必修课教材（劳动、劳技教材除外），都要由全国中小学教材审定委员会从思想性、科学性、教学适应性等方面进行审查。审查通过后，才能供各地教育部门选用。地方教材由省级中小学教材审查委员会负责审查，审查通过后在本省范围内选用。

　　由此，加强小学基础教育至关重要，具体可采取以下方法。

一、继续扩大基础教育的手段和范围，进一步普及基础教育

　　随着世界经济和社会的发展越来越依靠知识、技术、技能和能力，人力资源将成为国家在全球市场中生存的决定因素。在这种新的社会历史条件下，所有儿童、青年和成人的基本学习需要真正得到满足，是世界各国旨在缩小差距、促进社会全面进步的一个必要手段。

　　近些年来，以联合国教科文组织为首的世界各国教育组织，十分强调触及那些还没有被触及的处境不佳群体的特殊教育需要。这些还没有被触及的人群包括在种族和宗教上占少数的群体、游牧部落、遥远岛屿或山区的人口、移民、难民、流浪儿童及童工，也包括大量的贫困儿童或特殊儿童。已有的经验表明，仅仅扩大现有的教育系统，采用常规的教育方式，并不适合他们的生活模式、理想和需要。扩大教育手段，实现教育多样化，特别是设计新的教学模式，切合被服务群体的特殊教育需要，将是基础教育真正实现普及的必由之路。

　　从广义上说，满足不同群体的特殊教育需要，也是21世纪基础教育的一个基本方向。即使是那些基础教育已经接近完全普及的工业化国家，当前青年和成人中功能文

盲的存在，仍然说明他们受到的教育是不充分和不完整的。教育以促进人的发展为核心，基础教育是人人有能力掌握自身命运的基础，是人人走向生活的"通行证"，因此"量体裁衣"般的教育计划将能最大限度地发挥学习者的学习潜能和日后贡献于社会的能力。

二、继续提高基础教育质量，尤其重视教育的相关性

21世纪，世界各国仍将继续关注那些已经被证明有利于提高基础教育质量的核心部分的改革，但是，必须树立新的质量观念，即不应仅仅重视正规学校教育的质量，其他教育形式，如各种非正规教育形式的教学质量也必须得到保证。同时，衡量质量的标准不应仅仅局限在学习成绩，它应扩大到学校或其他教育形式所提供的教育是否切合学习者的需要，是否能够保证学有所用，是否具有相关性与针对性。

21世纪，教育的效益将比效率更为重要。这意味着，教育体制的改革和教学内容的改革将发生根本性的变化，教育中长期存在的与社会发展特别是与地方需求不相适应的痼疾将有效得到解决，学生毕业后找不到工作或在毕业之后无法为本社区服务的教育浪费现象将逐渐减少。在教育体制改革中，地方或社区及家长应积极参与，学校办学的自主权将普遍受到重视；教育内容将打破传统的学科划分形式，更趋向开放、综合与针对性兼顾，知识与生活技能并重。在那些已经开始重新审视本国教育体制的国家中，重视基层参与和学校办学自主权，已被认为是改革成功的关键。即使那些长期以来实施地方分权的国家，如美国、英国，尽管20世纪80年代以来逐步加强中央政府对教育的管理与控制，但同时也给予学校更多的自主权和扩大家长参与教育、选择学校的权力。当前在美、英两国正在兴起的"特许学校"和"自治的直接拨款学校"就是在实践中运行良好的例子。

三、继续深化课程结构和教学内容的改革

基础教育课程结构和内容的改革依然是当前和未来世界基础教育改革的重头戏。其动力和需求来自两个方面：一是知识的快速增长，知识的更新和新知识的传播成为必然；二是教育与社会经济发展的关系越来越紧密，教育有责任培养适应社会需求的各类人才，尤其是教会学生探索知识，判断知识的价值，而课程就是媒介。

课程改革面临的中心问题包括：第一，在不增加课程负担的前提下，如何保证课程内容的全面性和相关性；第二，在不损害课程传播人类优秀文化和价值观的长远目标的前提下，如何使课程对当前新的社会问题，如人口、环境、健康，做出积极反应；第三，在保证内容连贯性和重点突出的前提下，如何满足不同学习者的多样化的兴趣需要；第四，在科学技术日益成为文化的一部分的现实环境中，如何定义核心课程，如何保证所定义的那些基本能力能够切实有效地运用于日后的生活。

新时期下教学管理模式的创新与实践研究

这些问题是各级教育课程改革面临的共同挑战，而基础教育课程改革还应注意如下问题。第一，重视基础知识的学习。尽管科学技术日新月异，但是基础知识从来都是一个人进一步学习的基础和工具，因此，它在课程结构中应该具有相当重要的地位并保持相对稳定性。第二，把握未来课程结构的建构原则。课程结构应依据一个国家的社会、民族、文化与教育的历史传统，从本国实际出发，力求最适合本国需要与发展的最佳选择。因此，面对未来纷繁复杂的知识信息，如何使课程在结构上达到最优化，这几个原则应该给予足够的重视：恰当处理必修课和选修课的关系；注意科学课程和人文学科的有机结合；针对21世纪科学技术和社会发展的变化调整课程内容；重视给予学生多元化因素和国际理解教育。课程结构的调整和改变，归根结底，是为人才培养模式的转变服务。

四、继续改进和完善评估与考核办法

建立促进学生全面发展的评价体系是面向21世纪提高教育质量的重要任务之一。20世纪后二三十年来，在基础教育阶段的考核评定工作中，大致有两种截然不同的趋势。一种是欧美主要发达国家逐渐改变淡化中小学教育教学质量考核评估的传统做法，转而重视对学生进行严格的学业成绩考核和评价。然而，在俄罗斯、中国及亚太地区一些国家，由于长期以来实行严格的考试制度，分数已经成为衡量学生学业成绩乃至整个学校教育质量的唯一标准。这种过分强调分数的做法已经日渐显露其弊端，学生、教师全部围绕分数行动，从而消磨了学生的学习兴趣和热情，扼杀了学生的学习主动性和创造能力。如何确立有效、合理和科学的考核评估体系，使评价成为提高教育质量、促进学生健康发展的必要手段，是世界各国正在积极探索的一项重要任务。

20世纪80年代中期，苏联提出的合作教育学理论中，教育学家、心理学家阿莫纳什维利提出的对学生学习进行实质性评价可以被看作对传统考查评价方法的一种挑战。在长期的教育实验中，阿莫纳什维利对小学低年级采取了实质性评价（无分数评价），实质性评价重在激励学生的内部学习动机，使学生增强信心，找到进一步学习和提高的目标。目前在俄罗斯大部分小学1～4年级中多采用评语方法评价学生。总体而言，在面向21世纪的教育中，如何使学生在教育、教学活动中获得最大成功，是建立评估和考核制度首先应该关注的问题。

五、作为终身学习的起点——基础教育的一些新重点

当前，随着知识和信息日益渗透人们日常生活的各个方面，终身学习已从理想变为现实，世界各国因发展阶段不同正在以不同的脚步迈向学习化社会，学习已经成为关系未来进步的重要因素。

基础教育作为满足终身学习的一个必要手段，由此又有了新的蕴意和使命。从整个终身学习过程而言，基础教育又被当前国际教育界称为"初始教育"，即终身学习的起点。来自国际21世纪教育委员会的观点认为："良好的初始教育是开始终身学习的关键。这种教育应该覆盖儿童认知和情感两方面的发展，应该保证所有青少年掌握坚实的基础知识和技能，同时使他们养成学习新知识的态度和能力——学会学习。"

国际21世纪教育委员会在其向联合国教科文组织提交的报告《教育——财富蕴藏其中》中，更是针对未来信息化社会提出了教育的"四个支柱"，并认为这是每一个人一生中的知识支柱，即学会认知、学会做事、学会共同生活和学会生存。学会认知历来受到各国教育的重视，但是，在知识膨胀的信息社会里，选择知识、利用知识将变得更为重要。长期负责联合国教科文组织基础教育的高级官员奥德内斯总结了基础教育在面向未来学习化社会应该注意的一个问题。他说："全球范围内的教育系统在传授知识和计算技能方面已经取得了进步，但是，它们在第三个主要领域即生活技能、社会技能和价值观念的传授方面却没有太多的成绩。虽然20世纪造就了一代在计算机和知识开发领域里的专家，但这些专家在价值观念、生活技能、对多样化持宽容尊重态度方面却不那么完美。可以说，这个世纪教育的失败不是在科学、语言和数学教学上的失败，而是在倡导人类之间和平共处上的失败，是在为了充分平等的发展而发掘个人和社会潜能上的失败。"这说明，如何学会学习和道德教育是世界基础教育应该重视的问题。

第二节 教学与培训

一、规范细节要到位

要求学生做到的老师首先做到。古人说天地君亲师，身为教师是备受尊崇的。之所以如此，就是因为教师有极好的人品。因为"教育的最终目的为明辨善恶与真伪，并使人倾向于真与善，排斥恶与伪"。所以教师有"教给学生怎样做人"的重大责任。打铁还需自身硬，教师的人格魅力无时不在影响着他的学生，所谓"身教重于言教"亦出于此。师德不但可以感染学生，也能为教师树立起自己的教学形象，进一步增强课堂教学效果。"安其学而亲其师，乐其友而信其道。"

大家都知道，为人师表，教书育人，是作为教师的重要任务和职责，可没有优良的师德师风，谈何教育，从何教育？古往今来，"德"是我们中华民族的优良传统，如果老师们"缺德"了，要怎么教育学生？总而言之，作为一名教师，必须具备优良的师德师风，教师只有具备了良好的道德品质，才能为人师表，才能培养出有素质、有修养、有文化的新一代接班人。

因此，教师首先要严于律己，公平、公正，言行一致，坚持原则，有错就改，心胸豁达，庄重热情，同时还要有一颗爱心。要"严"字把关，"爱"字当头，这样才能赢得学生的喜爱。如果说过去的教育是以单纯的知识传授为主的应试教育，那么现代教育越来越以人的本身发展为教育目的。即使这样，热爱学生仍然是教育的一个永恒的命题，古往今来的优秀教师无不热爱自己的学生。教师是爱的职业，从事的是爱的教育。这是世界上最博大、最深广的爱，这样的爱能容下一切，能融化顽石，能点石成金。都说母爱无私，其实最无私的应该是师爱。在现代教育中，热爱学生自然具有了时代的特征。有人说过："如果说教师的人格力量是一种无穷的榜样力量，那么教师的爱心是成功的原动力。"可以说，教师的爱心能使学生更健康地成长。爱学生就要公平地对待学生，爱学生就要尊重学生的人格和创造精神。将学生放在平等的地位，信任他们，尊重他们，视学生为自己的朋友和共同探求的伙伴，在传授知识的同时教会他们如何做人。陶行知先生说得好，"捧着一颗心来，不带半根草去"，这正是教师无私奉献爱心的典范。

二、耐住寂寞，抵住诱惑，提高素质，尝试创新

进入21世纪，人们的价值观和人生观发生改变的同时，教师所面临的一些老问题变成了新问题，而更多的新问题则层出不穷。面对信息技术给人们的学习方式、交往方式所带来的深刻变革，面对金钱至上物欲横流的社会不良风气，教师要能抵御诱惑，守得住寂寞，要有一颗冷静平常心。

新的世纪、新的形势提出了更新更高的要求，所以作为教师应做好充分准备，转变理念，迎接挑战。现在已经进入了知识经济时代、网络时代，今天的知识就是明天的经济。这就给培养人才的教师提出了新的要求，教育要进一步注重对学生创新和实践能力的培养，要进一步接受以人为本的理念，进一步从"以教师为中心"向"以学生为中心，以教育为中心，以学习为中心"的方向转变，尤其要注重自身素质的不断提高。并做到两个转变：一是由经验型向科研型转变，二是由技能型向艺术型转变。在"和谐、互动、探索、创新"的基本教学模式中不断钻研摸索，逐步形成自己独特的教学风格，以迎接"课改"。正如俗语所说，要给学生一杯水，教师必须有一桶水。而在今天仅有一桶水是不够的，要有一缸水、一江水、常新的水。教师除了在自己所教专业方面要"知得深"外，还要对其他学科和领域的知识"知得广"。21世纪是一个信息化的时代，学生要学会学习。而教师，再也不能只以教育者的身份出现，而应教学相长，在学会工作的同时，也要学会学习，加强自己各方面的素质，不断给自己增添燃料，储备能量，使自己不断完善，充实自我，同时形成终身教育的观念，只有这样，才能自信地面对学生。叶圣陶说过，他并不称赞某老师讲课时有怎样的最高艺术，最要紧的是看学生，而不是只看老师讲课。一堂课究竟怎么上？传统教学中教师

是课堂的中心，教师牵着学生走，学生围绕教师转。长此以往，学生习惯被动地学习，学习的主动性渐渐丧失。显然，这种以教师"讲"为中心的教学，不利于学生的潜能开发和身心发展。比如常见的语文阅读教学，教师过多的讲解、分析和说明常使学生感到枯燥乏味，从而丧失了学习的积极性。这种现象产生的原因，从教学观念上来看，教师仍然把自己作为教学的中心，担心学生读不懂课文，于是就包办代替，结果适得其反。在21世纪的教学过程中，教给学生科学的思考方法将比简单的知识传授更重要，方法可以使学生受用终身，也可以使学生在某种程度上超过教师。21世纪，传统的师生关系将发生变化。教师将更多地在思维方式与知识的导向性上给学生以指点。教育不能再像以往那样，只会之乎者也，也不再是灌输，不再是表演，而是以学生发展为本，让学生学会学习，学会创造，学会共同生活，学会审美，形成可持续发展的教育。

"海阔凭鱼跃，天高任鸟飞"，机会总是给那些有准备的头脑。总之，今天要做一位合格的教师，必须学习，学习，再学习，不断进取，不断攀登，与时俱进，才能迎接一个新的挑战。

三、增加知识面广度

一个知识面不广的教师很难真正给学生以人格上的感召。因此，教师要抓住一切机会学习，充电，从错误中学习，在合作中学习，在探究中学习，做一个踏实的学习者。要尽力使自己的课堂教学贴近有效教学，引起学生学习的意向，即教师首先要激发学生的学习动机，因为教学是在学生想学的心理基础上展开的。

教师要经常了解所教年龄段的孩子，他们的生活环境、范围及他们的生活习惯。他们喜欢什么，讨厌什么，他们最愿意接受哪种课堂教学的呈现形式，不断地与孩子们沟通，与孩子们交流，了解孩子们在学习过程中的困惑，与他们一起体验成功的快乐。走进孩子们的心灵，洞察孩子们的心理反应，然后根据教材特点去设计、实施自己的课堂教学。指明学生所要达到的目标和所学的内容，让学生知道学到何种程度以及学什么，学生只有知道了自己学什么或学到何种程度，才会有意识地主动参与。因此我们在备课时，要心中装着教学目标，站在孩子们的角度，眼睛盯着社会的发展、生活的需要，让学生体会到教学来源于生活、应用于生活。采用易于学生理解的方式授课，我们有时把一些抽象的概念性的文字变成学生易于理解的声音信息，学生借助听觉加强理解，获得了良好的收获。做一些让孩子们感兴趣的、喜闻乐见的教具，通过教具的演示，把一些抽象的难理解的知识变得具体化，形象化，带学生一起感受知识的来龙去脉。关注学生的进步发展。我们在课堂教学的过程中，不唱独角戏，不过高地估计自己学科的价值，也不把学科价值定位在一个学科上，而是尽力地定位在对一个完整的人的发展上。

教学技能是教师最基本的职业技能，它是教师在教学活动中，运用教与学的有关知识和经验，为促进学生的学习、实现目标而采取的教学行为方式，是教师把掌握的教学理论转向教学实践的中介，这一环节的有效实施，对于提高教师的教学质量、完成教学工作任务、增强自己的教学能力有着十分重要的意义。

教学技能和性质决定了教学技能的特点，这些特点表现在教学技能的习得与养成的过程中，成为教师掌握教学技能应当遵循的通则。

通过教师教学技能的特点和教学技能的分类，我们明白了教学设计是一种用以开发学习经验和学习环境的技术，这些学习经验和环境有利于学生获得特定的知识技能。学习环境的功能是为学习者完成学习行为提供资源、工具和人际方面的支持。人际关系指学生之间和学生与教师之间的人际交往。学习环境是学习者产生学习行为的容器，是对学习行为的支持。教育情境是对教育效果产生直接影响的由特定要素构成的有一定教育意义的氛围与环境。教育情境一方面促进师生的交往。在学习环境中积极的人际环境最为重要，能使学生成为学习活动的主体，主要包括"应答型学习"环境或"参与型教学"环境、"对话型教学"环境。这样的环境应当是：充分的交往互动，平等的对话沟通，活跃的相互作用，和谐的心理气氛，共同的合作参与。另一方面提供学习的"支架"："帮助学习者把经验组织起来，形成解决问题的适宜结构，使学习者在形成科学理解的最近发展区上得到及时的支撑"。作为一名教师，教学技能的应用与教学活动是一体的，并在教学活动中形成发展，从表现形式而言，板书、多媒体课件、演示和实验等都是教学技能；同时它又是借助于教师语言在头脑中进行的智慧活动方式，如思考、判断等。但有一些技能如教师写的教学教导，是由教师个人完成的，只依靠教师自己的操作就可实现，这和在课堂教学中教师与学生相互作用的教学行为不一样，所以相对来说是封闭式的教学技能。

第三节　教学与研究

一、提高课堂教学的有效性

（一）知识结构与认知结构相互促进

知识结构与认知结构是教育心理学的两个基本概念，也是建构有效课堂教学的两个重要因素。一门学科的概念、原理和规律是有内在联系的，这种内在的本质联系就构成了这门学科的知识结构。而认知结构是个体在感知和理解客观现实的基础上，在头脑中形成的一种心理结构，它由个体过去积累的知识和经验组成。在认知过程中，个体新的感知与已形成的认识结构发生相互作用，从而影响对当前事物的认识。现代认知心理学派认为，学习是认知结构的组织与重新组织。他们既强调已有认知结构和经验的作用，也强调学习本身内在的逻辑结构，即知识结构。在学习过程中，两者以相辅相成、相互促进的方式活动着。

解决问题的能力是衡量一个人能力的重要标准，那么人们解决问题的能力依赖于什么？学生学科学习的知识结构与学生建构成的认知结构有什么关系？每个学生的认知结构与其解决问题的能力又有什么关系？实验研究表明，学生学科学习的不同知识结构确实会影响学生的认知结构，而学生不同的认知结构又直接影响到有关问题的解决以及在解决问题过程中所使用的策略。

科学的教材知识结构是促进学生建构良好认知结构的基础。教材结构的科学性首先要符合学科本身的认知结构；其次一定要考虑学习者的认知水平和认知发展特点；再次要思考教材结构如何有利于学生主动建构认知结构，有利于强化探索性学习；最后要关注教材结构如何体现教学的过程性特点，并关注思想方法和人文素养的自然渗透等因素。

课堂教学的有效性依赖于教师对教材内容的编码。教材的知识结构要更好地转化为学生良好的认知结构，对教师的备课就提出了更高的要求。教师不仅在备教材时要关注新知识和原有知识的关系，更要关注学生，即要备学生原有的知识水平、原有经验及学习中可能碰到的困难，以及学生的情感状态（对新知的需要度）。一位教师在准备"圆的半径和直径"这一内容时，就思考了如下三个问题。一是成人头脑中建构的"半径"和"直径"的概念是什么，对教学有什么启示。他调查访谈了34位成年人，并做了适当统计分析。二是学生现在在哪里，学生应走向哪里，即站在学生的角度来思考。三是传统教学设计的特点是什么，教学时有哪些不足。

教师要关注对学生学习策略的指导。学习策略指个人在学习过程中用以提高学习效率的一切活动，如利用记忆提高记忆效率的活动，利用记笔记、摘要控制自己注意的活动，尤其是利用编制结构提纲把握课文层次结构并加深理解的活动，等等。从建构良好的认知结构角度来看，教师对学生要重视"厚—薄—厚"的学习策略培养。第一个"厚"指各学科的基本概念要掌握得扎实。第二步从"厚"转入"薄"指要使学生善于把知识结构化，使得认知结构的概括化程度高、可利用度大。根据学科知识内容可以采用梯级结构，也可以采用网络结构，也可以把两种结构混合应用。这样，遇到问题时，学生就能既正确又迅速地提取相关的知识，体现在行为上就是学生解决问题又快又好，解决问题的能力强。第三步是由"薄"再转入"厚"。这里的"厚"，一是指学生能把知识应用到实践中，二是指学生能把学科知识综合起来，在这个过程中提高综合解决问题的能力，达到学知识长智慧的目的。

最后，教师还要十分重视课堂例题的精选，重视课堂中对学生基础生成资源的选择和升华，重视教师有思考性、有针对性的课堂提问设计以及学生练习题的层次性设计。学生掌握知识的过程，实际是把人类的各学科知识结构转化为他们的认知结构。

新时期下教学管理模式的创新与实践研究

因此,学生对各学科认知结构的建构,绝不能脱离各学科的知识结构而凭空形成。构建合理的知识结构能够使学生形成良好的认知结构,使学生变得更加聪明、更加能干。

(二)在课堂教学中做到有效沟通

沟通是人与人之间的信息交流过程,也是人与人之间发生相互联系的最主要形式。课堂教学活动也应该是教师与学生、学生与学生之间的一种特定沟通。师生之间、学生之间的有效沟通是有效课堂教学的保证。在课堂教学中师生之间、学生之间如何才能有效地沟通呢?

首先从沟通过程的要素来思考沟通的有效性。整个沟通过程由七个要素组成,即信息源、信息、通道、信息接收人、反馈、障碍和背景。信息源是具有信息并试图进行沟通的人,他们始发沟通过程,决定以谁为沟通对象,并决定沟通的目的。在课堂教学中,信息源可以是教师,也可以是学生;可以对个体,也可以对群体。作为信息发出者非常重要的是要考虑如何使信息接受者接受自己发出的信息,这也是教师在上课前为什么不仅要认真地备教材,更要备课的原因之一。

沟通过程的第二个要素是信息。从沟通意向的角度来说,信息是沟通者试图传达给别人的观念和情感。在课堂上,教师传达给学生的不仅是知识和技能,还有过程和方法,情感、态度和价值观,要达到三位一体的教学目标。语词是传达中很重要的符号系统,语词可以是声音信号,也可以是形象(文字)符号和人们的体态语言。语词沟通过程是以共同的语言经验为基础,所以,教师在备课时一定要备学生的经验,教材中的抽象概念要尽可能从学生原有的经验切入,这样才能保证沟通的畅通。这也要求教师一定要读懂学生这本书,读懂市场经济下学生们的所思、所想和他们的实际需要。

沟通过程的第三个要素是通道。通道指的是沟通信息所传达的方式。人的五种感觉器官都可以接收信息。大量的信息一般是通过视觉、听觉途径获得的,但如果能从多种渠道获得则更好,尤其是对年幼的学生而言。在信息社会的今天,沟通的方式不再局限于面对面的沟通,还有以各种媒体为中介的沟通。但对成长中的学生而言,师生之间面对面沟通形式的影响力还是最大的,因为人与人之间面对面的沟通可以发生情绪的相互感染。如语文老师的备课一定要备对课文的情感,这样在课堂上作者、教师和学生才能产生情感上的共鸣。

沟通过程的第四个要素是接受信息的人。信息接受者要有一系列注意、知觉、记忆、储存等心理过程,这些一系列心理过程中教与学的有效策略的使用非常重要。

沟通过程的第五个要素是反馈。反馈能使沟通成为一个交互的过程。在课堂教学中,师生之间的反馈要有一定的清晰度。

沟通过程的第六个要素是障碍。例如,有时教师的预先设计不能很好地在课堂上实施，其中很重要的原因就是教师不了解学生是如何学习的。沟通中足够的共同经验是沟通得以实现的必要前提。

沟通过程的最后一个要素则是沟通过程中的背景，即沟通发生的情境。

其次从沟通的特点来思考沟通的有效性。沟通可以通过语词，也可以通过非语词（如姿势、动作、表情等）。沟通可以分为口头沟通和书面沟通，还可以分为有意沟通和无意沟通、正式沟通和非正式沟通、个人内沟通和人际沟通、群体沟通和大众沟通（通过广播、电视、报纸等大众媒介实现的信息交流）。不论哪一类沟通，沟通均有以下几方面的共同点。

沟通发生的自然性，即它不是以人的意志为转移的。因为人际的沟通除了语词沟通之外，还有很大一部分是通过非语词的途径来实现的。例如，你的表情、姿态以及不同于平时的变化已经向别人透露了你的状态。所以，教师一方面要十分重视自己的身体语言，另一方面更应该仔细地观察并发现每个学生身上细微的变化，以便及时解决问题。沟通信息必须内容与关系相统一。沟通者之间的关系也就是在特定场合下的角色关系。例如，同一沟通目的，如果沟通者之间关系不同，就应使用不同的语词或体态语词来表达。即你处在何种角色，就应选择相应的沟通方式，以便沟通顺畅。

沟通的过程性。从沟通对个人的影响角度来说，沟通是一个循环往复、没有结尾的动态过程。师生之间、学生之间的每一个沟通行为，都会成为人的发展的一个新的起点，因为沟通所获得的信息总要对人产生各种不同性质的影响。

沟通的整体性。沟通中的语词或体态语词的表达，都是源于每个人的个性背景，是整个人格的反映。例如，教师参加一些研究课，认为课堂中这位老师的语词或体态语词（如握手、拍拍学生的肩等）特别能增强师生之间的亲和感。但如果回到自己的班上简单地模仿该教师的沟通行为，效果并不好。原因就在于沟通中的任何一个行为均是本人人格的体现，而不是简单的外表模仿。所以学习一位优秀教师，首先要学习优秀教师人格上的魅力。

再次从沟通的背景来思考沟通的有效性。沟通总是在一定的背景下发生的，任何形式的沟通都要受到各种环境因素的影响。沟通背景，一般来说，有以下四个方面。

心理背景。心理背景一方面指沟通者的一般心境状态，另一方面指沟通者双方相互接纳的状态。因此，在课堂教学中，一位热爱教师工作、爱每一个学生、爱所教学科的教师，往往教学效果也比较好，因为他和学生在课堂上沟通时彼此的心理距离比较近。加之，教师爱的情感也会迁移给学生。

物理背景。物理背景指沟通发生的场所，以及沟通者双方的物理距离。如目前小班化教学改变学生的座位形式，目的就是防止由于座位固定可能使某些学生处境不利。师生之间的物理距离近了，学生会有一种安全感。

社会背景。社会背景一方面指沟通者之间的社会角色关系，另一方面指沟通场合下其他人的影响。所以,对沟通者而言重要的是要认识到不同场合下自己的角色,并能选择适当的沟通方式,这样才能进行有效的沟通。

文化背景。文化背景是沟通者从小长期文化经验的积累。这往往已经成了一种沟通的行为习惯。

最后从非语言(体态语言)在课堂师生沟通中的作用来思考沟通的有效性。有关研究表明,55%以上的信息交流是通过无声的身体语言来实现的。身体语言指非语词性的身体信号,包括目光与面部表情、身体运动与触摸、身体姿势与外表、身体之间的空间距离等。身体语言在人际沟通中有着口头语言所不能替代的作用。在课堂教学中,教师的目光与表情对学生的学习和心理均有很大的影响,尤其是师生之间的目光接触。人们常说的"眼睛是心灵的窗户""眼睛会说话"是很有道理的。有一位平时不被老师关注的中等生,在她的周记上写着:"老师,哪怕您对我的一个微笑,对我来说,也是一种莫大的安慰和幸福。"正是无声胜有声,无声的语言更美。

教师要十分重视班级的文化营造。良好的班级文化是课堂教学中人际沟通的积极背景。班级文化也是校园文化建设的一个重要组成部分。优秀班级文化的创建,要注重从身边的小事入手,不以善小而不为。班级文化是一种无声的教育,润物细无声,因而也是最美的教育。

教师要把有声语言和无声语言自然地、和谐地结合起来,以促使课堂上师生、学生之间的沟通达到较佳状态。要关注沟通者之间的心理背景,尤其是心理交往中人与人之间的吸引。科学地应用人际交往中的一些心理效应,如首因效应、近因效应、晕轮效应、刻板效应、定势效应、投射效应等。

教师要重视自身健全人格的建构和自我教育,因为沟通者之间沟通的行为表现是一个人内在世界的一种外部展示。

二、教学认真负责,加强理论学习

加强理论学习,更新教学观念,把握教育规律。教师作为新课程实施的重要主体,其表现将直接影响整个新课程改革的效果。因此,更新学科教师的教学理念,就成为教研工作的首要任务。

要上好本学科的每一节课,着眼小问题。教学实践是开展教学研究的平台和土壤。许多科研课题往往来自教学中的所得,许多卓有科研成效的教师也多得益于教学实际的锻炼。事实上,对于一个普通教师来说,上好一节课,实际就是一次教研。

要勤学教学理论,博览课外书,注重平时的反思和积累。随着课程改革的深入,教学内容也越来越开放,需要教师具有广博的文化知识。博览课外书籍,广泛吸收养分,补充最新知识,是教师增加和更新知识积累,提高教研水平不可或缺的途径。教研写作需要教师有厚重的文化积淀,因而平时应注意资料的收集。同时,坚持写好教学后记，也有利于积累教学经验和教研素材，为科研提供有力的例证。教师在积累经验的同时，还要多反思自己。教师每天都在从事教育教学工作，新鲜感和好奇心可能会逐渐消退。这就需要我们不断反思，去开辟新的思维空间，去探索新的奥妙。教学反思的目的是提高教师自我的教育教学专业水平。

要懂得一些进行教研活动的形式和方法。有些教师片面地把教研活动理解为听课、评课和写文章，这是一种很狭隘的看法。教研活动的形式和方法多种多样。比如，反思是教研活动中最普遍和最基本的形式。教师在当前的课程改革中就应学会如何在教学前、教学中、教学后进行自我反思。又如，教研活动强调集体研究，教师就要学会如何参加集体研究，如何在集体研究的氛围中学会将大家的智慧集于一身。再如，要进行课题研究，教师就必须学会如何选题、如何控制实验过程、如何结题等等。总之，教师绝不能只凭个人意志、自我感觉、工作习惯或几分热情去进行教研活动，一定要以科学的态度和方法做好教研活动。

三、教学研究的意义和作用

教学研究是一种有目的、有计划、主动探索教学实践过程中的规律、原则、方法及有关教学中亟待解决的问题的科学研究活动。教研论文能从一个侧面反映出一个教师的基本表达能力和教学水平，进而反映其教研水平。通过教学研究，可以架起课程理念和教育理论转化为教学行为的桥梁，促进先进教学经验的提炼和传播，促进教师的专业发展和教学改进；教学研究可以促使教师的角色由传授型向研究型转变；教师在教学研究过程中也可以体现自身的价值，体验成功的乐趣。一个教师如果不重视研究，或许他可以成为一个经验型的教师，但一定难以成为学者型、专家型的教师。影响教师专业化发展的因素有很多，其中教学研究是不可或缺的一个方面。因此教学研究是现代教师的一项基本功。

新一轮基础教育课程改革，是一次教学观念与教学方法的大变革，对教师提出了更新和更高的要求。要求教师除了具有高尚的职业道德、良好的心理素质、扎实的专业知识和较强的动手能力外，还应具有从事本学科教育、教学研究，运用确切的语言、文字表述自己教学经验、研究成果的能力。特别是随着课程改革的实施，各级教育行政部门越来越重视教师的专业发展与个人成长，于是针对教师的各种荣誉称号，如教学新秀、教学能手、学科带头人、名教师等的评比接踵而至，评定职称要求在相应层次的刊物上发表规定数量的论文，这对提高教师的学科教学素养无疑起到了积极的促进作用。

有效教学的研究有助于教学观念的更新。课堂教学是在社会文化的情境制约之下的多维活动：探究、理解教材含义的认知形成与发展的认知活动；在同他人的交往中发现多元见解、感受，学习沟通方式和社会交际的社交活动；面向自身的自我启发、

新时期下教学管理模式的创新与实践研究

自我发展的内心活动。

有效教学的研究有助于促进课堂教学的转型。从"教的课堂"转型为"学的课堂"。所谓的"知识"并不是靠教师传递的，而是学习者自身建构的。即学习是一种能动的活动，绝不是靠教师片面灌输的被动的活动。

有效教学研究有助于教师角色的转变。教师要实现由"控制者"向"主导者"的转变。一味强调教师的控制作用，学生唯命是从、言听计从，就难以培养学生的主体性和个性。而主导包括发动、组织、指导、调控、点拨五项内容，其中的指导集中体现了主导的特性。指导就是引领，因此如何引领学生自主解决问题以替代教师发号施令，成为促进教师教学行为转变的关键。传统的教师角色以"能讲"为主要特征，新理念的教师角色以"善导"为主要特征。有效教学研究有助于拓展教师文化的新境界。从根本上来说有效教学依靠的不是每一个教师，而是整个教师团队；不是每一间教室，而是整个学校。它是一个超越了学科、超越了教室、超越了学校，而同整个社会、整个世界息息相通的"教师研究共同体"。所以有效教学环境蕴含着三个"整合"：谋求种种教学活动的整合；谋求整个学校的合作；谋求学校活动与社区目标和价值的整合。

在传统教学设计中，教学目标高于一切，它既是教学过程的出发点，又是教学过程的归宿。通过教学目标分析可以确定所需的教学内容及其安排次序，教学目标还是检查最终教学效果和进行教学评估的依据。但是在以学为中心的教学设计中，由于强调学生是认知主体，是意义的主动建构者，所以把学生对知识的意义建构作为整个学习过程的最终目的。在这样的教学设计中通常不是从分析教学目标开始，而是从如何创设有利于学生意义建构的情境开始，整个教学设计过程紧紧围绕"意义建构"这个中心而展开，不论是学生的独立探索、协作学习还是教师辅导，总之，学习过程中的一切活动都要从属于这一中心，都要有利于完成和深化对所学知识的意义建构。在学习过程中强调对知识的意义建构，这一点无疑是正确的。但是，在当前以学为中心的教学设计中，往往存在一种倾向，即看不到教学目标分析这类字眼，"教学目标"被"意义建构"所取代，似乎在建构主义的学习环境下完全没有必要进行教学目标分析。我们认为这种看法是片面的，不应该把二者对立起来。因为"意义建构"指对当前所学知识的意义进行建构，而"当前所学知识"这一概念是含糊的、笼统的。某一节课文内容显然是当前所要学习的知识，但是一节课总是由若干知识单元（知识点）组成的，而各个知识单元的重要性是不同的：有的属于基本概念、基本原理（是教学目标要求必须"掌握"的内容）；有的则属于一般的事实性知识或当前学习阶段只需要知道还无须掌握的知识（对这类知识，教学目标只要求"了解"）。可见，对当前所学内容不加区分一律要求对其完成"意义建构"（即达到较深刻的理解与掌握）是不适当的。正确的做法应该是：在进行教学目标分析的基础上，选出当前所学知识中的基本概念、基本原理、基本方法和基本过程作为当前所学知识的"主题"（或称为"基本内容"），然后再围绕这个主题进行意义建构。这样建构的"意义"才是真正有意义的，才是符合教学要求的。

有效教学研究有助于改变教学的无效和低效。长期以来，大多数课堂存在着无效和低效现象。造成这种现状的原因很多，一是大学教学论的空泛与脱离实际，二是师范毕业生对教学论的无意识，三是课堂教学规范的无秩序等。尤其是课堂教学规范问题，在中小学教学管理领域基本上处于自在阶段。人人自在，校校自在。虽然也有公开课、观摩课、优质课等教研活动，但大多是课后面貌依旧。有效教学理念的提出，为我们研究课堂教学效益提供了一个有效途径。课堂教学的有效性不是自然而然发生的，而是有意识创建的。虽然我们很难打造出公认的最好课堂，但每个人都可以在自己所处的环境中努力打造出相对有效的课堂。

教育研究是教师健康的生活方式。课程改革为教师的专业发展带来了机遇，同时也带来了新的挑战。教师的职业本身决定了这一职业的挑战性：来自家长、社会和学校的升学压力；来自课堂教学的压力，包括学生成长和教师自身业务提高问题；来自教师自身职称评定和升级的压力；来自家庭生活的压力，包括生活保障和子女升学、就业问题；等等。

许多校长反映，目前教师的负担问题非常突出。他们没有时间学习，没有时间钻研教材，没有时间去关心社会上发生的事情。教师负荷太重，而造成这一问题的根源就在于教师的心理失衡。教师承受着来自多方面的心理和生理上的压力。如何将压力变为动力？如何达到师生之间的相互沟通和理解？如何解决教师在教育教学生活中所遇到的各种令人头痛的问题？如何将教师从每天身心透支的亚健康状态或职业枯竭中解放出来？如何让教师在繁忙的职业生活中得到快乐与幸福、愉悦与满足？答案只有一个：教师要自己解放自己，走教育研究之路，在教育研究中学会健康生活，学会享受生活。教师要把教育研究作为自己生活的重要组成部分。要学会思考，学会反思，学会探究，学会规划，学会行动，学会管理时间经营时间，学会管理生命经营生命。要勤于动手，勤于写作，随手记下所谓琐事，记下思想上的灵感与火花，为日后的"大手笔"作好资料的收集与铺垫。教学是一种艺术，一种艺术就需要我们先做学徒，去体验，去创造，去创新；教育是科学，科学就需要研究；教育是事业，事业就需要有敬业精神、献身精神。三者合而为一，你就能成为名师，成为专家，最终实现专业成长。

教师专业成长的四项指标是：明确的人生发展目标和先进的教育教学理念；坚实的专业基础知识和娴熟的专业运用能力；基本的教育教学理论和有效的教育教学方法；敏锐的教育研究意识和较高的教育研究能力。作为一个发展中的个体，我们要做好人生的规划，把握好自己的生命价值。我们要不断更新自己的教育教学理念，不断

新时期下教学管理模式的创新与实践研究

提高语言应用能力。同时，我们还要积极参与教育研究这一重要的社会实践。教师要成为教育研究者，让社会听到教师的声音，这是国际教育研究发展的重要趋势。一位教师，当他对教育的意义、对自己所授学科的教育意义、对自己正在教授的内容在整个知识体系中的位置、联系及其教育意义、对怎样使这样的教育意义在自己的学生身上得到实现都有着清醒的认识的时候，他对教育教学的实践就注入了研究的态度甚至是行为。教师成为研究者，就是要研究怎样使自己的教学活动有教育的意义，怎样在自己的学生身上实现教育的意义。教育研究是教师专业成长的重要途径，是沟通教育教学实践和教育教学理论的桥梁，可以拓宽教师的视野，创新知识，增长才干，提升教师的教育智慧。

学校是人类传承先进文化的重要场所，学校文化建设关系着一个学校的生存和发展。教师的教育观念、教学方式、教育研究、行为风范和文化生活等构成了教师文化，它是教师在教育教学实践中逐渐形成的对教师职业、学生、教育教学等一系列问题的价值观和行为方式，是主流文化、理性文化、高雅文化，是教师精神力量的核心。教育研究本身是教师文化的组成部分，也是学校文化的重要组成部分。不仅如此，由于教育研究是教师专业成长之路和健康生活方式，所以教育研究对教师文化建设和学校文化建设都具有重要的意义。校本教育研究以学校的改革和发展、学生的全面发展、教师的专业成长实践中出现的问题为研究对象，对学校的理念文化、行为文化、制度文化和物态文化建设有着不可或缺的作用。从学校文化建设层面认识和审视教育研究，更加凸显教育研究对全面构建学校文化、整体提升办学品位的促进与支撑功能。

广义的教学指师生教和学的活动，狭义的教学指教师的教，即教师引起、维持和促进学生学习的活动。本书根据对教学的狭义理解，将有效教学定义为教师通过教学过程的合规性，成功引起、维持和促进了学生的学习，相对有效地达到了预期教学效果。有效教学研究是在对国内外关于有效教学的理论研究和实证研究述评的基础上，提出有效教学研究的意义、思路和方法，论述有效教学的理论，阐述有效教学思想的发展，分析中小学教师有效教学的现状，探讨有效教学的策略。有效教学研究不仅可以丰富我国的教学理论，还可以为学校成为有效学校或优秀学校提供参考，为我国学校提高教学质量提供参考，使教师提高对有效教学的认识，并为有效教学提供指导。有效教学研究是对国内外有效教学理论研究和实证研究的继承和深化，坚持理论研究和实证研究相结合，具体运用了文献法、历史法、逻辑思维方法、发生学方法、系统科学方法、问卷调查法和统计分析等研究方法。有效教学的含义有四个方面：有效教学是有规律性的，优化了教师、学生、教学环境、教学内容等教学要素，保证了教学内容、教学活动组织、教学方法等的合理性；有效教学是有效果的，促进了学生的学习，特别是促进了学生的进步和发展；有效教学是有效益的，学生的进步和发展符合社会和学生个人的教育需求；有效教学是有效率的，相对于教师的教学投入，学生的进步和发展是尽可能大的、理想的。

违背教学规律、无效果、负效果、低效率的教学不是有效教学。有效教学具有突出的特征，即有效教学区别于无效、负效、低效教学的独特征象或标志，包括：正确的目标，指向学生的进步和发展，且指向全面的进步和发展；充分的准备，以对学生和教学内容深入研究为基础而形成囊括教学目标和要求、教学活动组织、教学方式和教学策略选择以及教学效果评估等的适当教学计划；科学的组织，教学实施保证了教学内容、活动、策略、秩序等的合理性、科学性；清晰明了，清楚地讲授了教学内容，促进了学生的正确理解、牢固掌握和顺利应用或迁移；充满热情，运用多样化手段显示对学生、学科和教学的热爱，感染和影响学生；促进学生的学习，关注和满足学生的学习需要，围绕学生组织教学，促使学生学习好、爱学习、会学习；以融洽的师生关系为基础，建立了融洽的师生关系；高效利用时间，在单位教学时间内产生了尽可能大和好的教学效果；激励学生，引起学生的兴趣，调动他们的学习积极性，促进他们主动、全身心地参与学习。

有效教学同时受到一些因素的影响，有效教学的影响因素指影响教学活动进行并促成教学达到预期效果的因素。虽然教师、学生、教学环境、教学内容等因素都影响教学效果，但如果学生、教学环境、教学内容相对稳定，且由于教师在教学中起主导作用，那么有效教学的影响因素即是教师的教。教师的教学观念、知识、责任意识、效能感、能力和机智等是影响有效教学的因素。教师的教学观念是其对教学要追求什么样的理想目标和为什么要追求这样目标的认识，对有效教学起导向作用；教育知识是教师在教学实践中获得的认识和经验的总和，由学科专业知识、一般教育学知识和教学方法等内容构成，是教师有效教学的基础；教学责任意识是教师对应做好教学工作的认知和觉察，它构成教师有效教学的动力；教学效能感是教师对自己能够完成教学任务的信心，是对其能做好教学工作和实现教学目标的信念，是对其能影响学生学习行为和学习成绩的能力的知觉，它激励教师有效教学；教学能力是教师顺利从事教学活动并保证达到预期教学效果所需要的一种心理特征，它通过有效地认知教学、进行教学实践和监控教学活动而影响有效教学；教学机智是教师面临复杂教学情境时准确而快速地认知、判断和反应的技巧，直接左右有效教学。

有效教学虽有突出的共同特征，但具有多样性。有效教学的多样性指有效教学表现出多种形式及其在多种形式上表现出的差异性，既指有效教学和有效教学教师的特征是多样的，而非单一的；又指有效教学和有效教学教师的特征是有差异的，而非完全相同的。有效教学的多样性是客观存在的，表现出多种形式。教学的复杂性和动态变化性，教师身心发展的个别差异，对教学的感知、体验和经历以及教学的内隐理论是有效教学多样性的存在基础。实现个性化有效教学，成为有个人特色的有效教学教师，是有效教学多样性对教师自我成长和学校把他们培养成为有效教学教师所提供的重要启示。有效教学不仅具有多样性，而且表现为发展性。有效教学的发展性指有效教学是发展的，教师可以从低效甚至无效教学的教师发展成长为有效教学的教师，这既从发展理论中找到了科学依据，又被教育研究所证实，还由教育实践所证明。发展的条件有：教师发展生理机能和心理能力、掌握教育知识、参加教学实践、进行教学反思以及开展教学研究；发展表现为不平衡性，这是由教师身心发展的不平衡性和有效教学的多样性决定的；发展是分阶段的，教学图式发展和教学专长发展的阶段理论可用来说明有效教学的发展阶段；有效教学的发展性表明，通过自身努力和学校培养，教师可发展成为有效教学的教师。

第八章　教师管理工作的人本主义方式

第一节　学校教师管理原则的兼容

一、有关学校教师管理原则的兼容

学校教育管理原则是学校教育管理工作必须遵循的根本要求，也可以被当作学校教育管理工作的座右铭。针对教师的管理原则与学校教育管理原则密不可分，也是学校教育管理原则的重要组成部分。从人本主义管理的角度来看，我们仍然应该采取兼容的方式来整合有关学校及教师管理工作的一般原则。

（一）以完成教育、教学任务为中心的管理原则与促进师生员工愉快发展为中心的管理原则相兼容

以教育、教学任务为本的管理与以师生员工为本的管理体现的是以工作任务为管理导向还是以员工为管理导向的问题。以教育、教学任务为本的管理体现了任务为重、任务至上的管理价值观，如同经济组织的利润至上、工作效率至上的管理观念。在这种管理观念的支配下，员工不过是一架作业机器，是一种谋求业务效益的工具或资源，混同于其他各种财与物的组织资源。由此，员工甚至还不如资本、技术、利润等组织资源重要，只是被当作单纯的雇佣者或简单的打工者来对待。而有关人的问题则往往只是被看成如何解决工资与福利待遇的问题。做好了工资与福利待遇的工作，人的问题也就解决了，对员工的管理也就到位了。这显然是一种狭隘的、重"物"轻人的管理观念。

在教师管理工作中，我们既不能重"物"轻人，也不能重人轻"物"；既不能以完成教育、教学任务为管理的重心，也不能单纯地讲以人为管理的主旋律。完成学校教育、教学任务与促进师生员工的发展这二者之间并不一定是矛盾的。这实际上是一

个需要协调与综合的工作，力求能够做到：完成学校教育、教学任务的过程或实现学校的教育、教学目标，也能够成为促进师生员工发展的过程或目标。反之也是一样：促进师生员工发展的过程也就是实现学校教育、教学目标的过程。使二者相辅相成，构成目的与手段的关系，或者二者互为目的与手段。因此，在教师管理工作中，我们一方面需要花气力抓教育、教学目标的制订、计划安排、资源配置、组织落实、检查监督、考核评价、经验推广、奖惩强化、改革调整等管理工作，力求使教师的教育、教学成绩达到优秀，力求使尽可能多的学生顺利升入高一级的学校，使更多的教职工成为名师、名员工；而另一方面，学校领导人又需要结合教育、教学的基本目的，充分尊重师生员工自主选择、自主决策的权利，与师生员工一道共同制定有关学校办学与发展的各种目标，运用参与、协商、引导、开放和激励等方法，使师生员工能够达到自我管理、自我造就、自我实现。这就要求学校针对教师要形成一个"双重心"或"双中心"的管理目标，使二者能够在时间安排、精力分配、资源使用、方式运作等方面不发生矛盾与冲突。根据上面的分析，或许，这就是通过教师实现升学教育与素质发展教育在管理工作中的兼容。

（二）以教师为本的管理原则与以学生为本的管理原则相兼容

这主要涉及学校教育、教学工作应该以教师为中心，还是以学生为中心的管理导向问题。这个问题似乎会把以教师为中心的管理导向与以学生为中心的管理导向对立起来。在中外教育史上也似乎把这两种管理导向界定为传统教育观念与进步教育观念的冲突与对立。实际上，这两种工作导向或管理导向之间并不矛盾，它们完全可以达到协调与兼容，形成相辅相成，互为促进的目的。这应该不是一个复杂的问题，在学校教育、教学及管理的工作实践中，我们既不能重教师、轻学生，也不能重学生、轻教师。既不能单纯地在教育、教学及管理工作中以教师的意志为主，以教师为决定者，当然也不能单纯地以学生的意志为主，以学生为决定因素，而应该综合两类主体的教育意见与需求，达成共识，形成共同意愿。

学校教育、教学及管理工作必定要以学生为本，以培养学生为目的，要以学生的素质得到全面健康发展为目标。这就需要对学生的素质发展内涵、学习的需求与兴趣、学习的内容和方式、学习的主体地位及权利的获得、学习的结果与评价等因素要给予全面关照。为此我们需要考虑的问题有以下方面。

其一，实行全人教育，明确学校教育的多元素质观，可以参考美国心理学家霍华德·加德纳提出的多元智力理论，有意识地培养学生的语言智能、数理逻辑智能、音乐智能、空间智能、身体运动智能、人际交往智能、自我认识智能和自然观察智能等。

其二，实行联合国教科文组织在"世界特殊需要教育大会"上所提出的全纳教育，其中的一个延伸含义是：实现为一切学生的教育，而不只是搞优生教育或精英教育。

其三，尽快废止应试学习方式，禁止公布学生考试成绩和排名，消除升学考试压力，保护学生的身心健康。对学生的学习成果实行综合素质评价，综合评价学生的道德品质、学习能力、运动与健康、公民素养、人际交流、合作能力、审美与表现等素质。逐步取消中考形式，改革高考制度。尤其要解决重智育、轻德育；重知识学习，轻能力培养；重智力因素，轻非智力因素；重生理健康，轻心理健康等片面性的教育导向。总体而言，就是改变对师生的评价方式，不再从分数和升学等硬指标着眼来评价教师和学生。

其四，实行"学生成长导师制"或教师全员导师制或教师全员班主任制，为每一个学生提供精细、周到和全程发展的具体指导。在开展这项工作时，要树立教职员工"全面为学生服务"的教育理念。

其五，为学生建立多元进取目标，多元激励项目，改变只有极少数优秀学生长年得到表彰和激励，而多数学生被冷落的现象。比如除了传统的三好学生、优秀班干部、优秀少先队员和共青团员的奖励项目外，还需要设立诸如小博士、小发明家、小作家、小诗人、英语小精灵、电脑小神童、艺术小能人、体育小健将、公益劳动积极分子、小工匠、创新生、奋进生、知识小蜜蜂、小雷锋等表彰形式，让更多的学生能够获得激励。

然而，学生毕竟是正在发展中的主体，存在不成熟、缺乏自我意识、自我控制和自我调节能力弱等缺点，需要教师来替他们决策，为他们导向，为他们确定素质发展目标，引导学习的需求与兴趣，选择学习的内容和方式，建立学习的评价指标与方法。因此，学校必然要依靠教师办学，在教育、教学及管理工作中还要以教师为本、为重心，把他们置于与学生同等重要的位置。教师是成熟的、经过专业训练的、具有良好自我意识、自我控制和自我调节能力的教育主体，要由他们来具体承担传递人类文化知识、塑造下一代人的精神世界和人文品质的任务。因此，为了能够有效实现以学生为本的办学宗旨，我们还需采取以教师为本的管理导向，实行"双本位"或"双主体"的人本主义管理方式。

其一，学校领导人要真正推行民主集中制的领导作风，要为教师全面介入教育、教学管理工作培养素质、设计形式、提供机会、建立制度。

其二，学校领导要真正履行"管理就是服务"的工作职能，不要只把教师当作学校教育工作的第一资源或首要资源，而是更需要把教师当作学校的主人翁，当作校长办学的同盟军或合作者。

其三，对教师要全面关心，不仅关心他们的职业成长，更要关心他们的各种生活需求；不仅关心骨干教师，更要关心普通教师、处于困境的教师和新教师。

其四，为了发挥教师的主导作用，必须提升教师的专业素质或育人能力、教学与研究等方面的素质，加强培训，开展教师自主提升专业素质的活动。尤其要培养教师的爱心、事业心、责任心和匠心。

（三）依靠教师办学的管理原则与依靠多元主体办学的管理原则相兼容

实现上述管理原则的兼容要求学校领导和教职员工在办学工作中要树立"教育大生态观"或教育大系统观的教育思想，要强化学校干部和教职员工"教育系统工程"的办学观念，要认识到学校办学不是一所学校"孤军奋战"的行为。这就要求学校在教育管理活动中主动承担起建立教育系统工程的任务，主动与家长、城市街道办事处、社区委员会、小区物业管理公司、农村村委会、政府相关部门以及能够为学生提供有益的教育资源的社会其他组织建立起良好的规范的教育关系，明确学校一方为牵头单位，由专门的校级领导人进行专项负责，尽可能构建明确而正规的教育合作机构与合作制度，形成教育合力，这样才能够形成对学生"全空间""全时段""全环节"的教育与引导工作。

（四）采用行政控制、经济激励与心理引导的方式相兼容的管理原则

针对教师的管理方式一定要兼容或整合，比较重要的是兼容或整合行政方式、经济激励措施和心理引导或思想指导方式。我们当然也可以兼容或整合一些研究学者提到的学校管理的哲学层次的方法和一般性的具体方法。哲学层次的方法如对立统一方法、系统方法、综合方法、权变方法、协同方法、范式或模型构建方法、质量互变方法、历史方法、否定之否定（扬弃）方法等。而诸如行政控制、经济激励与心理引导等方法，则属于针对教师管理的一般方法或常规方法。

针对员工的行政方法是职业组织的一种常规管理方式和基础性的管理方式，是国家管理方式或政府行政的一种借鉴与延伸。学校的行政方法也不例外，它是借助行政机构，依照行政规章，使用行政权力，按照行政职能，采取行政措施，通过行政程序来建立稳定的学校工作运行格局或工作运行秩序的一种管理方式。它具有权威性、强制性和垂直性等特点。诸如调查研究、计划安排、权力指挥、信息沟通、情报管理、检查监督、任务考评、人员训练、工作协调与调整、汇报与总结、典型教育、组织改革、宣传灌输、表彰与处分、奖励与惩罚等方式都属于行政控制的一些具体手段。

经济方法则属于一种必不可少的物质激励方式，是学校用来激励和控制师生员工态度和行为的经济因素或经济手段。它具体包括工资、奖金、福利、医疗、养老、文化娱乐设施、节日酬赏等多种形式，是教职员工比较敏感也比较看重的利益因素。因此，它对教职员工也包含学生都具有利益性和心因性等特点。所谓"心因性"，指运用经济方法会直接影响到师生员工的心理感受，产生积极的或消极的心理效应。我国中小学现在已经推行的绩效工资制度，就属于经济方法范畴。

心理引导方法指心理启迪方法或心理开导方法，与传统的思想教育方法相近。通过心理启发或心理开导，使引导对象能够消除抵触心理和防范意识，拉近心理距离，

开阔思路，拓宽视野，提高理解力，加深情感交流，最终达到解开思想疙瘩，达成共识的结果。心理引导方法具有长期性特征，因为做人的心理疏导工作不可能速战速决，难以立竿见影，需要有一个较长的过程。心理引导方法也具有深层性特征，因为做人的心理启迪工作必定深深触及人的情感、信仰、思想观念、尊重需求等深层心理，它是从人的心灵深处着手解决问题，而不是靠行政方法或经济方法从人的外部给予简单约束或控制人的行为。

因此，学校管理工作单靠一种方法是不可能成功的，需要行政方法、经济方法、心理引导方法等多种方法的兼容与整合。行政方法体现的是一种刚性的管理方式，存在着简单化、单向度和强迫性等弱点，正如美国犹他大学教授弗雷德里克·赫茨伯格形象描述的，行政方法是一种容易导致对员工采取施行体罚和施加心理压力或心理威胁力的方式，这种方式就像在员工背后"踢一脚"的反面激励方式，它难以解决人们的深层心理问题或认识问题；因此需要借助看得见、摸得着的提供经济利益或经济实惠的因素，以及一系列心理引导或心理调节方式，才能最终赢得人心。又比如，单纯的经济方法容易导致学校某些成员出现"一切向钱看"的思想倾向，暴露出唯利是图的人性弱点，产生在工作中"钱多多干""钱少少干""无钱不干"的现象。因此，针对学校教师可能出现的这种消极面，学校管理工作在依靠行政方法形成的强制力之外，更需要利用心理引导方法能够带来的疏导性和教育性，让教师在工作中能够自觉自愿产生牺牲精神、利他精神和奉献精神。这又像弗雷德里克·赫茨伯格形象性地提到的那样：对员工采取正面"踢一脚"的激励方式，也即积极诱导方式，为员工建立富有吸引力的发展目标和积极向上的组织文化，让员工自己"踢"自己，自己推动自己努力，主动追求自我发展和自我实现。

总之，没有心理引导或心理调适方法，员工面对行政控制方式会产生、暗中对抗、消极怠工的现象。没有心理引导方法，人们也可能会失去理想、信念，丧失优秀的思想境界，成为缺少人文灵魂、利他精神和奉献精神的"经济人"或"实利人"。而轻视经济方法，忽视物质激励，则又可能使行政方法显得苍白无力，会让心理引导方法或心理教育方式产生虚无化现象，变成空洞的说教与口号。而没有行政方法，学校则无法建立正常的教育、教学秩序，会让师生员工无章可循、无规则可依，会让学校在人性弱点或人性阴暗面面前束手无策，最终可能出现学校内部一盘散沙的情况。因此，三种方法需要相互兼容，相辅相成，产生相得益彰的管理效果。

（五）特殊性管理原则与普遍性管理原则相兼容

与教师管理有关的特殊性的学校教育管理原则，指有关学校与教师管理的具体原则或专有原则，它仅适用于学校及教师管理工作，一般不用于其他行业组织的管理。比如前文提到的以完成教育、教学任务为本的管理原则，以师生员工为管理之本的原则，以教师为本的管理原则，以学生为本的管理原则，促进全体学生全面发展的原则，学校办学为当地社会主义建设服务的原则，勤工俭学的办学原则等。

与教师管理有关的具有普遍性意义的学校教育管理原则指那些不仅能用于学校及教师管理工作，而且还适用于任何一类职业组织管理活动的通用原则或具有共性的管理原则。一般而言，这些普遍性管理原则主要借鉴了经济组织的管理原则，比如民主参与的管理原则，规范化、标准化管理原则，集中统一原则，目标原则，责、权、利统一原则，适度授权原则，组织信息畅通原则，工作运行一体化原则，质量原则，计量原则，员工差异化管理原则，人本化管理原则，权变管理原则，等等。

学校及教师管理的普遍性原则与特殊性原则需要相互融合。仅着眼具体的、专有的管理原则，容易使我们的眼界变狭窄，不能吸收其他行业组织的优秀管理经验和做法，导致学校及教师管理工作缺乏借鉴和创新，处在一个封闭、保守、死板、落后的状态。但如果只一味地着眼普遍性的管理原则，又有可能忽视学校及教师管理工作的特殊性和异质性，导致照搬照抄"西洋"经典，不从学校工作实际出发，犯教条主义错误，找不到也不愿意去找那些能够符合因地制宜原则的管理方式和工作方式。因此，科学合理地把普遍性的管理原则与特殊性的管理原则相融合，就能够很好地提升学校及教师管理工作的层次和质量。

第二节 教师职业素质要求的兼容

一、教师岗位素质的多样性要求

由于当代教师处于一个复杂的教师"角色丛"当中，因而他应该具备的岗位素质也必然呈现出多样性的特点。许多学者都认为：一个合格的教师应该在品德、爱心、知识结构、教育学与心理学的理论修养、语言修养及兴趣特点方面都表现出成熟和优越。从传统的观点来看，教师还应该具有事业心，懂得青少年身心发展规律，教育、教学技能水平高，精通自己所教的学科知识，师生互动能力或沟通能力强，具有健康的个性等。但从当前的教育发展趋势来看，教师还应该具有一些高层次的素质品质，如下。

参与学校的变革、发展及管理的研究、评价和决策。

不断超越自我，能够持续地学习、探索与提高自己。真诚合理地进行教育批判，勇于挑战传统教育观念。

敢于提出新的教育理念和理论、建立新的教育模式。有合格的教学设计、教学组织控制、教学方法选择能力。有较强的教学交流、教学表达与感染、教学沟通力。有成熟的教学幽默、教学民主、教学机智与应变力。善于合作性研究、合作育人、合作教学、合作创新。擅长做学生的心理咨询工作，擅长心理调适与教育。善于运用电脑网络技术于工作中,掌握新的教育技术。

对于教师应该具备的岗位素质,教师自我认识也呈现一些传统性的特点。教师们似乎更看重自己的知识水平和教学能力,认为这是称职教师最关键的素质成分。因而教师们多半还是关注诸如"基本教学技能""基本书化素养""系统学科知识""班级管理能力""教育理论素养"等方面的自我提高;而对诸如"教育技术能力""教育科研能力""创造能力"等现代教师应当掌握的基本能力却还未引起足够的重视。

学生对教师素质的要求一直呈现稳定的认识。多年的研究表明,低年级的学生更关注教师的个性修养,希望教育自己的老师和蔼可亲、体谅宽容、循循善诱、耐心细致、课堂气氛轻松活跃、师生关系融洽。而高年级学生则希望教育自己的老师能力强,能够帮助自己有效掌握学习策略与技巧,丰富知识结构,切实提高学业水平,包括提升升学考试的能力。

二、学者型教师的素质特征与经验型教师的素质特征相兼容

教师的职业素质存在两种典型类型,即:学者型教师与经验型教师。前一类体现了新型教师的素质模式,后一类则多少表现出传统型教师的特征。

学者型教师的素质特征主要表现为:

基于人类的追求、社会的发展需要而形成自己的教育信仰和理想;

把学校教育工作当作实现自己的生存意义与自我实现的崇高事业;

重视自身的人格修养,不断提升自己的德商和情商,做有德之人;

重视相关理论知识修养,善于反思和探索,乐于教育实验与创新;

注意掌握各种相关的信息,注意向同行学习,积极进行自我训练;

重视学生的人格权利,强调平等,注意与学生建立非权威性关系;

改变填鸭式教学和机械式的学习方式,提倡主动学习或自主学习;

倾心于科学研究方法和多媒体教学手段,精心掌握现代教育技术;

注意培养学生的求异思维和创新能力,注重培养学生的思维素质;

注重了解学生内心活动,善于调适学生心理,关注学生心理健康;

注重与同事、家长和其他教育相关人士进行合作,形成教育合力。

经验型教师的素质特征主要表现为:

从家长、学生对教育的存在意义与功利需求来理解教育的价值;

把教育工作当作自己安身立命的职业,无心对教育作长远思考;

囿于教育现实,相信自身工作经验而漠视新潮思想和流行观念;

不乐于做大的教育改革与实验,按照固有的方式做好教学工作;

脚踏实地备课与教研,一丝不苟上课与辅导,老老实实做教师;

本能地认可师道尊严,强调教师权威,要求学生绝对服从教师;

不注意观察学生个性，忽视学生心理特征，要求学生好自为之；

对现代教育技术缺乏兴趣和领悟能力，习惯于用一根粉笔上课；

不太重视教育培训活动，对平淡乏味的培训内容和方法较反感；

不重视与同事进行教育工作交流，相信自己的实际认识和经验；

不搞歪门邪道，只凭良心做人，洁身自好，无愧于家人与学校；

甘于清贫，不曲意奉迎求官晋职，不求做人上人，只做老实人。

从当前的教育发展现实条件来看，我们应该兼容两种类型的教师素质表现，做到既追求教育理想，又尊重教育现实；既能关注学生素质的综合发展，又能帮助学生把握升学机会；既积极探索民主教学和自主学习方式，又能不无视传统教育、教学方式；既以学生为中心，又能不忽视教师的主导作用；既注重借鉴，又珍视自己的独立性；既创新，又讲求循序渐进地进步；等等。总之，教师素质特点的兼容可以使教师能够有效地适应教育变革的现实。

三、教学型教师的素质特征与研究型教师的素质特征相兼容

长期以来，我国中小学教师一般是以教学工作作为自己最主要的专业活动方式，把向学生传授特定的科学文化知识当作自身职业的主要任务或基本责任，因而"教书育人"就成为人们认识中小学教师这一角色的一个中心词。教师们也自觉不自觉地把自己发展成为"教学型教师"，努力追求良好的专业知识素养，提升自身的课堂讲解、课堂组织、课堂控制和课堂沟通能力，促使学生能够相应地提高学习能力和学习成绩。然而长此以往，"教书匠"也就逐渐成为人们揶揄某些日复一日、按部就班、照本宣科的中小学教师的一个贬义词。这实际上也在间接地提示着每一个中小学教育工作者：只有在研究中开展教书育人的工作，才能够真正富有成效地传授好知识，教好书，育好人。即中小学教师应该在教学型教师素质的基础上，朝着研究型教师的素质方向发展，对于自己的专业知识和教学工作乐于做具体的观察、思考、资料调查、收集与整理，系统研读中外教育文献，开展特定的实验研究工作，不断形成独立见解和进行知识创新，并形成一定的研究论文与著作。通过各种形式的研究与实验工作，较好地掌握学生的学习心理，提高学生的学习能力，帮助学生学会自主学习、探究学习方式，开展创新教学、合作教学，较好地为学生开设活动课、选修课、研究性课程等，真正培养出善学能实践的高素质的学生。教书育人的工作一定要与研究活动相结合，当代合格的中小学教师应当善于把教育、教学工作与研究活动很好地结合起来，这样才能够提升教书育人工作的科学含量。

总之，中小学教师作为一名典型的教学型教师，必须有扎实的教学基本功，熟练地掌握教学基本常规，形成优秀的教学素养；而要达到这些标准，都需要在教学实践的一系列研究活动中形成。中小学教师应该是一个具有研究素养的教学型教师，把教

学活动与相应的研究实验活动有机地结合在一起，这也是21世纪中小学教师应该具有的一个基本素质特征。

四、专长型教师的素质特征与多面手式教师的素质特征相兼容

每一个中小学教师都有自己的专业知识方向与教育、教学专长，这是成为合格教师的基础。作为一个专长型教师，要在自己的教育、教学专业领域里有一种追求"井文化"的精神，勤奋学习，深入钻研，形成较深的造诣。但是，作为一名当代中小学教师，仅有自己单一的专业知识和技能专长，而对自己专业领域之外的其他教育知识、学科知识及技能缺少关注，缺乏兴趣，这在其教育、教学素质方面就会显得单薄、狭窄。尤其是对中小学教师而言，要使学生能够奠定素质全面发展的基础，他们就应该具有多面手的特点。我们常常说中小学教师应该是一个学者型教师或专家型教师，而学者型教师或专家型教师本身就应该是一个教育工作的多面手，具有多面手的特点或内涵。即在自己的职业活动中应该注重追求"河文化"，精力充沛，兴趣广泛，注意力发散，关注各种信息，探究意识浓厚，接受力强，对各类教育知识、学科知识都有兴趣和涉足，重视发展动手能力和教育实践技能，与同事和学生有广泛接触，关系亲和；这样做虽然可能导致他在专业知识和工作技能方面具有广而不深、泛而不精、博而不透、浅尝辄止等特点，但就像有的研究者所认为的那样，学者型教师或专家型教师应该就是一个具有"杂家"特点的教师，不仅懂得对特定专业知识的教学实践，而且懂得德育工作，懂得对学生心理的咨询与调适，善于对学生进行组织管理工作，具有跨学科教学应具备的知识与能力，对自然科学、社会科学、人文学科的相关知识都有一定的了解。

总全而言，界定一个学者型或专家型的中小学教师，不能够从诸如科学技术人员、工程技术人员或高等学校教师的素质角度来理解，中小学教师的专业化实质上应该是一种具有多面手特点或"杂家"特点的专业化，其专长就是一个教育工作的多面手，我们应该从教育专长型教师与教育工作多面手这两个方面统一起来认识中小学教师的专业特征，教师的专业化应该是多面手特征的专业化或"杂家"范畴的专业化。

第三节　教师的管理方式及发展方式的多样性兼容

一、教师专业成长目标与身心健康目标相结合

作为一名教师，都渴望自己的工作有建树，都希望成为名师，希望获得高级职称和优秀教师称号，都希望能够创造出享誉教育界和社会的教育模式或教育技术方式，都希望建立被同行公认的教育思想与理念，都希望培养出能够为国家和社会做出卓越

贡献或创造良好的社会效益和经济效益成果的学生。这是任何一名有志向的教师在自己的工作岗位上都会确立的事业目标或自我实现目标。

但是，专业的发展必须有良好的身心健康条件作为基础和保障。一名教师为了有更优秀的专业发展，必须在建立自己的专业成长目标的同时，为自己建立身心健康发展目标，使二者相辅相成，相得益彰。教育部对此也有明确要求，作为教师，需要"具有良好的身体素质和心理素质"。如果没有健康而正常的身体和心理素质，肯定就不具备做教师的资格。这就需要我们的每一位教师，在追求事业成功的同时，要给自己设置适度的压力，保证在工作中有紧有松、张弛结合。每一位教师都应该为自己建立身心健康计划，养成良好的工作与生活习惯，注意掌握工作与生活的转换规律。放松心情，不强迫自己，不压抑自己，具有必要的超然心态。要注意结识一些良师益友，经常进行思想交流与情感沟通。要与自己身边的干部定期交换思想，获得他们的理解和帮助，最终确保能够形成一个良好的身心条件。

而作为学校领导，应该在学校为学生建立心理健康咨询室的同时，还应该为教师建立心理健康咨询室，由校长和支部书记亲自领导。另外，应该有计划地组织教师开展多种文体活动，有条件的学校可以为教师建立健身室、娱乐室以及被戏称的"爽吧"等。不能让教师的活动仅仅局限于"家—办公室—教室"这"三点一线"，不能让教师眼里只有工作，没有其他生活。

二、实现对教师的传统领导行为与现代领导行为的合理兼容

从管理的发展史来看，传统的领导行为方式在泰勒进行科学管理的研究与实践时期以及之前表现得比较典型，一般具有下面几个特点。

其一，组织领导人的素质比较简单。由于受早期管理理论与实践水平的限制，他们的管理观念、管理视角、管理思维都比较本能而简单。

其二，比较注意组织成员身上的人性弱点或人性阴暗面，容易把组织成员当作一个简单的"经济人"或"实利人"；容易忽视他们优秀的人性特点一面，因而认为最简单而又最有效的领导与管理方式就是奖与惩、赏与罚。

其三，把领导与管理行为简单地看作一个统治、驾驭、主宰、支配、指令、管教、奖惩的行为，认为领导与管理方式比较容易掌握，仅是诸如做出决定、发号施令、发出指示、检查监督、听取汇报、总结讲话、表扬与训斥、提拔与处分等方面的行为。

其四，自觉不自觉地把组织权力看作领导与管理工作的首要核心资源或强力资源，乐于强化权力的控制力和威慑力；宣传"权力真理论"，让组织成员确信权力就是真理或者权力等于真理，促使组织成员崇拜权力，忠诚于权力；乐于营造权力结构体系，培养忠实于自己权力的骨干分子；习惯于对权力顺从者奖，对权力抗拒者罚，

培养组织成员的顺权心理或从权意识。

其五，认为人的积极性问题就是一个经济利益的问题，只要提供足够的工资与福利待遇，组织成员的工作积极性的问题就可以解决。因而，经济酬赏方式就是组织成员职业态度的调节器。组织激励最有效的形式就是工资福利激励。通过对组织的酬赏级差的强化来形成组织内部的尊卑等级序列，可以产生最有效的影响力。经济酬赏因素成为组织成员工作积极性的主驱动力。

其六，推行任务导向的目标驱动管理或任务型管理，明确劳动定额，明确组织成员工作能力与业绩的正态分布；推行目标执行行为的标准化、规范化；追求效率，以指令、监督、检查、考评、经济奖惩、职位升降、末位淘汰等手段为基本的人事管理措施。

总体而言，传统的领导与管理行为至今仍然具有一定的实用价值，有着许多方面的可取性。传统管理行为包含了很多职业组织的基础管理方式和组织运行所必不可少的管理要素。这些管理要素在任何条件下都具有特定的使用价值，具有一定的普遍适用性。比如经济激励方式，我国中小学教师经济收入状况一直影响着他们的社会地位和工作积极性等。中国是发展中国家，教师收入水平仍不高。我们还需要努力落实国家法律在这方面的规定和要求，传统的经济激励方式还需要使用并进一步争取做到位。

现代领导行为方式则起始于20世纪上半叶，梅奥、巴纳德等一批著名管理学家运用心理学、社会学、文化学以及相应的行为科学等学科知识进行管理理论与实践的研究。它主张领导人在人的管理问题上的主要作用不再是"管"而是"导"，表现为诸如引导、指导、建议、认同、鼓励、示范、启发、扶持、服务、关爱、融情、协商、协调、合作等行为。也可以认为这是一种高层次的人力资源管理方式。其特征主要有以下几个方面。

其一，现代领导行为倾向于心理化的激励行为，注重透视人的心理，激发人的心理效能，诉诸人的心理层面，关注人的深层认知结构，关切人的心理体验，表现为一种高层次的组织软文化形式。现代领导方式尤为关注组织成员的思维方式、思维能力、情感体验、情绪控制能力、性格、理想、信仰、需求、情趣、人生观、世界观、价值观、道德观、利益观、职业观、人性观、苦乐观、权力观、金钱观、人际调适能力等等，注重满足组织成员的尊重需要、信任需要、参与需要、自主需要、情感需要、宽容需要和关爱需要。一些组织领导人提出的"经营人心""心本管理""德本管理"都属于现代领导行为范畴的理念。

其二，现代领导行为是一种曲式的灰色调适行为，需要把组织看成一个"灰色行为系统"或"灰色人文系统"，关注组织成员内心世界以及通过行为表现出来的各种各样的微妙性、模糊性、隐蔽性、二重性、多样性、多变性、矛盾性等"灰现象"。

现代领导行为强调有关人的管理工作必须避免武断专横、简单粗暴、正面说教、当众宣扬、直言不讳、公开训示、下达单一性指令、做出强行要求、不考虑处理问题方式等问题的出现，要善于变通，善于通融和协调，采取含蓄的、尊重人的、理解人的、容忍人的、讲求人心、人情、人际微妙性的、具有曲线式特点的领导方法。

其三，现代领导和赤主张要建立优秀的权力文化，一是把组织权力看作一种现代民主工具，是促进组织成员实现自己的正当权益和职业价值观的工具与手段，是组织成员自我选择、自我发展、自我实现的工具与手段。要消除权力的神秘化现象，让组织成员真正拥有职业活动谋划权和自主工作决策权，解决"岗—权分离"、"责—权分离"或"事—权分离"的现象。二是把组织权力当作一种组织协商或组织对话的工具，不只是法力的象征。组织领导人要设法实现权力柔性化，减弱权力硬度。权力不再被视为一种传达领导人意志和指令的工具，而是上下级之间进行思想、情感和组织信息交流与沟通、讨论与协商的辅助手段。三是把组织权力当作一种组织教育工具。领导人需要通过对权力的运用而带来一种教育作用，让组织成员真切感受到权力运作的公平性、公正性、公开性、科学性、合理性以及人性化等特点，感受到领导人用权的人格修养和魅力，产生素质影响力。四是让组织权力回归民众，消除权力私有、权力的个人垄断或小集团垄断等现象。要消除特权思想，加强对权力运行机制的观察、监督、考评、研究、总结和探索，消除权力失察、权力违规、权力失职、权力越轨、权力失控、权力失衡、权力摩擦、权力争斗等现象。五是完善组织成员对组织权力的干预机制，保障组织成员对组织工作的知情权、调查权、审查权、评价权、批评权、干部弹劾权、建议权、工作讨论权、协商权、谈判权、监督权、信息反馈权等。六是形成组织权力运作的综合效应，即：

权力本身不仅具有控制人的强制性，而且具有激励性；

权力不仅能产生被动服从行为，也能激发自主能动行为；

权力不仅能维持组织成员之间的纵向关系，而且能发展其和谐的横向关系；

权力不仅能保证组织的集中统一，也能促成"各自为政，各显神通"的结果；

权力不仅能强化领导人的意志，也能维护下层员工的利益与要求；

权力不仅能维护行政效能，制造制度的效能，也能产生情感效应；

权力不仅能体现刚性特征，而且能体现柔性特点；

权力不仅能产生个人权威，而且能产生集体权威。

其四，现代领导行为强调要建立超越功利观念的关系文化。这就要求一是加强心理关系的建设。心理关系是组织中人际关系的基础，构成组织关系的深层结构。它涉及组织成员之间的思想关系、情感关系、志趣关系、同乡关系、同学关系、朋友关系等，需要采用思想的沟通、观点的协商、情感的融合、人格的尊重、思想的共鸣、责任的认同、爱心的提供、利益的协调、自主规则的建立、互动方式的构建等一系列方式来调适。二是积极建立组织成员之间的工作合作形式或合作机制，消除诸如残酷竞争、末位淘汰、推动个人拼搏、击败同仁、鼓励自我奋斗、实行精英激励等的管理思想与方法，促进组织成员之间的合工意识，造就能够合作共事、合作学习、合作研发、合作改革、合作创新的知识团队。三是营造组织内部和善的人性氛围。促进组织成员之间的诸如信赖、谦让、宽容、诚信、真情、牺牲、奉献、恻隐之心等心理意识的发展，反对人与人之间的残酷竞争、无情排挤、恶意倾轧、敌意抗争、尔虞我诈、相互设套与欺诈等行为，建立起亲如兄弟姐妹的员工大家庭。同时还需要关爱组织成员中的"边缘人"，消除一些员工被边缘化的现象。

其五，建立全员共进的专业发展文化。组织成员的专业发展能够反映他们对于自我领导、自我设计、自我决策、自我创研、自我激励、自我完善和自我实现的需求。现代领导行为主张创造出一种个人自我实现与群体目标实现相融合的专业发展文化，达到组织成员个人专业发展目标与组织整体的专业发展目标相融合，组织成员个人的专业发展途径与组织整体的专业发展途径相融合，组织成员个人的专业研究、探索、革新和创造活动与组织整体的专业研究、探索、革新和创造活动相融合。同时，现代领导行为还需要引导组织成员的专业发展活动摆脱狭隘功利价值观的影响，不只是为了实现个人的功名利禄或达到保障个人工作或经济生存的目的，更多的是为了完善自己的人格，依据国家、社会的要求实现自己的生命价值和社会成功，从而丰富自己的人生。这也要求组织领导人要把自己的职业组织建设成为非功利性的学习型组织。

其六，建立以心理酬赏为主旋律的工作酬赏文化。建立超越传统的以金钱或满足个人利益为导向的工作酬赏方式，形成以心理酬赏为主旋律的工作酬赏文化，这就要求：一是工作酬赏不能只偏重到一小部分精英型的组织成员身上，而应该特别关注组织成员的弱势群体。二是特别关注组织成员的经济酬赏以外的其他需求与权益。比如他们对荣誉、成就、自我成才、个性发展和人权全面实现的要求。又比如提供给他们诸如对赞扬、信任、尊重、关爱、授权、介入管理、参与决策、提拔、交付挑战性任务、培训以及提供必要的资源来支持组织成员的工作探索与创新活动等。还包括美国心理学家鲍勃·尼尔森提到的重视采取口头或书面形式赞美与感谢员工做出的杰出工作表现，赞美员工要符合"即时原则"，还应该多与员工共进午餐、喝茶、喝咖啡，进行心灵的沟通，倾听员工的心声，让员工真正参与对组织有影响的管理决策活动，使员工获得组织的接纳，产生归属感，等等。三是需要让物质酬赏形式渗透精神因素，给组织成员带来丰富而愉快的心理体验或精神感受，产生特定的精神价值。比如，在现金报酬之外，力所能及地给组织成员提供文体娱乐系列、远足活动、旅游观光、休闲活动系列、保健运动系列、优化工作配置条件、美化工作环境、提供家庭服务及子女教育关怀等。四是让组织成员亲自参与工作酬赏方案的设计，实行工作酬赏方式的协商制度。可以建立工作酬赏方式"超市",让员工自由选择,各取所需。还应该建立团队奖励计划,培养员工的合作工作、合作研究的意识与能力。此外还应该完善各种人本主义救济金、补偿金制度,其精神效应是不可低估的。五是推行工作丰富化措施,让广大组织成员介入管理,参与决策,投身组织文化建设,适度通过专业扩大化和岗位轮换方式,让广大组织成员涉足科研与创新工作,等等。

总之,对于企业等一般的职业组织,可以根据组织特定的条件兼容使用传统的领导行为与现代领导行为,使其相得益彰,获得良好的实效。而对于学校之类的教育组织,由于教师受教育水平较高,素质较好,则可以尝试采用以现代领导行为为主,以传统的领导与管理行为为辅的兼容做法。这要根据具体的学校教师素质水平和办学条件来考虑。一是由于在学校教职工身上仍然不同程度地存在着诸如眼界狭窄、思想水平不高、缺乏进取心与责任心、墨守成规、缺少奉献意识和利他精神、自律水平不足、教育教学能力欠缺、公心与爱心不足等弱点,因此不能对教职工的素质有过高的估计;二是过于强调领导行为的人情味和人性化特点,可能会使得工作中的严肃性、原则性、公平性、外部制约力等受到一定程度的削弱;三是推动权力运行的民主化可能会影响到学校领导的战略选择和领导意图,影响必要的一元化领导,或多或少带来自由化现象,产生派系分歧,影响组织的聚合力,同时也容易分散领导的工作时间和精力,造成管理成本较高,出现事倍功半的结果;四是由于现阶段教职员工的工资收入及物质待遇水平的确还不够高,会影响到他们的工作满意感和事业心;五是由于教职员工之间存在着竞争关系,存在着个人奋斗和追求功利目标的情况,教职员工现有的思想水平和专业发展能力也不足,因此需要适度采用传统的领导与管理行为,使其能够与现代领导行为相互补充,相互照应,收到相得益彰的效果。

三、学校行政控制方式与教师自主发展方式相结合

在促进教师自主发展的工作中,学校一方面需要运用一系列行政方式,建章立制,给予发动与引导。比如,运用教师职称评审制度、教师岗位聘任制度、教师的目标责任制度、教师的参与管理制度、教师的选拔配置制度、教师的考评奖惩制度、教师的科研与培训制度、教师的工资福利待遇制度等来推动教师的专业发展活动。这属于明确的行政控制要求。另一方面,我们还需要采用教师自主发展、自主提升专业素质的方式来让教师主动、自觉地追求自身的职业成长。

现在国内已经有学校在开展教师自主提升专业素质的活动,比如我国华东地区的一些中学早已推行教师自主提升专业素质的活动。这种活动方式虽然也是由校方发动和组织,离不开学校的行政强化措施;但整个活动由教师自己主动参与、自主选择、自主决策、自我推动来完成,体现了教师专业发展的自主权利。教师自主提升专业素质的活动大体可以由以下几个基本环节构成。

其一，由学校提供教师自主发展的参考标准，主要从师德、育人、教学、科研与教学改革、校本课程开发与实施，班级管理等方面提出参考标准；并提供量化等级标准，从初级、中级到高级提出教师发展的等级层次，供教师自主选择。

其二，宣传与发动，引导教师参照学校设计的发展标准自定3～5年左右的发展规划和发展周期。

其三，由教师与校方进行讨论与协商，确定学校应该并可以提供给教师在科研、培训、教改等方面所需要的人、财、物等资源。

其四，在教师进入自主发展规划的实施阶段，学校方面要进行定期与不定期的检查与考评工作，及时给予表彰和问题警示，组织经验交流活动，召开诊断会议，补充提供发展资源，帮助解决困难与问题，及时做出干预与强化。

其五，发展规划结束时要认真组织总评，进行奖惩，考评结果记入教师自主发展档案，作为表彰、晋职、聘任的依据。校方对未完成发展规划的教师要进行一定的培训，做好单独指导工作，鼓励他们以力再战。

其六，当教师完成一个发展周期以后，可以组织教师进入下一轮自主发展阶段，建立高一层次或高一个等级的发展规划。

此外，对广大教师实行多元激励的方式也能够体现教师自主选择、自主发展的管理思想。比如一些学校为教师设立多项校级表彰项目，供教师根据自己的素质特点或能力倾向来选择进取目标。这些表彰项目可以有：师德师表明星、德育及心理教育明星、班级管理明星、课堂教学明星、教育科研明星、校本课程开发明星、参与管理明星，等等。这样可以调动广大教师的积极性，根据自己的实际情况主动进取与发展。同时也能够在学校进行年终工作总结评比时，让大多数教师能够获得校级表彰，从而避免出现先进称号或工作荣誉长期被少数教师包揽垄断的现象。总之，推行教师自主发展活动，需要引导教师加强自学、反思、借鉴、革新试验、交往沟通等活动，实现师—师合作、师—生合作、师—校合作、校内外相关人员的合作。

四、教师的行政聘任方式与自主聘任方式相结合

教职工聘任制是教职工管理工作的重要形式，是学校人力资源管理的重要一环。通过实行教职工聘任制，可以为教职工的履职提供清楚的导向，为学校办学目标的实现提供人力资源管理的保证，可以激励与约束教职工的履职行为，起到优化组合、奖优罚劣的作用。实行教职工聘任制的原则有许多，比如：双向选择的原则、个人服从组织需要的原则、民主与集中相结合的原则、教师队伍结构稳定的原则、聘任程序公开透明的原则、妥善处理待岗下岗教职工的原则等。但是最重要的原则是既能体现学校整体及校长办学意志的要求，又必须关心和尊重教职工个人介入教职工聘任工作的权利。实现这个原则的做法就是把校方实行的行政聘任方式与教师自主聘任方式相结

合。国内有的学校已经在做这方面的尝试。可以考虑如下的大概流程。

第一步，按照传统的做法确定和公布本校教职工的编制，教职工个人书面申请后，由校方拟订聘任方案，也可以通过层层聘任的方式，由新产生的相关职能部门领导人与年级组长、教研组长共同提出聘任方案。

第二步，由全校教职工以无记名方式公推举若干名普通教职工，与校方选配的若干干部共同组成聘任执行小组。普通教职工人数不得少于干部人数，要形成有利于表达全体教职工意愿的人数比例。然后由聘任执行小组全体成员公开以无记名方式，通过拟订聘任方案中的教职工受聘岗位的人选。聘任执行小组的投票结果即为学校聘任的最终合法结果，学校领导无权变更。不临时组建学校聘任执行小组，直接由教代会来投票通过聘任方案也是可行的；但一定要能够真正公正地代表全校教职工的真实聘任意愿。

在学校推行行政聘任方式与教师自主聘任方式的结合，可能会影响校长的办学意志和人事管理权力，因为目前学校实行的毕竟是校长负责制；但是这样做能够较好地解决"人情聘任""关系聘任"等腐败行为。优秀的校长能够找到一条实行行政聘任方式与教职工自主聘任方式相结合的有效途径。

五、实行教师的绩效工资制与协商工资制相结合

工资是历史上雇佣劳动制度的产物，是劳动者通过劳动付出以后获得的相应报酬。传统的工资是对劳动者付出的体力、精力、知识与经验技术的一种货币补偿。现代工资制度则更强调工资的激励作用，通过具体的行业结构工资来体现劳动者的贡献水平或绩效水平。这实际上也检验了劳动者的职业素质，可以判断劳动者之间在诸如知识、学历、经验、态度、技能与智慧等方面的差异。

世界经济合作与发展组织做过一个有关教师绩效工资制能否提高教学质量的专门研究，研究发现：教师工资相对较低（低于人均国内生产总值15%以上）的国家，当实行绩效工资时，学生的学习成绩往往会变好。而在那些教师工资相对较高（高出人均国内生产总值15%以上）的国家，情况则恰恰相反。这说明，教师绩效工资更适合于教师工资较低的国家和地区，那里的教师为了提高自己的收入会更努力地提高自己的教学水平。而教师工资收入相对较高的地区，由于教师的基本生存需求已经得到满足，他们希望有更高层次的发展，如果仍然仅采用考核、金钱的办法来激励他们，就会使他们缺乏动力。根据世界经济合作与发展组织的这项研究结果，我国广大农村地区的中小学教师似乎更容易接受绩效工资制，而城市教师则需要配合使用更多一些的属于心理激励范畴的方法来给予促进，这就需要结合协商工资制来达到目的。

六、实行教师的个人绩效工资制与团队绩效工资制相结合

针对教师的个人绩效工资制度与团队绩效工资制度也应当实行有机结合。实行教师的个人绩效工资制度无疑有益于对教师的个人激励，它对教师在职业生涯中的自我驱动、自我发展、自我实现有着显著的积极作用。但是，进入21世纪以来，推动组织成员之间纵向与横向、不同类型、不同目标或项目的工作合作越来越成为一种组织管理的价值选择和常态化的职业活动形式。在我国中小学校，干群之间、教师之间、师生之间、校内外人员之间开展的合作教育、合作教学、合作研究、合作性的组织管理活动也越来越成为学校教育管理的一种价值选择和常态化的活动形式。因此，在对教师实行个人绩效工资制度的同时，也应当结合对教师工作集体或教师合作团队的绩效工资。这有利于克服个人绩效工资制带来的一些缺陷，比如引发教师的个人孤军奋斗，个人利益的放大或过度关注，教师之间竞争导致的相互敌视、防范、猜忌、对抗、冲突、不团结、不合作、损害学校整体目标的实现，等等。合理采取团队绩效工资制度或集体绩效工资制度，会有利于教师的合作教育、合作教学、合作研究、合作性的组织管理工作。同时，也要注意解决集体绩效工资制度或团队绩效工资制度带来的一些问题，比如工作评价中的无差别化倾向，利益分配中的平均主义倾向，工作责任的无分化现象，等等。这些问题会使一些工作投入较多、工作效果较好的教师产生不公平感，削弱他们的工作积极性，磨灭他们在工作中的主动性及首创精神。因此，实行个人绩效工资与团队绩效工资的有机结合，可以解决单一性工资制度存在的弱点。只是把二者结合起来的方式是一个需要精心考虑或设计的问题，需要"因校制宜"。最基本的原则是在团队绩效目标的设计中有明确的责任区分，在团队绩效考评中有教师之间的差异化评价，在团队绩效薪酬及其他形式的利益分配中有共享部分和差别享有部分的区分。

七、校内的教师培训方式与校际教师交流方式相结合

目前，国家在加大对教师的培训力度，教育部计划以五年为一个周期，对全国1000多万名中小学教师进行分类、分层、分岗培训，但作为学校自身，不能只等着政府的培训安排，而应该立足于学校自己组织培训，即积极开展校本培训。校本培训或校内培训教师的方式多种多样，传统的做法如开展集体备课、研课活动，举办公开课、示范课、观摩课、说课等活动，请专家讲课，教师之间"一帮一"结帮扶对，组织教师参观访问、取经学习的活动，等等。本书在讨论培养研究型教师的方法时还会提到一些校内培训方式。此外，为了更好地提高教师的专业素质水平，学校还可以借助校际教师交流这种方式。从目前来看，为了达到教育资源、教育水平的均衡化，越来越多的地区在推行校长、教师的区域流动，实行校长、教师的校际岗位轮换制度。

这是一种值得推广和完善的教师培训方法。这也有利于优质学校的教师到薄弱学校去探索针对不同经济与文化区域、不同教育教学环境、不同教育资源水平、不同教师群与学生群的教育教学方式；有利于薄弱学校的教师到优质学校去学习、取经，共同得到发展。

沈阳、成都等地区开展校际教师交流方式或轮岗方式较早。比如，沈阳地区很早就开始鼓励和指导教龄在五年以上的中小学教师进行轮岗流动，实践中取得了不少宝贵的经验，存在的问题可以逐步解决，轮岗方式可以逐步完善。当然我们还可以按照教师轮岗方式的思路进行进一步的创新，使校际教师交流方式更符合当地的办学特点和条件。比如：可以采取在学校之间建立"帮扶联盟"的邯郸模式；可以尝试推动名校下乡、帮扶弱校的柯城实验；可以尝试让中学集中开办在县城的平原模式；可以推行上海市的优秀教师"走校制"；可以尝试郑州市的强校兼并、优质托管、资源共享的"学区制"；也可以如贵州的部分高中一样建立校际教师专业发展联盟。总之，这些校际教师交流方式都有利于提高教师的专业素质水平，取得良好的培训效果。

八、教师评价的多元化取向

做好教师评价工作有利于促进教师的专业成长，教师评价工作能够给教师的履职和专业成长提供导向、指导和激励。要达到这个目的，一般应该采取多元化的评价方式。多元化的评价方式主要体现在两个方面。

（一）评价主体的多元化

对教师的评价不能像过去一样仅由学校领导者单方进行，合理的做法应该是参照经济组织推行的360度绩效评价方法，由自评、学生评价、家长评价、同事互评、直接领导者评价、所在工作部门集体评价、学校领导者最后给予综合评价等形式构成。这样能够真正实现评价的客观性和公正性。我国一些地区的教育系统对教职工实行"非越级评价"是一个值得借鉴的做法，这样做可以避免学校领导可能出现的官僚主义弊病，在不了解教职工真实表现的情况下，凭片面的信息和主观印象，甚至带入个人情感来轻率地评价教师。

学生和家长是教师工作的重要评价者，他们的评价意见需要特别地给予重视，因为他们就是学校的被服务者。但是一些家长可能出于对自己孩子的溺爱、私心和教育功利思想，会对教师做出不公正、不客观甚至不合理的评价；一些学生由于思想不成熟，也可能会根据自己的喜好、需要和偏见来评价教师。因此校方对教师的评价一定要形成综合判断，教师就很难公正地、正确地、科学合理地开展教育、教学及管理工作。

（二）评价内容的多元化

评价教师履职表现的具体内容应该分为两类：履职业绩评价和职业发展性评价。

职业发展性评价属于一种纵向评价，是有关教师专业成长的过程性评价。这种评价能够有利于促进教师的专业发展。履职业绩评价和职业发展性评价的内容都应该包含传统评价因素和理想性因素。如果对这两种评价的内容不进行细分，大体应该包含以下几个主要部分：

政治立场与思想表现；

教育事业心与责任感；

教育理念与教育理想；

教师人格的健全发展；

育人及教学方法创新；

师师关系与师生关系；

德商、情商与智商；

知识的深度与广度；

学历及培训的达标；

教学的素养与能力；

班级组织管理能力；

出勤及教学工作量；

工作失误及反教育行为。

教学效果包括升学率、优秀率、及格率、成绩平均率、科研的态度、项目承担、实验成果及科研水平。

涉及教师评价的内容是多种多样的，这与教师的工作任务、责任和素质要求的多样性直接相关。但是，有两个评价因素需要特别给予关注。

其一，评价教师的内容或标准要以"德"为先，以"德"为本。人们普遍认为，师德的考评应该被摆在首位，应该成为对教师进行评价的一个首要标准。教育部指出："教师是人类灵魂的工程师，是青少年成长的引路人，教师的政治素质和职业道德水平直接关系到大中小学德育工作状况和亿万青少年的健康成长，关系到国家的前途命运和民族的未来。"因此，教师的职业素质标准应该以"德"为首，以"德"为基础。在教师考评工作中如何细化师德标准？能不能量化师德标准？这还需要研究和探索。但国内越来越多的地区已经趋向于把应试教育的行为也界定为失德的行为，明确要求对教师的绩效考核直接与师德挂钩，不与升学率挂钩。

其二，学生的学习成绩、学习分数、升学率是否构成教师评价的一个中心内容或中心标准。人们的回答多半是否定的。但是，根据国际经济合作与发展组织第一次开展的教与学国际调查的结果，被调查的各个国家都把学生的考试成绩作为教师考评的重要标准甚至是首要标准。学生的升学率、在学率也是重要的考评标准。因此，我国对教师的评价指标，还不能绝对排除诸如学习成绩、学习分数、升学率水平等因素，这需要有一个客观的认识和态度。

第四节 对研究型教师培养方式的多样性选择

一、分类培养研究型教师

分类培养研究型教师的做法属于一种差异化管理方式，这样可以较好满足具有不同专业素质水平的教师的专业成长。比如有的学校把教师按照专业素质标准分为诸如准教师、教书匠、职业教师、骨干教师和专家教师五种类型来给予分类管理和培养。我们还可以参考上海一些学校在培养研究型教师方面的做法，根据教育科研态度和教育科研能力这两个主要指标把教师分为A、B、C、D、E五种类型，并分别提出相应的管理策略。

A型教师是在教育科研态度和教育科研能力两个方面呈现"双低型"的教师，对这类科研态度消极、科研能力弱的教师可以采取的管理措施是：下达指令性研究任务，加强监督与干预，将研究、实验成果与经济待遇、职称晋升和岗位聘任直接挂钩，以此来强行推动他们走上研究型教师的发展之路。

B型教师是"低—高型"的教师，对这类科研态度消极、科研能力强的教师可以采取的管理策略是：加强宣传和案例教育，提高教师对科研价值的认识；对研究、实验成果设立富有吸引力的经济奖励指标与职称晋升方面的优待条件，以此来引导他们转变自己消极的科研态度。

C型教师是"高—低型"的教师，对这类科研态度积极、科研能力较弱的教师可以采取的管理策略是：送出去培训，让他们与科研能人结成一帮一的对子，适当聘请校外科研专家给予手把手的指导，以此来帮助他们迅速提高科研能力。

D型教师是"中间型"的教师，对这类科研态度和科研能力都处于中等状态的教师可以移用针对A型、B型和C型教师的管理措施，促使他们能够发生良好的转变。

E型教师是"双高型"的教师，他们科研态度积极，科研能力强，因此可以把他们立为学校的学术带头人和学校课题负责人；让他们参与学校科研工作的决策和管理；请他们给其他教师当科研导师或科研指导者；校方还应该为他们积极提供人、财、物、时间、信息等方面的科研条件，充分发挥他们的研究与实验专长；并提供条件帮助他们著书立说，宣传推广他们的教育思想和研究方法，使他们成为学校的科研榜样。

二、采用灵活多样的渐进式方法培养研究型教师

采用渐进式方法能够让过去从来不开展教育科研和实验工作的中小学教师能够有

一个循序渐进的适应与进步过程，国内一些中小学实行的"五个一"工程、"七个一"工程以及"教师读书计划"等活动，都是这种按照事物循序渐进的发展规律办事的好例子。这种做法不是要求教师一夜之间就要来承担规范化的、标准化的教育科研项目和实验研究工作，而是要求教师一个学期先读好一本教育理论专著，每周研读一本业务杂志，做好一次阅读摘录，一个学期做好一次专题发言，交上一份合格课件，写好一篇学习心得，向学校内部刊物提交一篇论文习作等，这就相当于完成了一个学期的科研工作量。等到一两年后，教师们度过了对科研工作的心理适应期，害怕、担忧、抵触心理变为认可、赞同、乐意甚至是喜爱心理时，再逐步加大科研任务，提高科研与实验的要求和标准。这种方式用于中小学是比较有效，比较受欢迎的。我们还可以为新进校的青年教师、工作过较长一段时间的中青年教师和年富力强的中老年教师分别设立有关研究型教师的进取目标，指导他们按照自己的实际素质条件来发展，这有利于不同教龄的教师符合职业发展规律地成长。

此外，有一些学校采取"引进法"逐步在全校推开科研工作，达到培养研究型教师的目的，这也可以看作一种渐进式的方法。这类方法实施时，学校会先派人去外校学习取经或者收集外校的先进经验资料，了解、借鉴或模仿外校成功的教育科研方式，引进外校设立的课题库和科研管理方式；等本校教师在模仿学习的基础上逐步熟悉了教育科研工作，再结合本校的教育、教学实际，建立具有本校特色的课题库，创新本校的教育研究方法。这也是一个较为有效的培养研究型教师的循序渐进方式。

三、通过教师职称的评聘改革来推动研究型教师的培养工作

学校可以通过改革教师职称的评聘方式来促使教师们向研究型教师努力。比如我国有的地区就尝试在政府的教育管理部门不再组建教师专业技术职务评审委员会，而由各个学校专门组建职称聘用委员会，实行职称认定与岗位聘用相统一，岗位职称化，聘期为3~5年。一经学校职称聘用委员会认定，对教师的职称聘用决定就可以上报政府主管部门确认和备案。这种职称聘用管理方式实质上体现的是绩效管理精神，它变教师职称的资格聘任为岗位聘任，按照教师的工作业绩与能力来认定教师的岗位职称。而不是像过去一样，一经教师专业技术职务评审委员会认定了教师的职称资格，终身不变。这会使习惯安于现状的一些教师面临高职低聘，而努力奋进的青年教师能够达到低职高聘。这类教师职称改革方式既可以采取评聘分开的做法，也可以采取评聘合一的做法。但不论怎样做，教师职称的评聘都与研究型教师的发展目标挂钩，这样就能够对老中青教师向研究型教师标准进取形成很大的推动力。

四、开办名师工作室培养研究型教师

开办名师工作室，可以由学校来做，也可以由当地教育行政部门来组织。承办者

组织一批优秀的学科带头人，让他们引领本地区或本校的中、青年教师进行教育、教学的学习研究，提升专业素质，培养研究型教师及工作骨干。这种方式属于导师带研究生式的做法，它有利于杰出教师将自己的人格特征、思维方式、教育思想、研究方式和工作经验传授给有潜能、有发展前途的中、青年教师。这是一种扩大化了的、科学化了的现代师徒帮学模式，十分有利于研究型教师的培养。

五、通过建立教师学术论坛培养研究型教师

为了促进中小学教师广泛开展教育科研活动，培养研究型教师，许多中小学学校都开办了各具特色教师学术演讲、学术辩论、学术论坛等活动。通过各个教研组、年级组收集教师在工作中遇到的各种有关教育与教学的重要问题，定期集中到学校的教育科研机构以进行归纳、概括、筛选、分类和组题，然后发回各教研组、年级组，通过推选或自荐的方式让教师们定期在学校组织的教师学术演讲、学术辩论或学术论坛（包括校园网学术论坛）上进行交流，由此推动教师们在研究中开展教育、教学工作，提高教师的教育与教学的科学含金量，促进他们向研究型教师的转变。

相似的做法还有很多。比如有的学校举办教职工周末"谈天说地"活动，一般利用周末时间，在校园举办教师周末茶座，畅谈教育感想与读书体会，适当开展有益的辩论，为教师们的专业成长提供精神营养和思想导向，这样一种类似周末休闲的方式也有利于培养研究型教师。

又比如有的学校引导教师自主组织教育研究沙龙，把艺术沙龙形式移植到今天的教师教育学术活动中来，让教师们利用课余休息时间，分专业或跨专业自主建立教育研究沙龙，定期聚会，进行教育科研方面的思想交流与意见沟通。这样做有助于教师深化自己的教育思想，拓宽研究视野，接受更多的教育信息和研究思路，还能够有助于形成新的教师学术团队或研究组合，从而促进教师向研究型教师转变。

六、通过创建教职工"科研社团"来培养研究型教师

建立教职工的"科研社团"显然有利于教职工的合作探索，合作研究，合作共进；避免教职工各自为政，孤军奋战，相互隔离与排斥；同时这也是一种教职工群体性的自主工作研究方式和自主发展方式，是提升教职员工工作素质的一个值得推广的好形式。比如有的学校引导教职工根据自己的专业与工作需要，组成诸如科任课教师的科研社团；班主任的科研社团、青年教师的科研社团、年级组长的科研社团、后勤员工的科研社团，等等，很值得借鉴。

总之，培养研究型教师的方式很多，比如本书中提到的校际交流、校际合作、校际联盟等形式。各个学校可以根据本校的实际情况，选择合适的方式，最终达到培养研究型教师的目的。

第九章　新时期教师应具备的专业素质

第一节　教师素质的研究

"教师素质"是一个不断变化的概念。不同时期、不同国家对于教师素质的要求也有所不同。

一、国内外对教师素质的不同要求

美国规定，中小学教师必须具有广博坚实的文理基础知识、较高的文化修养，深刻掌握学科专业知识并达到较高的学术水平，具有高尚的道德品质、理智的行为和坚定的专业信念，掌握教育教学的基本理念、方法和技能以及实际教学能力，具备健全的体魄。在教育和教学能力方面，一名合格的教师应该成为教育和教学的"临床专家"，具有多方面基础能力，包括教学能力、实验指导能力、科研能力、革新能力、与学生交往能力、学生升学就业指导能力、组织学生社会活动的能力、教科书的处理能力、书面和口头表达能力、示范能力、自我评价和控制能力，以及推理、判断和决策能力等。

英国规定，合格教师的标准有三条：适当的人格品质、适当的学业水平、足够的教育专业方面和实践方面的知识和技能。

日本规定，合格教师必须具备全面而广泛的素质：具有良好的道德品质和个性修养；学识广博，一专多能；精通教育专业和教育技术；具有健康的体魄、开朗的性格。日本书部省在"关于面向新时代的教师培养的改革方案"中，还对教师素质做了更前瞻的规定。

在新的历史时期，各国共同提出的教师素质主要包括以下方面。

（一）从全球的眼光出发而行动的能力

第一，关于地球、国家、人类的正确理解，如全球观、国家观、人类观，对于人与地球、国与国关系的正确理解，在社会和群体中的规范意识等。

第二，完备的人格，如人权的精神、男女平等的精神、关心他人的品质和自愿为他人服务的精神。

第三，在国际社会中必备的基本素质能力，如能容纳不同的思考方法和态度，能尊重多种价值观的态度，为国际社会做贡献的态度，尊重和理解自己国家和地区的历史和文化的态度。

（二）在变化的时代和社会中人必须具备的素质能力

第一，与解决问题的能力相关的，如个性、创造力、应用能力、思辨性的思考能力、持续教育自我的能力。

第二，与人际关系相关的，如社会性、与人交往的能力、团体协作的能力。

第三，为了适应社会变化的知识和技能，如自我表现能力（包括外语交流的能力）、基础电脑应用能力。

（三）从教师的职责出发应具备的素质能力

第一，对于幼儿、儿童、学生的教育方法的正确理解。

第二，对于教育事业的热爱、自豪和归属感，如对教育岗位的使命感，对孩子的责任感。

第三，具备学科指导的知识、技能。

从上述国际上对于教师素质的一般要求中可以看出，各国对从事教师职业的专业人员群体所应具有的特质越来越趋向于统一，并开始着眼于未来社会对教师的要求。

顺应时代、国家和人民对教师的要求，现阶段我国中小学教师应有的基本素质如下。

1.在思想政治方面

要坚持四项基本原则；具有崇高的共产主义理想；具有热爱祖国的思想和感情等。

2.在职业道德方面

要热爱教育事业，富有献身精神；热爱学生，诲人不倦；平等待人，团结协作；严于律己，为人师表等。

3.在知识能力方面

具有精深的专业知识、广博的文化科学知识和丰富的教育科学知识；还要有教材加工能力、语言表达能力、组织教学能力、课堂管理能力、创新能力等。

此外，良好的心理素质和健康的体魄、文明的行为规范、朴实整洁的衣着、自然稳重的举止、准确严谨的语言等也是教师必备的素质。

二、教师素质的功能

(一)良好的教师素质,是有效教育的基础和前提

高素质的教师在教育工作中有着巨大的作用,其原因在于:高素质教师的教育与教学有权威性、真实性、正确性和可信赖性等特点,在此情况下,学生会有较强的主动性去接受和掌握知识以及接受教师的教育与引导,教师的要求就可以比较容易地转化为学生的内在需要,这会使学生在学习过程中产生积极的行为;高素质教师的表扬或批评能唤起学生相应的情感体验,引起学生的愉悦感和自豪感,并使他们产生要学得更好的愿望,或唤起学生的悔悟、自责和内疚的情感,推动他们下决心去改正缺点和错误;高素质教师即优秀教师会成为学生的楷模和思想榜样,使学生产生模仿意向,更大地发挥教师示范教育的作用。可见,教师权威或威信是学生接受教育的基础和前提,而教师权威或威信形成的最根本的决定因素是教师本身的素质条件,如高尚的思想品德、优秀的心理品质、渊博的学识、精湛的业务能力、对学生始终如一的关心和爱护、庄重的仪表和举止等。归根结底,良好的教师素质是有效教育的前提。

(二)良好的教师素质,是教育影响的一个重要方面

首先,教育是通过控制、调节教育影响来控制、调节和引导教育对象即学生的发展的。但是,任何教育影响都需要经过选择和加工,才能进入教育过程与学生发生相互影响,而这种选择和加工会受到教育者自身发展水平的限制。只有具备较高的思想道德修养,具有扎实的专业基础知识和良好的身心素质的人,才能选择最能体现社会性质、方向和发展的教育内容,并采取最有效的方式和途径传授于受教育者。

其次,在教育活动中,教师的人格及言行本身就是重要的教育影响或教育手段,而且这种影响在塑造青少年的灵魂中是其他影响所难以比拟的,是任何其他教育手段都代替不了的。这是一种潜在的、隐性的教育影响力,充分体现了教师"身教"的重要性。

最后,具有良好素质的教师,可以通过自己的行为,把热情洋溢、乐观无畏的进取精神,把好学多思、审时度势的工作作风,把正直诚实、任劳任怨的高贵品质传授给学生。学生通过每日的教学关系,耳濡目染,会逐渐学到好的品质、高尚的情操、积极的兴趣爱好等。

(三)良好的教师素质,对社会风尚、精神文明有重要影响

教师的思想品德、行为举止,不仅体现着教师本人的精神面貌,还直接影响着学生的精神状态,并通过学生向社会辐射和扩散。而且教师作为教育者,其一举一动在整个社会起着示范作用,对社会风尚、精神文明建设起着不可忽视的作用。

综上所述,教师素质指教师履行职责、完成教育教学任务所必备的各种素养及其应用能力的总和。教师素质是一个整体性的概念,它是教师各种素养的集合体,既有动态性的内在的一面,又有动态的外在行为的一面。教师素质是不断发展与完善的。

第二节 教师的专业素质结构

对教师素质结构的分析和研究有很多,如我国教育法律法规规定教师素质的构成包括思想道德素质、文化科学素质、职业能力素质和身体心理素质。

我们认为,优秀教师专业素质的构建可从两个方面来研究。一是人的基本素质结构:知识、技能、情感、意志和行为。二是教师专业化要求:教师要传输社会文化,因此要具备丰富的知识,教师要能组织开展好教育教学活动,因此要具备较好的教育教学技能;由于教师劳动的复杂性,教师应具有较强的事业心、道德修养、创造精神和自主性等。以上两方面结合,我们认为教师的专业素质可概括为专业道德、专业知识、专业技能和专业情意。

一、专业道德

世界经济全球化,人才标准国际化,教育参与市场竞争,使得教育观念发生了重大变革,深刻影响着人的价值观念和道德观念的变革。特别是新课程改革,要求教师职业道德观念与时俱进,适时融入培养创造性、开拓性、实践性人才等更丰富的内涵。因此,今天的教师,不但应有科学的人生观、世界观、价值观,为教育事业无私奉献的敬业精神,良好的职业道德和健康的心理素质,还要努力拥有新时代所推崇的新思想、新观念以及具有时代特点的先进的道德意识。

广义地说,教师专业道德是教师从事教育教学工作时必须遵循的各种道德规范的综合。它包括教师的职业道德、职业精神、思想观念、道德品质等属于意识形态领域的诸多内容。

二、专业知识

优秀教师无疑必须具备从事教学工作所要求的基本知识,因此,教师专业成长的过程也是一个专业知识不断学习、积累的过程。教师专业素质中的知识结构首先是能帮助教师进行有效教学的内容,包括:自己拥有的内容、技能、价值观等;有了知识和技能可以帮助学生获得这些"内容"。因此教师专业必须拥有最基本的两类知识:学科知识和教育学知识。

但是,教师的工作是实践性很强的专业工作,教学是创造性和艺术性的高度结合,尤其是教育学科群的形成和发展,教育学专业学位的设立,提高了教师专业的学术标准,而教育技术的现代化又使教师专业由传统的技能型专业发展为融科学、技术和艺术于一体的现代教育专业,教师专业素质在知识结构上不再局限于"学科知识+

教育学知识"的传统模式，而强调多层复合的结构特征。

作为一名优秀的专业教师，应具备如下专业知识结构层面：

第一，应具备相当水平的普通文化知识，这是教师维持正常教学和不断自我学习的基本前提，主要包括有关当代科学和人文两方面的基本知识，以及工具性学科的扎实基础和熟练运用其知识的技能、技巧。这是教师专业知识结构中最基础的层面。

第二，每位教师都有自己所教授的学科，具备任教学科的专门性知识和技能，是教师专业知识结构的第二个层面。任教学科可以紧密相关，也可以没有相关性，根据学习者的兴趣和能力而定。这部分知识是教师胜任课堂教学工作的基础性知识，对学生的成长和发展影响重大，与非教师的其他专业人员学习同样学科的要求相比，教师有其特殊专业要求。

第三，在教学活动中，教师只解决教什么的问题还不够，更重要的是解决如何教的问题，即如何把学科知识以学生最容易接受的方式传递给学生。这就要求教师应具备教育学科类知识，这是教师知识结构的第三个层面，是教师进行具体的教育和教学活动的理论基础，能帮助教师实施有效的教学。

第四，教师工作具有很强的实践性，它随着教学内容、学生和课堂情境的变化而变化，需要教师在教学实践过程中不断探索、总结出一套行之有效的实践性知识。这类知识是教师个人经验的积累，反映教师解决教学过程中出现问题的方式方法，具有很强的个性色彩。这是教师专业知识结构的第四个层面。

教师专业知识结构中四个层面的知识是相互支撑、渗透和有机整合的。这种整合后的专业知识表现了教师教育行为的科学性、艺术性和个人独特性，也表现了教师精神生活的丰富性和发展性，显示了教师作为一个专业人员而具有的独特的专业知识要求。教师专业知识是教师专业成长与发展的理论基础和前提。

三、专业技能

优秀的教师必须具备从事教学工作的基本技能和能力，因此，教师专业成长的过程也是一个专业技能不断形成和专业能力不断提高的过程。

教师的专业技能可分为三个层次：①基本技能；②综合能力；③教育教学艺术。第一个层面是教师必须具备的基础。第二个层面是教师对已熟知的基本技能在教学情境中转化、运用的能力。第三个层面是教师对基本技能的创造性运用，具有个性化的特征，是教师追求的最高境界。

四、专业情意

教师的专业情意是教师个体对自我从事教育教学工作的感受、接纳和肯定的心理，它包括专业理想、专业情操、专业性向和专业自我四个方面。教师的专业情意是体现教师专业特征的重要保证，是教师出色完成职业使命所必需的情趣情感和情操。

第三节 教师的专业知识

一、文化知识

教师的文化知识指教师作为一个教育者，不论他从事何种具体的教育教学工作，对于他所遇到的各种教育情境都有一定帮助的，便于开展有效的教育教学工作的各种知识的总和。教师承担着培养下一代知识技能和身心发展的教育任务，对培养人而言，没有比广博的文化知识更有助于教师的教育教学行为，更能提高教师的整体素质。

教师专业化的特点之一就体现在对各种不同的知识和理论进行选择、组织、传递和评价，并在这个过程中进行知识创新的专业能力。这要求教师了解和掌握某个具体学科的知识和理论，以及各个学科和领域知识之间的关系。教师只有具备了广博的文化知识，才能融会贯通，得心应手，更好地理解所教学科的知识，并把所教的学科知识与其他学科有机地结合起来；才能够有效地激发学生的求知欲望和学习兴趣，满足每一名学生的探究兴趣和多方面发展的需要；才能够帮助自己更好地理解教育学科知识，使自己的教育教学丰富多彩，促进学生全面发展和素质的提高；才能够提高自己在家长和学生心目中的威信。从各国教师教育的实践来看，以下几个方面的文化知识对教师而言是不可或缺的：①人文类知识，如哲学、社会学、人类学、经济学、政治学、伦理学、历史学、地理学等方面的知识；②科技类知识，如一般的自然科学常识、文理学科交叉的知识；③工具类知识，如外语、数学、计算机、文献检索、应用文写作等方面的知识；④艺术类知识，如体育、美育、卫生与保健、书法、音乐、舞蹈、戏剧、摄影、绘画、文学欣赏、影视评价等知识；⑤劳技类知识，如一般的劳动生产知识、现代工农业生产的基本原理等。

二、学科专业知识

所谓学科专业知识指与教师任教学科相对应的专业理论知识，是教师知识结构中的主干部分。如担任物理课教学的教师，必须具有物理专业的理论知识。教师如果具有精深的学科专业知识和技能，熟悉本学科的体系和内容，将有助于深入浅出地向学生传授相关的知识；如果教师本身不具备这些学科的专业知识素养，则很难期望教师能帮助学生掌握这些学科知识与技能。

教师的劳动是一种复杂的、创造性的劳动，要成功地完成教学任务，首先要精通所教学科的知识，对自己所教学科的全部内容有深入透彻的了解。教学的许多工作，如选择有价值的学习活动、提出创造性的问题、评价学生的学习等，都依赖于教师对学科的理解。缺少这种学科背景，即使任教多年，学科教学知识也不会在教学的过程中自动地演进。反之，如果对学科有很透彻的了解，则学科教学知识会随着教学经验的发展而发展。教师只有完整、系统、扎实、精深地掌握学科专业知识，才能在科学体系中把握自己讲授的学科，在教学中通观全局地处理教材，使知识教学不只是以符号形式存在，还以推理、结论方式出现，而且能展示知识本身发展的无限性和生命力，能把知识"活化"；才能教给学生掌握各种知识、技能的方法，发展学生的智能，举一反三，引导学生在学科知识的海洋中畅快地遨游；才能根据不同的教育对象选择有效的教学方法进行教学，在教学中真正实现科学精神和人文精神、理论和实践、知识和人生的统一，充分发挥学科知识全面育人的价值。

三、教育学科类知识

教师专业化主要体现在对学科知识的组织、传递和评价等方面，教师要成为学生心智的研究者，不仅需要学科专业知识，而且需要教育专业知识。教师的教育专业知识具体包括以下两方面。

（一）一般教育学知识

一般的教育学知识范围相当广泛，包括教育学基本理论、心理学基本理论、德育学、教学论、教育史、教育社会学、教育心理学、教育管理学、教育法学、比较教育、教育改革与实验、现代教育技术知识、教育科学研究等。优秀教师只有全面系统地掌握教育专业知识，才能确立先进的教育思想，正确地选择教学内容与方法，把自己掌握的知识和技能科学地传递给学生，促进学生全面发展。

教育专业知识是教育实践的概括和总结。21世纪的优秀教师不仅要善于在教育实践中学习和运用教育专业知识，还要善于将自己的教育实践，尤其是成功的教育教学改革经验，加以概括和总结，形成揭示教育规律的新教育理论和知识。

（二）学科教学知识

教师运用学科知识应该与其他人不同。教师不是历史学家，而是讲授历史的人；不是科学家，而是教授科学的人。教师的学科知识应该在特性上与其他人不同，而非内容上。舒尔曼认为，学科教学知识是区分教师和一般知识分子的一种知识体系。他提出，学科教学知识就是把"内容"和"教学"糅合在一起，变成一种理解，使其具有"可教性"，知道在某种特定主题、问题或议题上，如何针对学生的不同兴趣与能力，把教师的学科知识进行组织、表达和调整，从而进行教学。教师要考虑的不只是学科本身，还要把学科内容当成与儿童整体经验的成长有关的因素，即把学科"教育学化"和"心理化"。如此，教师的学科知识就会因教师对学生、课程、情境以及教学法的了解而得以丰富和扎实。

四、个人实践知识

个人实践知识是教师知识拓展的一个重要方面。个人实践知识，一般指教师关于课堂情境和在课堂上如何处理所遇到的困境的知识。它不同于专业学科知识、一般教学法知识和学科教学法知识，它更集中地反映了课堂教学的复杂性和互动性的特征，是建立在专业学科知识和一般教学法知识基础之上，是一种体现教师个人特征和教学智慧的知识。

个人实践知识来自实践，是一种"临床性"的知识，它既有直接获得的个人经验积累，也有通过情境学习间接获得他人经验的借鉴。具有了个人实践知识，教师面对不确定的教学条件时能做出复杂的解释，能在具体思考后采取适合特定教学情境的行为。个人实践知识具有明显的情境性，还受个人经历、意识、风格及知识结构的影响，表现出许多行为细节，有时是用外显的可观察、可分析的行为言语表现，也可以是以个体化的语言而存在。教师的案例分析、教师行为的访谈、教学经验介绍都为教师提供了丰富的个人实践知识。

教师拥有了个人实践知识，标志着教师专业发展有了重大进步，意味着教师开始了有自己个人特点的专业知识结构的构建。因为此时，教师的专业发展不再仅仅是接受前人总结出来的普遍适用的原理或规律，或书本上的知识，而且是自己探索形成富有个人特征的知识结构。它不仅是教师从别人那里直接接受的过程，而且对个人而言是一个积累、发展和创造的过程。

个人实践知识是依存于有限情境的经验性知识，是以实践性问题的解决为中心的综合多学科的个体性知识，必须通过日常教育实践的创造与反思过程才能得以形成。这就要求教师对自身实践进行反思，特别是借助于教育理论指导下的案例解读，逐渐积累而形成自己的见解和创意。

科学文化知识、学科专业知识、教育学科类知识和个人实践知识共同构成了现代优秀教师的必备知识，四者缺一不可。知识整合，不是将这些知识简单累加，而是在培养、培训优秀教师这一目标的导向作用下，有针对性地对相关知识加以选择，并按一定的逻辑顺序加以排列组合。

第四节 教师的教学技能

一、教学技能

教学技能指教师在教学过程中运用一定的专业知识和经验顺利完成某种教学任务的活动方式。在心理学中，技能一般被分为狭义的技能和广义的技能。狭义的技能指技能的初级阶段或初级水平，即在一定的知识基础上按照一定的方式通过反复练习，或通过模仿而达到"会做"某件事或"能够"完成某种工作的水平；广义的技能则指技能的高级阶段或高级水平，即在掌握初级技能的基础上经过反复练习，使活动方式的基本成分达到自动化的程度。教师的基本功可以列入狭义的教学技能的范畴，一般泛指教师具有书写钢笔字、粉笔字、毛笔字（简称"三字"）和用普通话说话、讲话、朗读（简称"一话"）的本领，以及会制作教具、教学挂图，编写教案，编排板书，绘制教学示意图，熟悉教学大纲和教材等。

国外关于教学技能的研究盛行于20世纪60~70年代。美国的"模拟教学""微格教学"等都是强调教师教育中发展教师教学技能的产物。广义的教学技能即教学技巧，是教学技能的高级阶段，是"教学行为专业性"的重要方面，反映了教师运用已有知识或经验来完成教学任务的熟练程度和水平。

澳大利亚的特尼等人通过研究把教学技巧分为七大类，这一分类具有比较广泛的代表性：动力技巧，包括加强学生的行为、多样化刺激、入门、鼓励学生参与、接受并支持学生感受、表达温暖热情以及认识并满足学生的需求；讲授及交流技巧，包括解释、阅读，使用视听教学辅助工具、终止、使用沉默、鼓励学生反馈、澄清、表情、速度以及有计划的重复；提问技巧，包括反复集中与指导、引导，高难问题、歧异性与多样性问题以及激发学生主动性；小组个人辅导技巧，如组织小型小组工作，培养独立学习能力，咨询、鼓励合作活动及学生间相互作用；培养学生思考技能，如鼓励探索性学习，指导发明，制定概念，使用刺激手法，使用角色和游戏刺激思维，培养学生解决问题的能力，鼓励学生进行评价与判断并培养其批判性思维；评估技巧，包括认识与评价学生进步，确定学习困难，提出补救办法，鼓励自我评估及组织评估讨论；课堂管理与纪律，包括认识专心与不专心行为，监督课堂小组工作，鼓励以任务为目标的行为，给予指导并解决多重问题。

总之，教学技巧的功能在于引导学生的学习活动，并控制课堂气氛与学生的注意力，使教学活动能顺利进行。为此，教学技巧可归纳为：导入技巧——唤起学生的注意力，刺激学生的学习兴趣；强化技巧——适时对学生正确的学习行为给予奖赏；变化刺激的技巧——变换感觉的途径、变换交流的模式、变换语言声调；发问的技巧——训练、改善学生的反应，增强学生的参与程度；分组活动的技巧——组织小型学习小组，指导咨询，鼓励协作；教学媒体运用技巧——板书的设计、教具的使用、现代化教学手段的掌握；沟通与表达的技巧——书面语言的使用、口头语言的表达、体态语言的运用；结束的技巧——总结学习的表现、指出问题的要点、复述学习的重点；补救教学的技巧——学生的个别辅导、学生作业的指导。

二、教学能力

教育教学能力指教师达到教学目标，取得教学成效所具有的潜在的可能性，它由许多具体的因素组成，反映出教师顺利完成教学任务的直接有效的心理特征。教学能力和教学活动密切结合在一起，并在教学活动中得以展现，这种展现是可以观察到的、外在的行为，因此，对教学能力的评价需要借助于对教学行为的观察。此处所说教学行为泛指一切在教学过程中可以直接观察到的教师行动，如教师讲话、写板书、提问问题、控制课堂教学秩序等行为。

美国佛罗里达州在20世纪70年代发起了一项关于教师能力的研究，提出了教师的1276项能力表现，其主要方面包括：量度及评价学生行为的能力；教学设计的能力；教学演讲的能力；负担行政职责的能力；沟通能力；个人自身发展的能力；使学生自我发展的能力。

国内教师的教学能力历来受到人们的广泛关注，优秀的教师必须具备良好的教学能力。我们认为，良好的教学能力主要包括以下方面。

（一）教学设计能力

教学设计能力指教师在具备基本的专业知识和教学技能的基础上，能够综合运用这些知识和技能，根据教学大纲的要求设计出适用的年度和单元教学计划的能力。具体而言，这方面的能力有掌握和运用教学大纲的能力、掌握和运用教材的能力、选择和运用教学参考书的能力、制订教学计划的能力、编写教案的能力等。

（二）教学实施能力

教学实施能力是教师在一般教学情境下有效地实施所设计的教学计划，并能根据实际情况控制教学情境的能力。教学实施能力也是多种具体能力的综合，如选择和运用教学方法的能力、因材施教的能力、课堂教学组织的能力、运用各种教学技巧的能力和教学机智等。

（三）教学检查评价能力

教学检查评价能力指教师在教学过程中收集资料，运用各种评价方法了解学生的学习状况，以判定教师是否完成了预定的教学目标，学生是否达到了预定的学习目标，从而根据反馈的信息来补救或改进教学工作的能力，如设定评价目标和评价标准的能力、收集评价资料的能力、选择和运用评价方法和评价工具的能力、分析或解释评价资料与结果的能力、反馈矫正的能力等。

上述的教学能力并不是孤立存在的，它建立在一般能力基础之上。有人把这些一般能力概括为两个层次：自学能力、表达能力、组织能力、教育机智和专科能力；观察力、记忆力、想象力、思维力和注意力。也有人把一般能力称为教学的基础能力，并概括为三个方面：智慧能力，包括迅速准确、深入细致、客观全面的观察力，敏捷深刻、有创造性的思维力，丰富、合理、新颖的想象力，准确、迅速、持久的记忆力；表达能力，包括准确、生动、有条理的口语表达能力，自然轻松、大方得体、富有感染力的肢体表现力；审美能力，包括感受美的能力、鉴赏美的能力和表现美的能力。

第五节 教师的专业道德

一、教师的专业道德与学生思想品德

教师高尚的专业道德在学生品德培养和塑造过程中具有非常重要的作用。

（一）导向性

所谓导向性，指教师的思想政治素质对于青少年学生的世界观、人生观、政治态度、理想信念等的形成与发展具有引导的作用。这种作用能影响甚至决定学生一生的命运和发展方向。实践证明，教师良好的政治思想素质对于引导学生思想政治进步，逐步树立起正确的世界观、人生观和正确的政治方向具有积极的影响和熏陶作用。

（二）示范性

示范性指教师的道德观念和行为被学生当作榜样并加以模仿的作用。在人的社会化过程中，个体选择什么样的认同对象制约着其日后的成长方向。青少年学生一般具有向师性的特点，教师在他们心目中是公正、善良、无私、正直等一切美的化身，是仿效和学习的范本。同时，青少年学生正处于世界观、人生观、道德观逐步形成与发展时期，从心理上是最容易接受影响的人。因此，在教育活动中处于主导地位的教师，不仅要成为教学活动的具体执行者和传导者、学生知识的传播者，更应成为学生生活的导师和道德的引路人。

（三）实效性

教师的专业道德高尚，在学生良好品德的形成与发展过程中就会起到催化剂的作用。在教育过程中对教育效果产生重要作用的因素，包括教育者的人格因素，以及他在师生关系中所具有的品质。所以，教师的品德高下有区别，必然产生迥然不同的教育效果。教师具有崇高的道德，才能引起学生对教师的崇敬、信任，从而"亲其师，而信其道"，使学生敞开心扉，乐意接受教师的忠告、教育、批评，产生良好的教育效果。基于此，"教育者必先受教育"，我们必须重视师德的培养和塑造，首先把教师自身培养好、发展好、教育好，然后才可能培育出德才兼备的学生。

二、教师专业道德的时代内涵

（一）职业理想的构成

1. 师品

教师必须具有为中华民族崛起而奋斗的坚定信念和为祖国培养现代化人才的责任感与使命感，要忠诚于教育事业，爱岗敬业，尽职尽责；坚守高尚情操，廉洁从教，精于教书，勤于育人；发扬奉献精神，不断探索，勇于进取，为教育事业的改革和发展贡献聪明才智。

2. 师知

要培养高水平的学生，教师必须学识渊博，学业精深，在知识结构领域要达到：①有深厚的专业知识和广博的相关领域知识，不断更新知识体系，及时吸收、存储学科前沿知识与研究成果，具有跨学科、跨专业的结合力，此为本体性知识；②有效实现知识"传授"的教育学、心理学、教材教法等条件性知识；③实践性知识，实践性知识更多地来自教师的教学实践，是教师教学经验的积累，这种知识对于教师的专业发展具有决定性的作用。

3. 师能

①有科学的施教能力，能把教育理论的最新研究成果引入教学过程，使教育教学的科学性和艺术性高度完整地统一起来。②熟练掌握现代教育技术的操作和应用，能够利用现代教育技术，恰当有效地选择教学方法和方式，直观形象地展示教学内容，使知识传授与创新思维培养相结合，培养学生的创新精神和创新能力。③有创新精神，积极开展教育行动研究，探索新的科学的教育方法、模式，在耕耘中拓宽视野，在执教中提炼、升华师技。

4. 师表

要执教则必须"为人师表"，因而必须模范地遵守社会公德，严于律己，作风正派，时时处处事事严格要求自己，且标准要先于、高于一般社会成员，坦诚接受学生、社会与自我的监督和评价。

（二）科学的教育理念

教师要具有服务意识，即要有"一切为了学生，为了学生一切，为了一切学生"的思想。

首先，要转变三个观念。①转变教师观，教师要由知识的传授者转变为学生学习的指导者、促进者。②转变学生观，教师要树立学生主体观，尊重学生的人格，尊重学生的观点，承认学生的个体差异，相信学生都存在发展潜能，积极创造和提供满足不同学生学习成长的条件。新课程的学习过程是学生获取知识、学会学习、掌握知识和技能的过程，同时也是学生丰富情感、完善自我、学会合作、学会做人的过程。

③转变教学观，教学过程要由传授和记忆知识的过程转变为学生发现信息、加工信息、研究问题、增长知识的过程。为此，教师要不断提高对信息技术的运用能力，促进信息技术与教学内容的整合，改变教学内容的呈现方式和师生互动方式，从根本上有效地促进学生学习方式的转变。

其次，要建立新型的师生关系，学会关心、热爱自己的学生。积极构建一种民主、平等、互动、合作型师生关系，在与学生交往互动、合作交流中及在与学生心灵碰撞、情感交融中健全学生人格、完善学生个性，促进师生共同发展。

最后，要开展丰富多彩的师生活动，培养师生间的真挚情谊。通过开展师生联谊会、演讲会、歌咏比赛等活动，加强教师与学生的情感交流，使"师生情、生生情、艺术情"融合成一股浓浓的"情感流"，建立起师生间真诚、平等、合作、共生的关系。

(三) 完善师德内容

与其他职业相比，教师的劳动是培养人的劳动，教师把自身的各种特性作为手段去影响或感染劳动对象，从而使受教育者的自身发生预期的变化。这个特点决定了教师的专业道德有着其他职业所不具有的或是更高的职业道德准则和规范。概括起来，教师专业道德应主要包括以下内容。

1. 热爱学生，教书育人

热爱学生包含着极其丰富和深刻的内容，它包括尊重学生、理解学生、信任学生、关心学生、对学生寄予期望、严格要求学生等多重含义。热爱学生是教书育人的基础，是学生信任教师的基本条件。爱是学生成长和发展的基本需要，爱学生是教师的天职。教书育人指教师在向学生传授科学文化知识、训练专门技能的过程中，应始终关心学生的思想品德进步，塑造学生健康美好的心灵。教师的职责就是既教书又育人。

2. 爱岗敬业

教师这一职业在社会中的重要作用决定了教师必须热爱自己的岗位，必须把它与祖国和人民的教育事业、与中华民族的伟大复兴、与社会主义现代化宏伟事业和塑造"有理想、有文化、有道德、有纪律"新人的重大工程紧密地联系在一起。敬业就是要求广大教师要按《教育法》《教师法》的要求，认真履行人民教师应尽的职责。这种职责是基于对国家、民族和社会未来的一种深沉的使命感，落实到对每一个学生的高度责任心。

3. 锐意进取，严谨治学

严谨治学的职业精神自古就有，而时代又赋予了它新的含义。为了提高自身的教育教学水平，培养全面发展的新一代，教师在精通所授科目专业知识的同时，要学而不厌，锲而不舍，博闻强记，精益求精；以科学的态度和方法进行钻研和学习，不断更新知识，掌握最新的科学知识和信息；以创新的精神探索教育教学规律，以自强不息的毅力去追求更大的发展。

4.以身作则，为人师表

教师表现出的思想品德、治学态度、行为举止，对于可塑性、模仿性很强的青少年学生，具有直接的影响和感染作用。教师工作的示范性很强，身教更为重要。教育无小事，教师无小节，教师要用自己渊博的学问、高尚的道德、光明磊落的行为影响学生，在各方面都应成为学生的榜样，起到表率作用。

5.追求"身正"修养

教师职业的特点和职责要求其职业修养高于一般公民。原因在于教育是健全人格的事业，教师的劳动自始至终表现为人与人之间相互影响的过程。因此，作为教师应努力加强自身道德修养。古人云："耻其言而过其行。""正人先正己。"这是因为："其身正，不令而行；其身不正，虽令不从。""不能正其身，如正人何？"广大教师只有通过不断学习和努力，注意加强自我道德修养，才能达到理想的职业道德境界。

优秀的人民教师，要用上述规范要求自己，这既需要自身的修炼，也需要环境的涵育。

三、教师专业道德建设的有效途径

教师高尚的专业道德的形成，外因虽然重要，但最主要的是靠自律，即自我修养、自我塑造，专业道德作为教师的行为规范，主要通过教师内心的信念发挥作用，主要依靠教师在师德修养过程中的自我意识和自我觉悟。专业道德建设要求教师在实践中，注意自我学习、自我修炼、自我约束和自我调控。

作为优秀教师，要如何加强自律呢？

首先，要有"春蚕到死丝方尽，蜡炬成灰泪始干"的牺牲精神，乐于为祖国的教育事业无私奉献，把学生的每一个进步都当作自己前进的动力。

其次，要善于学习。崇高的专业道德是科学的世界观、人生观、价值观的具体体现。科学的理论是实践的先导。因此，要提高专业道德认识，培养专业道德意识，塑造良好的师德，树立坚定正确的政治方向和科学的世界观。注重学习教育学、心理学等教育科学理论，以掌握教育规律和青少年心理发展规律，以此来指导自己的教育行为。认真学习《教育法》《教师法》以及《未成年人保护法》等相关法律。学法而后知法，知法才能守法。每一位优秀教师都必须认真领会有关教育法规的精神，用法律法规来约束、规范自己的言行。

最后，要提高心理素质。教师在教育实践中，通过自我观察、自我控制和自我调适等心理活动，不断锤炼自身、完善、提高心理素质，使自身的思想、情操、智慧、个性、意志等逐渐趋于完善。这是对教师专业道德修养提出的新的要求，因为，教师的健康心理是教师专业道德修养的内在基础，保持心理健康也是教师专业道德修养的重要组成部分。

第六节　教师的专业情意

从众多的有关情意领域的研究界定中，我们不难发现许多共性的方面，如态度、价值观、信念、兴趣、自我意识和他人意识等。在此，我们把优秀教师的专业情意成长的内涵归纳为以下几个方面。

一、专业理想

教师的专业理想是教师对成为一个成熟的教育教学专业工作者的向往与追求，它为教师提供了奋斗的目标，是推动教师专业发展的巨大动力。具有专业理想的优秀教师对教学工作会产生强烈的认同感和投入感，愿意终身奉献于教育事业。具有专业理想的优秀教师对教学工作抱有强烈的承诺，他们致力于改善教育素质以满足社会对教育专业的期望，努力提高专业技能，努力维护专业的荣誉、团体、形象等。

二、专业情操

教师的专业情操是教师对教育教学工作带有理智性的价值评价的情感体验。它是构成教师价值观的基础，是构成优秀教师个性的重要因素。教师的专业情操包括：①理智的情操，即由于对教育功能和作用的深刻认识而产生的光荣感与自豪感；②道德的情操，即由于对教师职业道德规范的认同而产生的责任感和义务感。

三、专业性向

教学工作的专业性向指教师成功从事教学工作所应具有的人格特征，或者称为适合于教学工作的个性倾向。霍兰德"人业互择"的职业选择理论认为，社会有成千上万种职业，也有成千上万个劳动者。一方面，劳动者的个性千差万别，其能力、兴趣也不尽相同；另一方面，各种职业由于其劳动或服务对象、所使用的工具、劳动支出形式及人际关系环境的特殊性，对从职者的个性素质也有特定的要求。因此，霍兰德根据个性心理素质与择业倾向把劳动者划分为六种基本类型：①实际型；②学者型；③艺术型；④社会型；⑤事业型；⑥常规型。根据职业本身的内容与对劳动者素质的要求把职业也划分为六种类型：①实际型；②调研型；③艺术型；④社会型；⑤企业型；⑥常规型。某一类型的劳动者只有从事类型相同的职业，才能发挥特长，做出成绩。霍兰德认为，社会型劳动者喜欢从事为人服务和教育他人的工作，其个性适合做教师，因为他们热情慷慨、善于交际、关心他人、人际关系融洽。他们总在寻求与群众接触的机会,渴望发挥自己的社会作用。他们给人的印象是向上的、乐于助人的、有责任心的、合作的、理想主义的、合群的、耐心的、八面玲珑的、友好的、仁慈的、善解人意的、慷慨的、有说服力的和温暖的。

在上述三个方面中,树立崇高的专业理想、养成高尚的专业情操是教师专业情意发展的主要内容。教师的专业性向在很大程度上属于"先存的教师特性",不易受后天发展的影响,即使改变也是一个长期的过程。

四、专业自我

与传统强调教师的知识和能力倾向不同,在教师专业素质的情意领域,人们越来越重视教师的自我意识和自我价值。库姆斯在20世纪60年代出版的《教师的专业教育》一书中就提出,一个好的教师首先是一个有独特人格的人,是一个知道运用"自我"作为有效工具进行教学的人。高度"自我"的教师,倾向于以积极的方式看待自己,能够准确地、现实地领悟他们自己和所处的世界,对他人有深切的认同感,具有自我满足感、自我信赖感和自我价值感。

对教学工作来说,教师的专业自我是教师个体对自我从事教学工作的感受、接纳和肯定的心理倾向,这种倾向显著地影响到教师的教学行为和教学工作效果。从这个意义上说,教师专业成长与发展的过程也是教师专业自我形成的过程。

第十章　新时期教师素质训练的创新探索

第一节　新时期教师的多元角色与专业发展

一、多元角色对教师素质的新要求

当今教师的多元角色对教师专业素质提出了相应的要求。根据教师的六种角色，将分别探讨教师承担这些角色应该具备的主要素质。

（一）教师作为学生学习的指导者和促进者应有的主要素质

教师作为学生学习的指导者和促进者，促进以学习能力为重心的学生个体和谐、健康发展，并把教学的重心放在如何促进学生学习上，从而真正实现"教是为了不教"。为此，教师应该具备以下素质。

1.语言表达能力

任何时代、任何社会，教师职业都离不开语言表达。为人师者，没有高超的语言表达能力，是很难完成教育任务的。语言表达能力包括口头语言表达能力和书面语言表达能力两个方面。作为学生学习的指导者和促进者，教师在口头语言表达方面必须要口齿清楚、发音准确、音量适中、感情丰富、抑扬顿挫、流利大方，能够准确地表达自己的思想。在书面语言表达方面更要能够"下笔千言"，逻辑层次合理明确，还要做到言简意赅、文字通顺等。教师可通过常思常写的方式不断加强这方面的修养。

2.掌握丰富、整合的学科知识

教师要对学生的学习进行指导，前提是自己要具有丰富、精深的学科知识。首先，教师要掌握不同学科的有机整合的知识。教师不能只懂得自己所教授学科的知识，还要懂得与所教学科相关的学科知识，并且了解这些学科知识之间的内在联系。

其次，教师的知识应该是结构化、情境化的，这些知识既能够反映学科知识的内在逻辑，又能够与教师自身的经验紧密联系，而不是机械记忆的结果。最后，教师还要懂得学科知识的来源、获取途径、方法等。

3.组织和调动学生学习的能力

教师角色由单纯的知识传授者向学生学习的指导者和促进者转变，其中一个重大的本质变化是学生的学习由原来的被动接受变为自主学习。因此，教师必须能够在教学过程当中，创造一切条件，激励和引导学生主动参与到教学活动中，引导学生进行自主学习，培养学生自主学习的能力。教师要能够把学生的智力和非智力因素都调动起来。非智力因素包括人的情感、动机、兴趣、意志等。现代心理学研究表明，这些非智力因素在一个人的成长过程中起着至关重要的作用。教师应该懂得采用创设问题情境、利用学习成果的反馈、开展竞赛、正确评价等方法活跃学生的非智力因素。例如，教师可以围绕那些能够挑战学生的初始假设的问题，进行课堂教学设计，从根本上激发学生的兴趣。此外，教师还应该懂得在教学过程中营造宽容的文化氛围，鼓励学生探索。

4.课堂教学能力

教师作为学生学习的指导者和促进者，其关键的环节仍然是课堂教学，课堂永远是教师活动的主要舞台。教师的课堂教学能力是在课堂教学中教师为促进学生有效学习的多种行为方式的组合。这种能力是整个教学能力的核心。课堂教学中教师的行为方式是复杂的，因此课堂教学能力是多样的，如课堂导入能力、讲授能力、演示能力、提问技巧、组织讨论技巧、小结能力等。

5.组织学科课外活动的能力

学科课外活动指学校在教学大纲以外针对各门学科特点有目的、有计划、有组织开展的多种多样的教学实践活动。在基础教育提倡发展学生各方面素质的今天，学科课外活动以其灵活性、开放性、兴趣性、综合性、实践性等特点，对学生的教育起到了课堂教学所不能代替的独特作用。教师应该掌握学科课外活动方案的设计和实施的方法、程序和要求，有效地指导和组织学生完成学科课外活动的任务。

6.学习评价能力

教师作为学生学习的指导者和促进者，在对学生学习进行评价时，不能只关注学生的知识和技能的获得情况，更应关注学生学习的过程、方法，熟悉学生的一般特征、学习的准备情况、已经达到的水平以及学习风格。教师需要通过各种途径，如观察、交谈、讨论、调查问卷、考试、学生成长记录等，对学生的情况进行全面、发展性的评价，得出比较贴切的评价结果。在此基础上，教师才可以适时调整教学方案，为每个学生的学习提出适当的指导意见，并且采取不同的指导方法。

（二）教师作为课程研制者应有的主要素质

随着课程改革的深入，人们逐渐认识到教师在课程研制中的重要作用，赋予了教师"课程研制者"的角色，这一角色要求教师应有的专业素质主要有如下内容。

1. 较好的课程理论修养

作为课程研制者的教师，必须掌握课程理论方面的相关知识，这是进行课程研制的基础。相关的理论知识包括课程基本理论、课程研制的相关理论、课程设计的理论、课程实施与评价的理论等。此外，教师还应该具备较为扎实的教育学、心理学的理论知识。

2. 课程设计能力

教师除了要熟知课程研究的模式和程序，能够运用课程研制的技术外，还要根据地方和学生的具体情况，富有针对性地设计课程内容和课程实施方法，并使用合适的教学媒体，用最适宜的方式来呈现课程内容。另外，教师进行课程设计时，还应该能够突破课堂的限制，将课堂教学与日常生活联系在一起，从而实现有限的课程内容与无限的现实生活的融合。

3. 课程评价能力

教师要经常性地把课程目标与课程实施的效果进行比较，从中找出二者的差距以及造成这些差距的原因，并在此基础上提出课程修改和完善的意见。同时还要求教师能够对自己的课程进行反思，发现其中的不足及需改进之处。

（三）教师作为教育研究者应有的主要素质

今天，教师面对的是一个发展变化速度十分快的世界，其中存在着许多未知领域，这就要求教师成为一个社会文化和教育的研究者，通过研究、发现和解决问题，来推进自己的教育教学工作。教师成为教育研究者应具备以下主要素质。

1. 问题研究意识

任何研究都是从发现问题开始的，没有问题则研究便无从进行。教师在日常的教育教学实践活动中，必须有意识地培养自己对社会和教育问题的敏感性，培养自己的问题意识。善于发现问题的教师能够在自己的日常生活中，由生活细节引发对相关问题的思考。教师还应认识到，自己处在教育教学的第一线，掌握着丰富的教育研究的素材，与专门的教育理论研究者相比，自己有着独特的优势，这样能够培养教师对教育科研的信心。

2. 教育理论修养

教育科研要以教育科学理论为指导，这对教师的教育理论素养提出了较高的要求。我国的中学教师，虽然大多数是从师范院校毕业，都学过普通教育学、普通心理学和学科教学法等教育理论类课程，但整体的教育理论素养和水平普遍不高。这使他们在从事教育科研时常常感到力不从心，在很大程度上阻碍了他们的教育科研。倡导和要求中、小学教师从事教育科研，就必须提升他们的教育理论素养。

3.教育科学研究方法

教师从事教育研究，必须通过有效的途径进行。教育研究的方法很多，而教师从事研究，可供选择的方法有正统的"学科规训"、新兴的"质的研究"、国外引进的"行动研究"以及"建构性试验"等。教师对这些方法的内涵、特色、具体操作方法等都应熟悉和了解，并能够恰当地选择和运用。

4.探索精神

当今世界教育的变化很大：受教育者的自主性增强、教育内容变化加快、教育技术更加先进、教学形式更加多样……这些变化使教育领域产生了新情况和新问题。这就要求教师在发现问题之后，能够进行深入探究，解决问题，并以研究成果改进教育实践。因而，探索精神是从事教育研究所必需的。

5.创新思维能力

面临新情况与新问题，如果原有的知识无法解决这些问题，则必须运用已有的知识进行重组和加工，从中找到解决问题的方法，这就是创新思维。教育研究的过程中会遇到很多原来没有遇见过的新问题，因而，教师必须具有创新思维能力才能保证教育研究的顺利进行。

（四）教师作为信息资源的查询者和设计者应有的主要素质

教师作为信息资源的查询者和设计者应具备的素质主要有以下内容。

1.信息意识

信息意识简单而言，指人捕捉、发现、分析、判断、吸收和利用信息的欲望及自觉程度，是人们对不同信息需求的反映。它指引获取和利用信息的方向，影响获取和利用信息的行为。良好的信息意识是获取和利用信息的前提和基础。只有具备良好的信息意识，教师才会主动地从大量的信息资源中感知、发现、获取和利用各种有关信息。良好的信息意识是教师能够成为信息资源的查询者和设计者的基础。

2.信息处理与应用能力

信息处理与应用能力主要指利用恰当的手段进行信息获取、加工处理、呈现交流的技能。在信息收集、处理和利用的所有阶段，批判性地处理信息是非常重要的，作为信息资源的查询者和设计者必须为学生严格把关。在接收信息之前，认真思考信息的有效性、信息陈述的准确性，能够识别信息推理中的逻辑矛盾或谬论，识别信息中有根据或无根据的论断，确定论点的充分性。教师具备这种能力，才能够在信息爆炸的时代，有效地对信息进行筛选和辨别。应用信息的能力也称为现代信息社会的读写能力，可见其重要程度。

3.信息技术与课程整合的能力

信息技术与课程整合的本质是在先进的教育思想、理论的指导下，把以计算机及网络为核心的信息技术作为促进学生自主学习的认知工具与情感激励工具、丰富教学环境的创设工具，并将这些工具全面地应用到学科教学过程中，使各种教学资源、各个教学要素和教学环节，经过整理、组合，相互融合，在整体优化的基础上产生最优化的教学效果，从而促进传统教学方式的根本变革，实现培养学生创新精神与实践能力的素质教育目标。这种整合的关键在于教师，没有教师的积极参与，信息技术与课程的整合将无从谈起。为此，教师要懂得信息技术与课程整合的目标、内容、原则以及相应的技术。

（五）教师作为终身学习者应有的主要素质

教师作为终身学习者应具备以下素质。

1. 终身学习的意识

终身学习是以"自我引导"为主的行为，是个人不断发展自我、完善自我的过程，只有树立了终身学习的观念，才能够主动地进行自我更新，随时随地地学习，通过学习实现个人的不断发展。教师只有从自己的亲身体验中领悟到终身学习的价值，树立终身学习的观念，才能从根本上成为终身学习的典范，进而在自己的教育教学实践中培养学生终身学习的兴趣，以及强烈的求知欲望。

2. 学习能力

终身学习建立在获得知识、更新知识和应用知识三者的基础上，它强调的是自学能力。教师成为终身学习的典范，不仅要求教师接受正规的师范教育、在职教育，还要求教师在自己的教育教学过程中，主动、自觉地更新已有的知识体系，这对教师的自学能力提出了较高的要求。

3. 职业发展规划能力

教师应该能够在飞速发展的社会环境中，有意识地不断更新自己的知识体系和能力结构，不断地学习各种最新的教育理论，保证自己职业能力的适应性。根据自己的实际情况，制定出每一阶段的职业发展规划，大阶段里再分为小阶段。这样，教师就会时时刻刻都在有目标地生活和工作，他就必然不断地学习，从而成为真正意义上的终身学习者。

（六）教师作为学生的心理保健员应有的主要素质

教师作为学生的心理保健员，主要是保证学生心理健康。这个角色的实现要求教师具备以下素质。

1. 健康的心理

根据联合国世界卫生组织的定义，心理健康不仅指没有心理疾病或变态，也不仅指个体社会生活适应良好，还指人格的完善和心理潜能的充分发挥，亦即在一定的客观条件下使个人心境处于最佳状态。目前在我国，心理健康既指心理健康状态，也指维持心理健康，预防心理障碍或行为问题，进而全面提高人的心理素质的过程。一个心理健康的教师往往具有正确的自我认识、良好的心境、适度的情感反应、和谐的人际关系、健全的意志品质、健康完整的人格、良好的社会适应能力等。心理健康，是教师成为学生心理保健员的前提。保持良好的心理状态才能够帮助和引导学生，并在无形中影响学生，使学生具有满意愉快的良好情绪状态。

2.相关的理论知识

教师应该有较好的心理学理论知识，还要有心理健康教育、心理咨询、心理辅导等方面的专业知识。

3.心理保健方面的专门技能

教师作为学生的心理保健员，一方面要通过心理健康教育使学生掌握心理自我调节的方法，能够及时调整自己的心态，保持正常、稳定的情绪；另一方面要对有心理问题的学生进行适当的心理辅导和咨询，帮助学生获得正当的心理需要。为此，教师要能够熟练掌握和运用心理健康教育、心理咨询、心理辅导等方面的技能和技巧。

此外，教师还必须具有与心理保健相关的技能和技巧。例如，交流技巧可以引导学生说出内心的想法和问题，借此了解学生的心理变化，掌握学生的心理状况，特别要关注那些心理波动较大、情绪不稳定的学生，从而有针对性地对学生进行心理辅导。再如，教师应该有较好的理解能力，能够理解学生的语言、行为、思想，这样才能深入学生的内心世界，了解他们的心理状态，了解那些不能被其他人理解的问题。

以上梳理、分析的适应多元角色的各项教师专业素质内容中，既有作为教师应有的基本专业素质，如语言表达能力、课堂教学能力等，也有新时代背景下对教师提出的新的、更高的要求，如研究能力、沟通能力、学习能力、信息技术的应用能力等。下面从教师的专业理念与道德、专业知识、专业能力三个方面将教师的上述素质做出归纳，具体如下。

在专业理念和道德方面，教师应该有问题研究意识、探索精神、终身学习的意识、信息意识、健康的心理等。

在专业知识方面，教师应该有整合的学科知识、课程理论知识、教育理论和心理学的修养、教育科学研究方法、心理健康教育、心理咨询、心理辅导等方面的知识。

在专业能力方面，教师应该有良好的语言表达能力、教学设计能力、课堂教学能力、组织课外活动的能力、学习和课程评价能力、创新思维能力、教育科研能力、心理保健能力、沟通能力、理解能力、学习能力、职业发展规划能力、信息处理能力、信息技术与课程整合的能力等。

二、当今教师多元角色冲突及其应对

（一）教师的多元角色与角色冲突

角色冲突是社会心理学角色理论中的一个重要概念。所谓角色冲突指个体不能满足多种角色要求或期待而造成的内心或情感的矛盾与冲突。角色冲突可以分为角色间冲突和角色内冲突。角色间冲突指个体必须同时扮演不同的角色，但由于缺乏充足的时间和精力，因此无法满足这些角色提出的期望而产生的冲突；角色内冲突指两个或两个以上的角色伙伴对同一个角色抱有矛盾的角色期望所引起的冲突。

既然每个人都扮演着许多不同的角色，当这些角色的要求出现对立时，置身于其中的个体就处于一种角色冲突的状态。根据社会学的这一基本判断，我们认为，当今社会中教师扮演着多元角色，因而在教师身上也会存在一定的角色冲突。例如，要想做一名成功的教师，必须对学生关爱有加且充分信任，而与此同时，又必须对学生严格要求，适当地建立自己的威信。前者要求教师言行和蔼，与学生平等交往；而后者要求其言行要相对严厉，有时甚至要强硬。因此，"平等对话者"与"教育中的权威"这两种角色就产生了冲突。

教师的角色冲突对教师个人发展和教学工作会产生直接的影响。适当的冲突有助于教师适应角色的要求，促进教师学习，冲突的解决会使教师体会到成功的乐趣。但是，冲突可能影响教师的身心健康和工作积极性，影响教师职业的稳定，诱发部分教师的角色转变行为。可见，从教师专业发展的角度来看，重视并处理好教师角色冲突问题具有十分重要的意义。

（二）教师角色冲突的主要表现及其成因

1.教师角色冲突的主要表现

教师角色冲突是社会学、教育学和心理学等多个学科长期以来十分关注的重要课题，已有较丰富的研究成果。

有学者探讨了社会转型时期教师角色的冲突问题，将教师角色冲突的表现分为以下几种类型。①在教师角色追求的目标上，有表现型角色与功利型角色的冲突。前者以追求对社会制度、社会秩序、社会主导价值观念与共同行为规范的表现为目标，后者以追求个人功效、实际利益为目标。②在教师角色规范的程度上，有规定型角色与开放型角色的冲突。规定型角色指社会对角色的权利、义务、思想、言行，甚至仪表、服饰等都有明确的规定，充当这类角色的人要受到角色规范的严格制约；充当开放型角色则没有严格的角色规范要求，角色承担者可以根据自己对角色的理解而自由活动。③在角色行为的态度上，有执着型角色与自由型角色的冲突。执着型角色指角色承担者在深刻认识角色社会价值的基础上，从行为上表现出对该角色的无比热爱、执着追求、态度坚定、无怨无悔；自由型角色指角色承担者注重个人自由发展的价值，在行为上表现出对理想职业的不断追求，流动次数较多。④在教师角色适应的倾向上，有社会中心型角色与学生中心型角色的冲突。社会对教师的期望主要体现在国家制定的教育目的、培养目标与各级政府制定的教育发展规划，以及社会各部门、各行业对人才需求的计划上。学生对教师的期望主要体现在学生及家长从学生个人的前途出发而提出的对受教育的层次、类型、专业、课程等方面的期望。当二者不能兼顾时，便会产生角色冲突。⑤在教师角色功能的形态上，有专一型角色与复合型角色的冲突。专一型角色指角色功能较为单一，仅局限于一所学校内部和特定的专业范围；复合型角色功能则具有多层次、多序列的特征，除在学校内完成特定的角色功能外，还要在社区，乃至大社会中承担一定的角色。这二者之间也会经常发生冲突。⑥在教师角色情感的反映上，有自尊型角色与自卑型角色的冲突。自尊型角色在角色情感上的最大特征是具有强烈的自尊心和职业荣誉感；自卑型角色则相反，常常产生职业的屈尊感和失落感。

近年来，又有人探讨了基础教育改革时期教师角色的冲突问题，将教师角色冲突的表现概括为不同角色期待引发的角色冲突、"完人"与"自然人"的角色冲突、角色转变引发的角色冲突、高的职业评价与低的社会地位引发的角色冲突、角色职责要求与个人事业成就引发的角色冲突。在角色转变引发的角色冲突方面，目前最主要的是新一轮基础教育课程改革对教师提出的与传统教育教学角色不同的新角色而导致的教师角色冲突，主要表现为教师在接受新课程的过程中，存在着心理的角色冲突，如自我否定的痛苦感、新型师生关系引发的不适应感、教师知识技能的缺失、教师工作负担重与课程资源缺乏、培训内容与形式缺乏实用性、评价制度与方法滞后等。在新课程环境下，教师要经历一个角色从冲突到再适应的过程。

此外，还有人探讨了教师的课堂角色冲突问题，认为教师课堂角色冲突主要有以下几种表现。①训诫与理解的冲突，教师的领导者与同情者、顺应者的角色冲突，使教师常常处于两难的境地。②领导与失范的冲突，教师作为管理者与自己管理知识和能力水平的冲突，教师发现自己缺乏角色的知识。③负责与自由的冲突，即教师作为课堂纪律维持者与作为受学生欢迎的朋友之间的冲突。④多疑与友好的冲突，即教师的社会代理人角色与作为父母代理人角色的冲突。

2.教师角色冲突的原因

引发教师角色冲突的原因是复杂的，主要有以下几个层面的因素。

（1）社会层面的原因

当今社会正处于价值多元化时代，教师在解决社会问题、增进不同社会文化价值之间的相互尊重和理解等方面发挥着越来越重要的作用。关于这一点，联合国教科文组织早在十年前就明确指出："教师作为变革的因素，在促进相互理解和宽容方面，其作用的重要性从未像今日这样不容置疑。这一作用在21世纪将更具决定意义。"教师在当今社会中的重要作用，使得社会对其的期望也日益多样。"从传递文化的角度讲，教师既是旧文化的维护者，又是新文化的启蒙者；从施行教化的角度讲，教师既要扮演学者，又要扮演圣者；从培养人才的角度讲，教师既是知识的传授者、'道德的示范者，又是学生集体的领导者与心理困扰的治疗者；从教师自身来讲，既是社会化的承担者，又是社会化的承受者，既是特殊的社会成员，又是普通的社会成员。"各种较高的社会期望交织在一起，常常使教师无所适从，最终引发角色冲突。此外，教育与社会需求的脱节、教师职业声望与教师实际待遇的反差等也会引发教师的角色冲突。

（2）教育环境的原因

为了适应发展迅速的社会形势，当前教育环境的变化也十分快，教育改革几乎成为目前各个国家和地区的头等大事之一。新的教育理念、理论、内容、模式、政策与已有的教育制度之间形成的冲突和矛盾，使得今天的教育环境异常复杂，而工作和生活于其中的教师所承担的心理压力是史无前例的。新旧要求不同，会造成教师的角色冲突。就我国而言，当前正在推行的新一轮基础教育课程改革，要求教师承担的角色不仅是多元的，而且有一部分是前所未有的，教师如果不能及时改变自己的角色观念并调整角色行为，便无法适应新的多元角色的要求，因此不可避免地出现角色冲突。另外，教育主管部门或学校制定的不符合教育规律和客观实际的规章制度等都可能成为导致教师角色冲突的因素。

（3）教师自身的原因

教师只有在具备所需的知识和技能、个人素质、职业前景和工作动力的情况下，才能满足人们对他们的期望。如果教师不具备应有的这些要素，则难以承担其应该承担的多元角色。教师角色认识有误、角色体验不良、角色扮演技巧失当等都会造成角色冲突。另外，教师的心理状况也是导致教师角色冲突的一个十分重要的因素。我国有研究表明，实施新的课程计划，意味着课程实践要发生一系列变化，变化可能导致教师出现情绪反应，引起教师的心理障碍，造成冲突。具体表现如下。①心理惰性。长期以来，我国实行的是大一统的课程和教材制度，教师课程意识非常淡薄。这种课程政策导致了教师的心理惰性。新课程标准的实施，充分体现了教师的主体地位和主体性作用的发挥，这种新的主体或主角身份与传统的课程观念之间发生了冲突。②逆反心理。面对新课程，很多教师觉得不习惯，往往表现出盲目的、刻板的逆反心理。③观望心理。有些教师对课程改革持漠不关心的态度，把自己置于改革潮流之外，缺乏改革参与意识。面对新的课程改革，盲目应付，缺乏主动性、创造性，由此影响课程实施的效果。这些不良的心理，难以保证教师积极地投入新课改过程之中并主动地适应新课改对教师角色提出的新的多元要求，因而也容易导致教师的角色冲突。

（4）教师教育的原因

教师教育的质量，直接影响着教师的素质和专业发展程度，也影响着教师在当今社会中多元角色作用的发挥程度。然而，目前的教师教育的确难以完全承担起培养具有多元作用的教师的任务。在职前教育阶段，理论与现实的脱节，使得不少师范生虽然掌握了大量的教育理论和专业知识，却难以在现实的教育实践中成为称职的教师；

而教师的在职培训也并不令人满意。有研究者指出:"当前教师培训的效果不佳,不少教师所学的教育理论知识只是停留在口头和理解上,并没有内化为教师的职业知识经验,对教师的教学实践没有发挥应有的作用。出现两条腿走路的现象,理论与实践的脱节,也是教师冲突的一个因素。"在我国,真正意义上的教师专业教育还没有形成比较完善的体系,短期培训、通识培训的教师培训形式在训练教师的科研意识和科研能力、培养教师的职业态度、教师角色的自我认知、适应与调整等方面存在着明显的缺陷,这些都不能使教师很好地承担起今天应该承担的多元角色,并且不能使每一个角色都发挥较为充分的教育价值,因此容易导致教师的角色冲突。

(三)教师应对角色冲突的主要措施

长期的角色冲突会影响教师工作的积极性和教师的身心健康,不利于教师高效地完成教学任务,因此,当出现教师角色冲突时,需要研究缓解和解决的举措。

目前,我国关于解决教师角色冲突策略的研究大多将目光集中在社会、学校和教师自身这三个层面。在社会层面上,提倡要为教师创造良好的社会文化环境,切实提高教师的社会地位和经济待遇,树立正确的教师观,大力倡导尊师重教的社会风气,另外,对教师的期望要适度。在学校层面上,要充分尊重教师的劳动价值,正确对待教师的劳动量,在学校内树立尊重教师的校风,建立科学合理的规章制度,有效降低教师的工作负荷,建立良好的学校内部人际关系,对教师加强角色教育。还有人针对新课改中教师的角色冲突问题提出了若干解决策略:课程改革的程度要符合教师的成长规律;增强教师的心理适应性;开展有组织的专题研究;采用反思教研方式,提高教师的自我发展能力。

我们在此处重点阐述教师应对自身角色冲突的若干措施,这实际上也是教师专业发展的重要组成部分。

1. 更新教育观念

教育观念是教师在教育教学活动中对学生的主体认识以及对自己教学能力的认识,它直接影响教师的社会知觉、判断等心理过程,从而引发其相应的教育、教学行为。教育观念是教师素质中起导向作用的组成部分,教师教育观念系统的转变是教师精神变革中内在而具有前提意义的条件。新课改过程中,教师多元角色的新态势需要教师切实更新教育观念,以新的观念统领自己的角色行为。

教师的教育观念是一个复杂的系统,其更新也是一个复杂的过程。下面仅就较为重要的学生观、课程观、教学观、教师观等做一简要的说明。

在学生观方面,传统教育中,学生被认为是无知的,教师将知识灌输给学生即可。学生成了装载知识的容器,在教育教学过程中完全处于被动接受的地位。现代的教师必须更新自己的学生观,要将学生看作发展中的个体,相信学生具有发展的潜能,并且不能将学生的发展仅仅局限于知识的积累,而应该用"全人发展观"指导自己更新学生观。总而言之，教师在学生观方面应有的认识主要有：①学生是正在成长和发展的人，是独立的主体的人；②学生是生活在社会中的人，是人类社会关系中的人；③学生是文化的人，是知识的建构者；④学生是需要受到成人关爱和教育的人。

在课程观方面，教师要打破"课程就是给定的知识""课程就是学校的各门学科"等观念，用动态、综合的观点来认识新的课程，形成以下观念：①生成的课程观，即课程是学生在生活体验中生成的，不是给定的制度化的教育要素；②整合的课程观，即课程是综合的，不是单一分化的内容体系；③实践的课程观，即课程是开放的，不是封闭的活动体系。

在教学观方面，我国传统的教学比较注重教师的教，而忽视了学生的学。因此，课堂往往成为教师"唱独角戏"的地方，课堂教学中"一言堂"现象比较严重，教与学的关系不是教师与学生的平等关系，而是指导与被指导、命令与服从的关系。新课改遵循现代教学理念，指出教学从本质上是一种沟通与对话的活动，教与学的关系表现为特定客观条件下教育者与受教育者的行为关系，是教育者与受教育者在社会交往中形成的一种特有的社会现象，是一种沟通与合作的现象。如果说传统的课堂教学中教师过于注重教的内容和进度，新课改则要求教师在课堂教学中关注教学情境的创设、教学活动的组织、学生参与的调动，使课堂成为师生交往的场所，课堂教学成为师生交往的活动。在新课程背景下，教师应有的教学观主要包括：①教学是教师和学生共同构成的双边活动，而不是教师一个人完成的活动；②教学是以知识的授受为中介，全面促进学生身心健康成长的过程；③教学是学生主动学习的过程；④教学是教师创设有利于学生学习，并观察、指导、帮助学生学习和学会学习的过程；⑤教学是师生交流、对话、合作学习的过程。

除了更新教师自己的学生观、课程观、教学观之外，教师对自己的认识和看法也要有所更新。主要包括：①教师是人类文化的研究者、传播者和创造者；②教师是学校的经营者和管理者；③教师是课程的构建者和领导者、教育资源的开发者和利用者；④教师是学生学习的组织者、引导者和合作者；⑤教师是学生发展的示范者和评价者。

2.加强师德修养

现在，越来越多的人认为，教师道德是教师角色冲突的融合因素。因为调节教师角色冲突的过程在一定意义上讲，是教师正确认识和处理教师个人与社会、与教育劳动、与教育对象的关系的过程，也是教师道德意识的调节过程。教师的角色冲突，虽然在表面上呈现为教师在扮演不同角色时引起的冲突，但实质上是教师与社会、教师与教育劳动、教师与同事、教师与学生等一系列关系的折射。而教师道德的各种规范和原则是统一教师角色行为的基本准则，教师不管扮演何种角色都必须符合教师道德的基本要求，因而，加强教师的道德修养，对于正确认识和有效解决教师的角色冲突是有积极意义的。

3.注重教师合作

教师合作包括三个方面的元素，即教师合作组织中的成员有一个共同的目标；围绕着这一共同目标，教师们分工、合作、互相帮助，共同努力来完成这一目标；在达到目标的活动中，教师个体在原有基础上都获得专业成长。我国传统的教育教学实践中，教师共同讨论、合作完成教育教学任务的机会比较少，教学过程经常是孤军奋战，缺乏团队的支持与分享。这种状况也容易导致在教师身上产生角色冲突的情形。今天，教师的多元角色态势要求教师之间要保持互动、合作的关系，引发了教师行为方式的变化，并在一定程度上改变了教学的组织形式和专业分工，而这些改变对于缓解和解决教师角色冲突也是一种有效的途径。

教师的合作主要体现在如下方面。①不同学科领域教师之间的合作。多年来，学校教学一直是分科进行。教师的角色一旦被确定，不少教师便把自己禁锢在学科壁垒之中，不再涉猎其他学科的知识。这种单一的知识结构，远远不能适应教师角色多元化的需要。因而，教师之间需要进行跨学科的交流合作，拓宽知识面。不同学科领域教师之间进行合作，另一个重要的意义就在于，人由于学习不同学科，往往会形成不同的思维方式。因此，不同学科领域的教师进行合作，可以活跃思维，有助于发展教师的思维能力。这一点从根本上更加有利于教师适应角色多元的要求以及自身的专业发展。这种合作有利于解决教师教学方面的角色冲突。②班主任与任课教师之间的合作。班主任对于班级学生的学习情况、学生的个性特征有比较全面的了解，而任课教师可能对学生学习所教学科的情况更为清楚。二者若能实现合作，既可以促进任课教师有针对性地进行有效教学，又有利于班主任全面掌握学生的具体学习情况，从而进行适当的引导和教育。这一合作有利于解决教师作为教育者和管理者所产生的角色冲突。③不同年级教师之间的合作。这些教师的合作，主要是互通信息，加强教学的连贯性，从而减少学生因为升级带来的不适感，使学生在新的学年能够很快进入状态。同样，教师也会比较容易进入状态，对于多元角色的要求也不会感到吃力。试想，一个带高三年级的教师，从未跟低年级教师有过沟通与合作，仅仅通过学习手册来认识学生，肯定会在教学、管理，以及对学生进行思想教育等方面感到困难。因为他没有真正了解过学生，不足以胜任学生学习的指导者、学生心理保健员的角色。④经验丰富的教师与新任教师之间的合作。经验丰富的教师在教学技能、课堂的组织管理方面往往强于新任教师，但是，新任教师的思维也许更加活跃，信息资源更为丰富，所以二者也需要取长补短。

4.进行角色学习和训练

为形成角色技巧，解决角色紧张和角色冲突，达到符合角色规范和满足角色期望的要求，人们可以进行角色学习和角色训练。角色学习指个人了解和掌握角色的行为规范、权利和义务、态度和情感、必要的知识和技能的过程。它是一种社会学习，主要包括两方面：一是在特定的社会规范下的学习，主要学习角色的责任与权利；二是在与他人交互反应中的学习，主要学习、模仿角色的态度和情绪反应。角色训练，则指培养一个人具备按照角色期望来行动的能力的过程。一般是模拟现实社会中某些问题的情境，让一个人扮演各种不同的角色，站在他人的立场上分析问题和处理问题，通过及时的反馈，了解别人的需求和感受，使自己能更好地担当起应当承担的角色，表现出与角色相适宜的行为。教师要想很好地适应今天的社会和教育赋予的多元角色，角色学习和训练是必不可少的。通过角色学习和训练，可以提高自己的角色认知水平，合理调整自己的角色行为，培养角色精神，有效抵制非本质角色行为的诱惑，增强角色适应能力。

第二节　多元文化视阈中的教师专业发展

一、教师专业发展的多元文化理解

当前，在面对多元文化的社会文化生态以及少数民族文化逐渐进入学校教育这一事实时，教师专业发展所依托的学校文化和教师文化等组织文化环境必然发生改变，学校教育中的不同文化的并存需要教师对文化做出自己主动的反应和选择，这又会对教师的知识储备和专业素养提出新的要求和挑战。鉴于此，本书从多元文化的角度去理解教师专业发展，认为教师专业发展不再仅仅是教师专业知识和能力的提升，而应将之放入更为宽阔的多元文化背景中去考察，督促教师思考教育的意义与目的，引导教师在文化自觉的基础上主动积极地去获取专业成长。这种理解实际上突出了教师在个体专业发展中的主体性和能动性。同时，教师专业发展的多元文化理解也显示了文化力量的重要性，重视文化因素对教师发展的影响，并将教师专业发展本身视为一个文化建设与文化更新的过程。

从文化的角度来分析教育学成为近年来学者们的热点话题。教育学理论不仅属于技术的，也属于文化的、意识形态的以及政治的。如果它要产生任何影响，一定包含着一切。目前，这方面的研究还没有明确地从文化角度尤其是从多元文化的角度来进行，也没有把与教师专业发展活动有关的根本问题放在多元文化的背景下加以考察。教师专业发展的研究在很大程度上仍然热衷于对概念、命题和发展内容的静态分析，抛开专业发展活动的整体，更抛开专业发展与社会各因素之间的关系，而在专业发展的小圈内打转。虽然随着反思的深入，对教师专业发展的文化理解正在酝酿之中并日益引起广泛的关注和重视，但这些反思还处于初级阶段，不能对教师专业发展活动有个清晰的文化映像，尤其缺乏对多元文化现实的反映与应对。与此同时，研究仍然局限于技术层面，把教师发展从丰富的社会文化关系中抽离出来加以逻辑演绎，很少追问教师专业发展现象背后的价值负载与文化假设。于是，教师仅仅作为理论与文化知识的"传声筒"，或他人意向的"转换器"，而没有把自己当成一个理性的有思想、有见解、有独立判断和决策能力的人。教师不仅仅要追寻"怎么办"，更多地还应思考"为什么""怎么会"这样的价值负载与文化建构的问题。教师应该遵循的是一种"解放之思"，强调教师作为主体在批判性考察中自主地发展，提醒教师必须对教育前提进行思考，必须追问教育在学生成长、实现完满人生中的价值和意义。通过这些问题的批判性反思和建构，教师才能从中逐渐建立起自己在理论和实践方面的理解力和洞察力，从而使教师发展由被动的专业化转化为主动的专业化成为可能。而批判、反思、意义追寻、文化建构等正是多元文化的题中之意。

由此，我们需要建构一个明确的多元文化解释的框架，以对教师专业发展的一些根本问题进行新的理解。将教师专业发展置于多元文化的视阈中加以认识和理解，实际是从"文化""多元文化"的概念出发，对教师专业发展进行多元文化的解释，将多元文化作为一种研究框架、认识的立场和方法，试图在此之上来分析教师专业发展活动。即跳出以往种种的利用标准、技术等认识教师发展的老路，从文化哲学、文化教育学、文化人类学、民族教育学、批判教育学、多元文化、多元文化教育等角度出发，首先把教师专业发展看成一种在特定的多元文化背景下进行的特殊活动，阐明多元文化与一定的教师专业发展之间存在的内在关联，再将其概念、发展内涵和发展路径等还原到多元文化的背景下去加以分析和理解，揭示教师专业发展的多元文化意蕴以及在日常的专业发展活动中不曾意识到的强大的文化影响与文化支持，从而使我们对教师专业发展活动以及我们自己作为教育者的生存和言说方式有更为清晰和深刻的理解，展望教师新的专业发展方向。这就是对教师专业发展进行多元文化理解的视野和使命。

二、多元文化视阈中教师专业发展的含义

根据教师专业发展范式的比较分析，一元文化中的教师专业发展所依据的实证论观点，采取知能研究取向，站在技术理性立场，教师专业化一直着重在订立特定的专业标准，并要求教师不加质疑地接受与达成，以成就其专业性。这种概念将教师局限为顺从的技工角色，认为只要施以特定知能的训练，即可造就一位专业的教师。这种将教师专业发展技术化的做法认为可以用价值中立的态度，来处理专业发展中的诸多复杂问题，不仅使教师与专业知识产生疏离，且对外在权威之技能产生过度依赖，降低了教师在实际的创造和发展过程中的作用，是多年来教师发展和教育改革失利的主因。多元文化视阈中的教师专业发展受文化学和批判社会科学等思潮的影响，采取文化研究取向，站在实践理性和解放理性的立场，认为教师是文化学习、传递与创造的

主体，进行角色的再概念化，确认教师文化的批判反思性质，明确教师是其专业发展的最终决定者，并还原教师为"完整的人"的发展内涵，试图寻回教师作为专业人员的权能，强调教师的主体性与文化知觉。因此，理解多元文化视阈中的教师专业发展，就要将教师专业发展放到更为广阔的多元文化社会背景中进行考察，认为教师专业发展不再仅仅是教师自身个体的完善、个人知识和能力的提升等技术性过程，而且是与多元文化的社会和教育背景紧密相关的复杂事件，是一个引导教师在文化自觉的基础上主动积极地去获取专业成长，寻求教师之间相互合作、使教师参与其中的更新自我和更新学校的多元文化建设过程。多元文化视阈中的教师专业发展是如下的三个过程。

（一）立足于教师声音的"完整的人"的发展过程

教师并不仅仅是一个职业、一个社会身份，其首要属性在于其是一个自觉自为的文化性存在。即教师和一般人一样，具有多方面复杂的特性，教师不是一个没有主体性的专业知能储存体，而是有着自己的情感、认知、价值判断和文化体认的自觉自为的人。

将教师作为一个"人"，将教师专业发展视为"人"的发展过程，实际是对过去着重技术训练的知能取向的批判，突出表明教师乃是一个有着七情六欲、富有个性的"完整的人"，而不是一个完美的人。教师在教学生活中仍不可避免会处处表现出自身的目的性动机。教师会与其他职业人一样，具有很多相同的人性与心理基本需求，以及职业发展曲线。教师也会在面对外部环境时产生不同的情绪反应从而影响到他们的课堂教学质量。可见，片面地将教师视为完美的"道德人"或"无人性"的中立人，是一种过度天真的假设。故受实证主义影响下的有关教师专业培训、教育改革或教师知识方面的研究，完全代替教师决定"已知道什么，想什么，或能做什么，需要什么"是不恰当的。它恰恰忽视了人与动物、植物以及无机物之间的质的差别，无视人作为一种精神性、价值性的文化存在的主动性。而未能将教师视为一个"完整的人"，是造成教师发展和教育改革不断失利的主因。因此，多元文化视阈中教师发展的先决条件，是还原教师"完整的人"之发展内涵。这意味着除了知识和技能，教师个人的生命经验、情感与文化体认都应当被纳入专业发展的重要内涵。这种将教师作为一个文化存在的人性化强调，成为理解他人并与之合作，以及教师发展自身的更为有效的方式。

教师专业发展如何摆脱加诸其身的"工具"性质，而成为一个"完整的人"的发展，这是多元文化关注的焦点。多元文化既是一种社会现象、一种文化观念，也是一种诠释与评价事物的思维方式。多元文化教育课程的主要目的是帮助教师发展做决定及社会行动的技能，使教师学会从不同观点看待事情与处境，即使用更具包容性与更宽广的多元的思维方式。多元文化取向重视多样化并且鼓励批判性思考、反思与行动，鼓励教师立足于个人发声的立场，利用批判性反思认识自己及所处情境，以及与其他教师或教育者之间的协作发展来对抗抽象的控制性论述，让边缘化的声音被听见。通过这个过程，教师可以增加专业发展的权能，为更好地理解理论与个人能动性及社会文化背景的联系提供支持。

在多元文化的教师专业发展架构中，教师拥有属于自己的声音，这些声音代表着教师作为专业发展主体的权力和能力，视教师为建构个人和文化的主动者，并以此为自己的专业发展说话，更要倾听来自他者和异文化的声音，吸取更多的特色，让专业发展更加深刻与丰富。多元文化的教师专业发展应结合教师的需求、兴趣、知识，能帮助教师发现、分享他们的声音，让他们有权力、有能力决定其未来的学习。正如课程改革为学生发展设定了包括知识与技能、过程与方法、情感态度价值观三大领域在内的全面目标，多元文化视阈中的教师专业发展也秉持一种完整的专业特性观，关注教师作为一个文化性存在的人的发展。这是在尊重教师声音、帮助其寻回具有批判反思文化品格之专业发展主体的权能基础上才可达成的。

（二）崇尚批判与反思的文化教育过程

将教师专业发展置于多元文化的视野，不仅要立足于教师发声的立场来实现教师作为一个"完整的人"的重构，保证教师作为一个文化性存在的发展，而且要秉持理想的教师专业发展应该是一个自我更新的文化建设过程的观念，实现这一文化建设过程的关键就是文化教育。因此，我们认为，多元文化视阈中的教师专业发展还是一个文化教育的过程。

人是具有文化意义的存在，教育是文化过程，教育的目的不仅仅是文化的传递，更在于人的心灵的唤醒，教育不应仅局限于僵化固定的知识教育，而应扩展为触及人的内心的文化教育。因此，在教师专业发展这一文化建设过程中，作为"完整的人"的教师不能被作为抽象的存在来认识，也不能用外在的纯技术的手段来测量，而只能作为一个具体的鲜活的文化生命通过"理解"来把握。多元文化视阈中的教师专业发展是一个文化教育过程，是对以往将教师专业发展仅视为教师知识和技能获得过程的一种批判。这不仅突出了教师作为一种精神性存在和价值性存在的整体性，而且认为教师专业发展是一个文化教育的事实与过程，反对实证主义把教师物化，用冷冰冰的态度去认识活生生的文化生命，用片面的知性去肢解完整的专业发展内涵。

就文化教育与知识教育的比较而言，文化教育主要特点体现在如下方面。①教师教育内容从知识扩展到文化，突破知识求真的局限，体现教育更为本质的目的是通过文化陶冶以求善、求美。受到良好文化陶冶的教师，不但能充分发挥天赋潜能，同时也富有良好的生活习惯、鲜活的理性知识、道德情感，高雅的审美判断能力以及人道精神与批判精神。文化教育要强调的是，不仅给教师以植根于丰厚文化土壤中的鲜活的知识，更重要的是给教师以批判反思和创造知识的文化素养。②教师专业发展不仅仅是获得知识与技能的"价值中立"的技术化训练，而且是被赋予历史性、价值性、精神性的文化历程——让教师从工具性的专业表现标准、支配性的专业素质论述以及客观性的知识观点中解放出来，重新确立自己作为文化性的存在，寻回专业发展的主体性。于是，教师的专业知能不应只是专家权威理论的演绎，更应纳入实践知识的建构；专业理念不仅仅应是政策所划定的界域，更应来自文化意识的自觉与反省；专业精神不仅仅应是一元文化规范下的适应与顺从，更应是多元理解下的反思与批判。

具体而言，文化意识即教师在文化自觉状态下对待文化的反思及理性的态度和认识。在这种状态下，教师能够对自己文化的过去、现在与将来有一定的了解和反思，对文化格局和文化前景有一定的理性分析。目的是为了加强对文化转型的自主能力，取得适应新环境、新时代文化选择的自主地位。文化意识的养成充分显示了教师的自主性和批判反思性，体现了教师对待文化所持的理性态度和认识。此外，文化意识又是超越自我意识的一种普遍意识。在教师运用自我意识的同时，可以施以文化教育，提醒教师"小我"之外还有"大我"，"个体"之外还有"群体"，现时现地的生活之外还有古今与未来。如此培养教师的文化意识，扩大其人生视野，应有助于教师理性的发展、情感的涵养以及精神的提升。于是，拥有文化意识的教师，可以超越自我心理的局限，运用普遍观念、理性能力和批判反思精神，调节情感与欲望，建立完整的人格。而文化意识的养成是建立在文化认知基础之上的。文化教育要突破高谈阔论或者空洞教条，就应传授教师以具体的民族文化历史，语言、诗歌、音乐舞蹈、绘画建筑、礼仪习惯中符合普遍人性的精神与内容，都能使教师从亲身体验中获得真实的文化感知，进而参与文化创造的活动。教师对文化身体力行才能获得正确的文化认知，也才能养成文化意识。

而文化意识或文化感与文化认知正是多元文化及其教育所关注的焦点。多元文化教育的焦点在文化，只有当教师具备文化敏感性，学生才能充分发展学业的、社会的及职业成功潜力。教师不仅需要对学生的文化与语言需求具备敏感性，还应发展某种层次的文化意识。因为，在学习与教学的过程中，师生互动可以说是文化接触与传递的重要因素。因此，教师对文化的接触，如果没有适当的经验与认知为基础，容易导致教学行为与态度上的谬误。教师需要接受文化教育，教师专业发展应突出体现文化教育的必要性和重要性。同时，我们还应看到，文化教育不仅是提供客观的文化素材，更为重要的是养成个人的文化认知和文化意识。

因此，多元文化检视下的教师专业发展通过加强教师的文化教育，以发展教师对不同文化的敏感，养成文化意识，形成文化理解和尊重，发展文化沟通能力。将多元文化视阈中的教师专业发展视为一个文化教育过程，不仅符合多元文化对文化教育的强调，也符合教师专业发展的文化解释立场。由于文化教育的目的就是"生成完整的人"，因此这一命题与前文所述的教师专业发展作为一个"完整的人"的发展也存在逻辑上的一致。

(三) 突出社会政治情境的系统过程

经验与教训告诉我们，不连贯的、不成体系的专业发展策略起不到作用，其失败的一个原因是没有在以下方面提供指导："如何使新的策略与以往所倡导的相匹配"提供指导。失败的另一个原因是：实施时缺乏它们所需要的组织支持。于是人们在一个有着结构或程序障碍的组织当中试图实施一个他们尚未完全理解的革新，其结果可想而知。因此，真正的专业发展是一个系统的过程，不仅要考虑跨越更长时间段的变化，还要考虑组织的各个层次。

多元文化视阈中的教师专业发展被概念化为范围广大的学校改革，是需要各相关部门和机构予以支持且在观念上予以重建的系统工程，因此必须重新思考教师教育项目的任务、目标和概念框架以反映社会正义和社会政治的观点。这一系统过程不仅需要来自学校之外地方或国家政策的支持，还在于学校内部系统的结构性变革，诸如，营造教育机会均等的学校文化、制定有助于教师实施多元文化教育的专业发展策略以及来自社会人士的理解和支持。更为重要的是，启发我们需要去思考社会政治结构与脉络对教师专业发展的影响，即多元文化视阈中的教师专业发展是在一定的社会政治脉络中进行且受其影响的。

技术理性影响下的教师专业发展常常被视为政治中立的，教师只需发展其教学知识与技能以及适应既有的学校结构。教师成为被动的学习者，为各种职称、荣誉和教学资源而竞争，未能养成学习习惯、探究思维、集体合作意识和社会行动实践。然而，多元文化视阈中的教师专业发展从来就不是政治中立或价值无涉的，而是与我们的社会、政治与文化的框架角度紧紧相连的。多元文化视阈中的教师专业发展是一个突出社会政治情境脉络的系统过程。我们所处的社会文化与政治情境，通过课程、教学与互动反映在学校中，教师及其专业发展面临艰巨的多元文化社会与政治情境的冲击。追寻平等与正义的政治诉求本来就是多元文化的题中之意。而在一个多元文化的民主社会，教育是争取更为公正与平等社会的主要工具与方式。多元文化视阈中的教师专业发展更多地表现为一种政治和价值取向，应秉持批判反思精神，肩负法律与道义责任，为了更加公正与民主的社会而努力，而非仅仅局限于专业知能提高的技术化过程。

因此，教师应该具有社会政治取向的意志与能力，以此来更好地为学生服务并促进其成长。因为，培养具有社会政治意愿的教师可以：①提升教师对教育和社会不平等的认识，以及这些不平等是如何嵌入教育系统，尤其是教师的专业行为中；②有助于教师学习如何对学生（尤其是低学业成就的少数族群学生）抱有期望以及把学生当作受文化影响的完整个体来对其进行教学；③帮助教师学会战胜官僚作风，及时发现学生所面临的教育问题并解释其存在的原因；④阻止教师成为不公平教育的附庸，并致力于改变这一现象。要达到这些目标,首先,教师专业发展需要审核并敢于挑战现行的教育思想基础与框架。其次,教师教育工作者自身要端正思想,以适应社会政治情境下的教育状况;同时,帮助教师发展其教学技能,增强抵御教育不平等的能力。最后,改变技术理性支配下的唯技术至上的教师专业发展观念。教师教育应是社会道德、政治和文化事业的一个重要组成部分,教师必须从道义和法律上负责帮助学生,为一个更加正义、更加人道的世界而努力。

三、多元文化对教师专业发展的影响

（一）多元文化：教师专业发展的社会背景与文化环境

人们在谈论时代背景时,全球化是一个普遍提及的议题。对于人类学来说,全球化指的是一种社会文化过程。它不是一种口号、一种主张或一种信仰。它指的是世界范围内各种文化更加广泛、更加激烈、更加深入地相互接触和冲撞,是多向的、多层次的文化互动和吸纳。在全球化的过程中,各民族必然要重新对自己的文化进行审视、判断和定向。尤其是处于弱势和不利地位的民族文化,必须有一种文化"寻根意识"以维护和保持本民族文化的特色,在民族文化的现代化过程中还需要有一种"历史自觉",以应对咄咄逼人的强势文化和各种外来文化的影响和冲击。这是一个文化多元化的形成过程。寻根意识与历史自觉同样适用于同一国家中处于弱势和不利地位的各民族或族群文化,督促他们去寻找能够使本民族文化传统得以创造性转化的文化的根,使文化得以传承与更新,以期在多样文化并存之中获取一席之地,避免文化被涵化、同化以至因差异性消失而丧失了本民族文化特色,无法成为多元文化之中的一元。由此可见,全球化不仅大大凸显了多元文化这一社会现象,而且使多元文化成为当今社会生活的重要条件和文化环境。

就我国的社会文化现状而言,改革开放使我国社会产生了深刻的变革和社会转型,同时,也为多元文化的存在提供了宽容的空间。我国的社会转型导致了人们文化心态的急剧变革。社会经济的转型使得经济领域出现了多层次结构,使得各种不同的利益主体合理化,建立其上的不同思想观念尤其是文化思想观念的存在也由此获得了合理的价值。于是,诸如主体意识、公平竞争意识、法制意识以及开放视野等新文化精神得以张扬,多样性、民主平等、公平正义、宽容等理念得以强调,从而极大冲击了传统的文化观、生活观和交往观。与此同时,我国改革开放使社会日益呈现出的开放性特点使得文化交流机会增多,各种各样的文化思潮及文化行为都可能与原有的本土文化相互接触,形成不同的文化形态,使我国文化的发展呈现出开放性、民主性、多样性并存的局面,为多元文化的存在提供了宽容的社会空间和活动领域。一方面,这为中国的社会文化、价值取向的更新提供了视野和转机;另一方面,又使主流文化与非主流文化的矛盾冲突全面而充分地展示出来。

新时期下教学管理模式的创新与实践研究

全球化和社会转型使我国由来已久的多元文化现象更加凸显，且多元文化获得了更加宽容的活动空间，体现出我国社会发展、民主自由程度的提高。在此社会背景和文化环境中的教师及其专业发展则面临着新的机遇和挑战。从某种程度而言，教师专业发展就是一个教师与文化环境双向互动的文化过程。因为人本身就是一种文化性存在，总是生活在一定的文化之中并受其影响。当前的多元文化格局不仅使教师生活于其中的文化环境变得更加纷繁交错、复杂多样，而且多元文化的社会背景和文化环境同时要求教师在其教育观念、课程内容、教学方式和手段等方面都要适应多元文化的要求。为此，教师专业发展的当务之急就在于更新观念意识，需要在已有的观念和思维基础上培养教师的多元文化意识，为多元文化奠定素质基础。

多元文化的社会背景和文化环境必然影响到学校教育，形成多元文化的教育环境。从微观的视角来看，则形成了多元文化的课程与教学环境。实际上，对教师专业发展产生直接影响的正是多元文化的教育环境和多元文化的课程与教学环境。正是在这两者更为直接的多元文化环境的影响下，多元文化教育知识及其课程文化意识和多元文化教学知能等成为影响教师专业发展的关键性因素和内容。

（二）多元文化教育：教师专业发展无法回避的内容

伴随着多元文化的发展，多元文化教育成为其在教育领域的基本表现。兴起于20世纪六七十年代民权运动的多元文化教育，经过半个世纪的历程，逐渐发展成为西方社会的一种教育理念、一项教育改革运动，以及一个旨在改变体制结构，以便使所有学生有平等的教育机会和获得较高的学业成绩的过程，直至教育全球化的教育理念。

20世纪90年代初，多元文化教育开始引入我国。由于其与我国的"中华民族多元一体"的社会格局相契合，多元文化教育就有了在我国存在与发展的土壤和条件。在某种意义上，当代的中国社会，在时空上早就是多元文化社会；而且自改革开放以来，受到全球化浪潮和文化多元趋势的影响，我国社会的多元文化性质更为明显。比较而言，美国、加拿大、澳大利亚、新西兰的多元文化是近一二百年特别是20世纪中后期，才真正地被提出，因为历史短且文化冲突较多而激烈，多元文化的落脚点是子文化的存在和价值兑现，然后才是多元文化的共生。而中国的多元文化则因其由来已久，其落脚点首先在于多元文化的群体共生，"和"对其具有最高的哲学意义。"和"的前提就是承认、赞成，允许彼此有差异、有区别、有分歧，然后将这些差异、区别、分歧调整、配置、处理到某种适当的地位、情况、结构中，于是各得其所，而后整体便有"和"——和谐或发展。中国哲学一直强调"和"，亦即是强调"度"（处理各种差异、多元的适度），强调"过犹不及"和"中庸"，其道理是一致的，此即所谓"吾道一以贯之"，这就是中国的辩证法（中庸、和、度、过犹不及）。那么在多元文化教育背景中教师肩负着责无旁贷的文化使命。教师在专业素养中就需要具备不同文化间的知识、理解与交流等多方面的能力。

虽然多元文化教育逐渐成为教师专业发展的关键性因素和内容，但是我国现行的师范教育和教育课程，在培养师资的过程中，往往缺乏对多元文化教育的关注和尊重，以后应加强此方面的培养教育。

四、从多元文化视角看教师专业素质

（一）教师的专业诉求：超越专业情结，突出公共责任与人文关怀

受技术理性追逐利益和效率的驱使，教师专业化运动青睐技术型专业观。"专业"这个概念在现代社会就变成了理性化、科学化（指自然科学）、技术化的专业的代名词。正如"科学"一词成为"自然科学"的代名词一样。技术型专业化的基本思路是通过提高教师业务素质来提升教师这一职业的专业水平，而提高教师业务素质又主要体现为提高教师的教学技能。这样，教师专业化运动就走上了一条技能化的教师专业发展之路。在这种氛围下，无论是研究者还是教师，都容易因其仅把专业执着地聚焦于教学技能而陷入浓郁的专业情结，进而窄化教师的身份与角色，削弱教师作为人的价值和潜力。比如，教师专业标准的制定，实际体现的是一种一元化的思维方式：用单一标准来衡量所有的差异。尽管标准的制定在某些方面有利于改进教师实践，但这种通过制定教师标准而试图促进教师专业发展的推动力，将会对教学和教师教育产生更强的外部控制，并把教师发展活动仅仅局限于教学的知识与能力，而缺乏深入地理解教育的意义与目的，也不关心教学过程中的种族、社会和政治脉络性。这种对教师专业知识和技能的过度强调，致使教师工作极像例行工作的执行，而无须进行思考。

然而，多元文化的教师专业发展不能沦为技巧的训练，教师发展知能，增进学生的成就仅是多元文化教育的一部分，多元文化教育应包含更宽广的社会和教育论题的知觉，以便能形成一种能理解各种不同文化团体，并能具备和这些团体一起工作的态度与行动。多元文化视阈中的教师也不仅仅是拥有专业技能的专业人员，还必须具备超越个人及其所属团体的私利，深切关怀大众、国家、社会乃至全人类利益的品格，即具备对社会的"公共关怀"，成为社会的"良知与良心"。具有公共身份的教师首先要有独立的精神来体现其责任与关怀。多元文化视阈中的教师专业发展设想的核心，从技术理性规范下的对专业的执着与专注转向实践理性和解放理性引导下的对价值和意义的追问，这一转向体现了多元文化超越专业的情结，突出教师的公共责任与人文关怀的专业诉求。这一专业诉求也可以在多元文化教育学者的论述中获得证明。

经过自我意识和自我更新、回顾和反省、解构和重建的过程，教师所抱持的期望与互动、知识和技巧、价值与伦理，都将带有关怀的力量。关怀不再是与知能对立的孤掌难鸣的情感和意愿，而是与教师的知识和教学能力结合起来，成为有效教学的基本要素。这种朝向文化感念的关怀使教师及其专业发展超越专业知能的局限，重新思考文化一致性的传统假设和教学与学习的文化中立性，反思主流教育的教规和信念，

揭示不平等的权利关系和行为，并能用知识和批判性思考来决定如何做才有利于他人，使教师具有融入社会责任的决心，也使教师与社会、教师与团体、教师与教师之间的关系更为密切。教师不再仅是保持沉默和价值中立的专业人员，同时也肩负着建设一个更为民主公正社会的公共责任。

（二）教师对偏见的觉察：帮助教师公正平等地对待学生

多元文化教育认为，教师如果能重新检视个人的生活及行为，尤其是其中之偏见（偏见常被视为对其他社会群体成员的负面观感），可以帮助他重整个人生命，有助于教师朝着确定人人能享有平等的多元文化行为而努力。此外，教师还必须特别注意教材之中隐藏的偏见，因为教科书中所反映的，乃是整个大社会的气氛，包括偏见也是如此。社会观感如偏见经常透过课程设计以系统化的方式呈现。传统教育中教师由于缺乏对文化差异的敏感性，或不常依从多元文化的观点进行教学，常常会在不知不觉间将带有偏见的讯息传递给学生。因此，多元文化检视下的教师专业尤为强调教师对教材及自身偏见的觉察，从而帮助教师公正平等地对待所有学生，以实现多元文化的观念与理想。

在多元文化观这一主要评判标准之下，还需要进一步的检查来对教师自身的偏见进行觉察。在此，教师应注意：①刻板印象及其偏见所造成的影响；②不自觉地使用某些语言或字句，而其中隐含着歧视；③须以较开放的态度和方式处理具有争议性的问题。

（三）教师即多元文化人：自我检规、多元观点和不断学习

为了使教师能够有意义并有效地将学生带进一个多元文化的经验中，以帮助学生学会了解、关心并参与民主社会活动，我们应先将老师置身于同样的情境和目的之中。换而言之，在教导学生之前，教师的自我教育及多元文化人的修炼，才真正是多元文化教师专业发展成败的关键。因为唯有当教师本身具备文化和族群多样性的知识，且能够以不同族群文化的观点来诠释知识经验，并采取适当的行动使教师及其团体的生活和工作更富有多元性且更敏锐地理解文化的差异和肯定文化的多样性时，他们才能具有足够的技能、勇气和思考来协助转化教师专业发展的准则和学生的意志。然而，在一个重视一元文化的社会中，成为多元文化人并非易事。教师需从以下几个方面来进行自我教育。

1. 教师应检视其意识形态

"意识形态"的概念最早为法国学者特拉西首次使用，用以说明观念的学说和关于人的心灵、意识和认识的全部科学。后来，"意识形态"就被用来指社会中占支配地位的观念系统，是社会意识诸形态中构成观念上层建筑的部分，马克思称为"观念上层建筑""观念文化"。简言之，教师自己的意识形态实际就是指支配教师、统摄教师精神的一种观念系统。检视教师自己的意识形态意味着教师应叩问自己的心灵，剖

析引导其外在行为和内在精神的观念文化，其目的在于形成学习意愿、开阔心胸、开明态度去倾听、观察，以反思能力的增加来扩展对其他族群的认知，愿意诚恳地负起澄清社会偏见或歧视的职责，并借此提升自己个人及专业的成长。检视意识形态意味着教师需要先就个人的哲学及教育观做一番省思，为成为多元文化人做准备。

2.要成为多元文化人亦需具有多种不同的观点

在重视一元文化的教育中，我们常常被教导或灌输的只有一种"正确的答案"，而只发展出单一看待事件的思维方法。单一文化教育的主要问题是它只给学生单一了解世界的方式。所有学科领域的教科书都排除了不受欢迎的观点或我们社会中非主流团体的观点，结果容易造成学生以直线的及固定的方式思考问题，减少了学生主动探究的机会，不利于创造力的养成。多元文化的观点则"有悖于此"，认为师生都应了解世界的复杂以及包含其中的许多观点，以多元观点来看待事物，以面对并参与一个民主的多元文化社会。

3.教师必须不断学习

教师通过检视其意识形态获得自发自省的践行多元文化的意愿与行为，并经由一元思考到多元观点的转化后，教师还需要不断地学习以获取有关多元文化的健全的知识基础。班克斯指出，多元文化教师必须兼备下列四种知识范畴：①有关多元文化教育主要典范的知识；②有关多元文化教育主要概念的知识，如宏观文化与微观文化；③主要族群团体的历史文化知识；④相关教学方法的知识，使之能够应用适当的课程教材来配合不同文化、族群和社会经济阶层学生的特殊需要。由此可见，成为多元文化人所需学习的知识与注重单一文化的学习相比，有其明显的特色：它要求教师必须了解学生所属文化对其学习之影响，并学会利用这种影响来提升学生的学业成绩；教师应是一个了解少数族群文化的文化人而非仅仅是懂得教学技能的专业人员；教师还需掌握适合来自多样文化、种族和社会阶层群体学生特殊要求的多元文化课程与教学的知识。总之，多元文化是终身教育的主题，需要教师终其一生来不断地学习，对教师而言也是其专业成长的方向。

五、多元文化视阈下教师专业发展的路径

推动教师专业发展的驱动力主要来自哪里？动力来自需求，而专业发展的需求是由教师和工作情境互动之后所产生的。教师的工作情境涉及的因素有很多，这些因素促使教师在工作情境中必须时时采取各种专业行动决策，解决形形色色的问题，使得教师必须持续面临各种新的处境、新的问题与新的挑战，因而持续产生专业发展的需求。因此，我们要想推动教师专业发展，就有必要深入了解教师因素与教师工作情境因素。

据此，如果从教师自身和专业情境所产生的需求来看，动力可以分为两部分：一

是内部驱动力，即来自教师自身的发展意愿。教师的自我发展需要和意识保证教师不断自觉地促进自我专业成长。它是教师专业发展的内在主观动力。二是外部驱动力，即来自教师专业情境产生的需求。构成教师专业环境的因素有很多，如果从"人"与"物"的划分来看并择其重点，我们认为主要有学生、（其他）教师、专业研究人员、文化和教学。教师的存在目的与意义都是来自学生，教师所面临的最大困难与挑战往往是学生的多样化以及学生间的个别差异。因此，教师的专业工作中，学生是一个非常重要的因素。在学校中，教师除了和学生互动之外，还常常要和其他教师互动，在专业发展的研究中，教师之间的关系与互动引来广泛关注，被认为是影响教师专业发展的重要环节。此外，作为实践者的教师与所谓专家学者的专业研究者之间存在着相互影响的关系，这种关系在不同的研究取向中有不同的解读，反过来又会深刻影响教师专业发展。文化脉络以及文化在学校的载体——课程因素，对教师专业发展的推动越来越受到重视。教师的专业工作由许多专业行动所构成，其中教学（活动）占有很高的比重，教学对教师形成很大的挑战，也对教师专业发展产生持续的需求。在此，将学生、其他教师及专业研究人员视为"他者"，围绕教师这一专业发展的主体，把教师与自我、教师与他者、教师与文化以及教师与教学这四个推动教师专业发展的维度作为考虑的重点，并在多元文化检视下勾勒出推动教师专业发展的基本理念。

理念是人们经过长期实践及对实践经验进行理性思考和总结而形成的思想观念、精神向往、理想追求，是指引人们进一步从事理论研究和实践运作的航标。探讨多元文化视阈中教师专业发展的基本理念，就是要获取指引多元文化视阈中教师专业发展的方向，并获得重新看待教师专业发展的目标和方式。在诸多强调差异、多元、公正、平等、尊重、对话、声音与历史的多元文化的时代氛围中，推动教师专业发展的基本理念是什么呢？结合教师专业发展的驱动力来源，主要有如下一些基本理念。

（一）教师与有我：声音历史的呈现

人类传达其感情和思想主要是通过声音来进行，声音的呈现是确定一个人"存在"与肯定其"说话权利"的主要表征。随着教师的主体性在教师专业发展研究中越来越受重视，而鼓励教师立足于发声的立场来寻回教师作为专业发展主体的权力和能力。尊重教师的声音，实际上同时宣称了专业发展与"个人史"具有不可分离的关联性。因为声音本身就是个人历史的表达形式，尊重声音即视教师为建构自己历史的主动者，个人的历史中若缺乏声音的呈现，则易受他人控制。

过去，在实证论范式下的教师专业发展似乎如同朝圣一般，逐渐接近或符合一套外在的强制性专业标准与规范，而将所有的自我嵌入既定的框架中。其探讨的教师发展中缺少了教师自己的声音、教师所问的问题、教师在其生活中有意义的谈话、教师的文化历史背景以及教师用以理解及改善自己教学实践的诠释架构。教师在该脉络下，被视为一种单一且一致的个体，完全忽略他们的主体性与多元的差异。

为了摆脱这种支配性的发展，在多元文化的教师专业发展中，人们必须将关注的焦点投入教师的声音和历史上，使教师立足于发声的立场和解读个人历史的角度来获取专业发展自主的权能，激发其专业发展的意愿，以此作为发展的起点。同时，教师教育应提供宽松与民主的氛围，容许来自不同背景的教师在学校系统中，为自己的文化历史发声，透过交流与对话，丰富其声音历史的内涵，增进彼此的理解。

多元文化视阈中的教师专业发展以声音历史作为探究基点，鼓励教师发出自己的声音，积极思考和批判个人历史，从而获取教师专业发展的主体地位；承认并包容来自不同背景的个人及群体的声音与历史，主张教师在与他人及异文化的声音历史的互动辩证中，丰富和深刻声音的内涵，引导出更美好的历史，从而建立一个更加公正平等的民主社会；力图将这种声音历史的多元样貌引入教师教育中，促成教师的多样性文化经验与批判反思的行动能力。但是，在声音历史多元呈现的同时，我们也需掌握在差异的背后，在各种声音历史的深处，存在一种人之为人的共通性，多元文化视阈中的教师专业发展不但要强调声音历史的特性与差异，也应探寻各种声音历史的共通之处。

（二）教师与他者：辩证对话的展开

在教师专业发展的历程中，教师与学生、其他教师、专业研究者及学校管理人员等他者之间总是发生着独特的交往和互动。这种互动交往日益引起学者的关注，将之视为影响教师专业发展的重要因素。教师与他者之间的互动对话不仅使教师走出孤立的专业发展之路，也使教师获得更高层次的专业反省意识与行动，给予教师持续成长的动力。

以往的教师在其专业发展的过程中，或是一个沉默的个体，或是一个独白的个体。作为沉默个体，教师作为实践者与专业研究者之间产生了疏离，教师的专业理论与实践行动之间无法实现有效的转换；教师与同事之间"各自为政"，无法形成积极的专业文化，组成有效的专业发展社群。作为独白的个体，教师与学生之间只是单向灌输，而无法激发学生的认知好奇以促使其领悟和建构知识。

为引导教师超越沉默且孤立的发展，必须使之与他者进行辩证对话，在反思意识和行动意识的关照下，强调知识的建构与主体的彰显。辩证对话是多元文化视阈中教师专业发展不可或缺的基本程序与实施策略。

教师专业发展是一个持续对话与辩证的动态过程，意味着教师的专业发展表现在认知行为中，而不在信息的传递中。它鼓励在真正平等的对话过程中进行多元的协商与论辩，使教师借以摆脱以往独白或沉默的发展形式，超越外在结构权力的限制，找回专业发展的主体地位，并发展教师批判反思的实践能力，促进教师的社会行动，实现多元文化社会的理想。

（三）教师与文化：民族文化的学习

目前我国的师范教育课程或大学教育课程忽视了学生的民族文化知识。在师资培育过程中，学生常有意无意地脱离其本身所属的民族与文化知识而去学习一套对他而言他陌生但有助于他在主流文化社会上取得成功的知识。这种师范教育使准教师脱离了其所属的文化背景，失去了体验其所来自环境的生活方式，使他们无法或不愿以其本有的生活方式去教育与其社会文化背景相同的学生，造成民族教育质量的堪忧。长期以来，学校课程在"普适知识"的影响下，有轻视地方性知识的倾向，使民族地区的学校教育内容与民族文化脱节，影响了民族教育的质量与效益。因此，要让民族文化进入学校教育中进而对学生成功产生积极影响，教师的民族文化知识储备成为必要且必需的选择。这正是多元文化视阈中的教师专业发展所关注的学习内涵。

多元文化的基本假定是平等地尊重所有文化，而传统的师范教育中强调主流文化的学习，而有意无意地忽视了非主流（少数民族）文化。因此，多元文化视阈中的教师专业发展强调学习的内涵不要仅限于国家规定的官方知识，尤其是对于来自不同文化背景的准教师而言，学习的内涵应该包括其民族文化的内容，并通过文化间的沟通、对话，认知强势的多数与弱势的少数的共通性与相似性，以理性的态度，发现民族文化独特的潜能，发挥创造力。

多元文化视阈中教师专业发展的民族文化学习理念，主张引导教师主动地亲近和认知周围的世界，在与外在情境的互动中，形成认同和自我文化的知觉。通过民族文化的学习，不仅增强民族自尊与自信，也应从中找出自己文化的限制，并通过与他文化的沟通与对话，摆脱固有的偏见，拓展理解的视野，丰富与发展自身文化与他文化。其最终目的是提升教育成效，促进少数民族学生的学业成就。但是，我们也需注意，民族文化的学习并不是走向狭隘的"民族中心主义"，因为，每个民族所属的国家或社会中都有着隶属于全国性、共通性的大型文化，或称为巨观文化。所有的微观文化，都能在某种程度上分享这一国家文化（或主流文化）中已普及的价值、象征和观念。

（四）教师与教学：多元一体的协调

教师的专业工作由许多的专业行动构成，而教师的专业行动中教学活动占有很高的比重，这也是教师和学生互动的主要方式。教师必须时时采用适当的教学活动来促进学生的成长。通过教学这一专业行动，教师将自身发展与学生发展紧密联系起来。

对于多元文化视阈中的教师专业发展而言，民族文化的学习是重要的学习内涵，声音历史的呈现与辩证对话的展开提供了程序与策略，而多元一体的协调则是此种教师专业发展的实践原则和教学目标。实际上，从上述分析中可以看出，无论是声音历史的呈现抑或民族文化的学习，都涉及多元与一体的关系问题。这是多元文化视阈中教师专业发展一个不可回避的挑战。

多元文化视阈中的教师专业发展面临着多元与一体的协调，这不仅反映在教师声音历史呈现的方法和程序上，也体现在民族文化的学习内涵中，这一切主要通过教师在教学上的文化协调来对学生施以影响。教师如何在多元与一体之间进行协调或保持必要的张力，将是多元文化视阈中教师专业发展面临的永恒问题与追求。这需要教师在不断地学习和实践多元文化教育的过程中去把握和完善。

尽管我们在多元与一体的关系上面临着艰难的协调，但是，我们仍然可以有一个基本的出发点：社会的公平和正义。强调一体并不是要求文化和社会的同质化，一体只有在尊重差异和肯定多元的前提下发生才是合理且公正的。如同批判教育学者阿普尔所指出的那样，要使文化和社会产生凝聚力，我们必须正视差异和不平等。如果教师关心"真正平等的待遇"，追求社会的公平正义，就应把教育教学建立在差异多元的认可基础上，这样，声音历史的呈现和辩证对话才能得以进行，多元的文化之间才会产生充分的交集和共通的背景，据以保障凝聚，实现多元一体的协调历程。

总之，多元文化的方法论意义在于，它为教师专业发展研究重塑了"文化成人"的境界并提供了方法。尊重教师的文化性存在，引领教师的多元文化养成，关注教师发展的多元文化影响与支持，这是多元文化视阈中的教师专业发展追求的神圣职能和神圣使命。多元文化当然关注教师专业发展所需的科学知识与经验技能，但它更致力于对这些知识和经验进行多元文化层面的立意与统摄，以在整体上把握教师专业发展的文化性价值。这就使教师专业发展成为多元文化建设的过程，而不是仅仅简单地把教师专业发展看作一套可以规范的技术和策略。多元文化的方法论意义还在于，它为教师专业发展提供了多元的思维模式和批判与行动的立场。多元文化反对单一，强调多元；反对顺从与模仿，强调批判与反思；反对功利，强调追求社会正义的德行。由此，多元文化视阈中的教师专业发展就被显著地赋予了价值性、批判性和道德性。

第三节 "互联网+"教育背景下教师的专业发展

一、"互联网+"时代的教师知识

教师专业发展最可视化的形态即为教师知识，对专业化的追求使得教师越来越迫切地想学习保障教师属性的"知识基础"。教师知识指教师在某一教学情境中，为达到有效教学所必须具备的一系列领悟、知识、技能与特质等。关于教师知识的分类派别林立，具有代表性的人物要数舒尔曼，他将教师知识分为学科内容知识、一般教学法知识、课程知识、学科教学法知识、有关学生的知识、有关教育情境的知识以及其他课程的知识。

新时期下教学管理模式的创新与实践研究

（一）社会技术系统理论下的教师知识

创新系统是创新研究的重要框架，新技术的发展是一个自下而上的典型过程，社会技术系统理论是对创新系统理论与方法的弥补和修整。社会技术系统来自管理学界，同样也适用于不断走向创新的教育领域。教师知识首先存在于社会系统中，而社会技术系统由社会系统与技术系统两个子系统组成——社会系统包含人及其所关心的事物、组织文化、人际关系、价值观、信念、动机、互动形态、学习及适应变革；技术系统则包含咨询系统、工具、功能架构、技术方法、专业知识等。在"互联网＋"时代，社会系统指教师本身所处的社会情境，技术系统包含教师专业发展所需的支撑工具、平台、方法、技术和促进教师专业发展的知识。

（二）TPACK：教师知识的整合框架

20世纪90年代以来，随着信息技术在教育中的广泛应用，人们发现技术知识正逐渐成为教师知识体系中一种越来越重要的成分。

TPACK是将技术有效整合到课堂中教师必备的知识框架。TPACK是一种结构不良知识，它同PCK一样具有整合性、实践性、个体性、情境性、学科性等特点。在TPACK框架下，教师专业发展层次包含：教师学习技术（如教师与学生一起体验）、教师在学科教学中应用技术，技术融入课程计划；技术促进教学方法创新，专业工具；技术促进教育变革。

（三）走向创造的教师知识

创客运动衍生了"创课""创客"等一批词语，但创客运动所传授的理念包括创新探索的精神、动手实践的文化、开放共享的理念，以及对技术的极致钻研和对美好生活的不懈追求。该理念和"互联网＋"背景下"人人能够创造知识，人人能够共享知识"的特质不谋而合。互联网让教育从封闭走向开放，在开放的大背景下，全球性的知识库正在加速形成，优质教育资源正得到极大程度的充实和丰富，这些资源通过互联网连接在一起，使得人们随时、随地都可以获取他们想要的学习资源。随着社会、学科、知识的不断改变，教师知识打破传统限制，具备创新创造的意识、知识和能力，是"互联网＋"时代教师创新的动力源泉。

二、"互联网＋"为教师专业发展带来的影响

（一）"互联网＋"为教师专业发展带来了机遇

1.教师专业发展的开放性

"互联网＋"的快速发展改变了传统面授教育的封闭局面，使教育走上了知识共享的开放式道路，教育从封闭走向开放。海量的教育资源通过互联网形成了全球知识库，人们可以方便快捷地学习知名院校的知名专家学者的课程，如哈佛、耶鲁的名师公开课，这在互联网普及之前对于普通人来讲不敢想的事情，现在都变得轻而易举。

另外，学习者学习的内容，不再仅仅局限于所学专业、相近专业，而是任何自己感兴趣的领域，不乏一些专业跨度相当大的知识。"互联网＋教育"的发展，拓宽了人们获取知识的途径，提高了获取知识的效率，降低了获取知识的成本，补充并创新了教师发展，为教师发展提供了更加开放的平台。教师可以根据自身情况随时随地学习，合理利用优质培训资源，完善专业知识，提高专业技能，优化专业素质结构，提升人格魅力。

2.教师专业发展的多样性

"互联网＋教育"为教师专业发展提供了必要途径，使教师发展呈现多样化特征。在"互联网＋教育"背景下，教师发展革新了校本培训、暑期基于学科知识聘请专家集中进修、到某一院校脱产进修等传统教师发展方式。这些教育方式或者采用同时同步、有限的专家团队和单一的教学组织形式，或者受众面极为有限，费时费力低效。通过与公司合作开发的专用型研修平台、利用通用开源软件自主安装的研修平台、利用Blog等工具搭建的支撑环境为平台开展不同的教师培训课程，如集中培训、直播课堂、在线培训、混合式培训、直播讲座等提供了技术支持，打破了传统的教师发展的时空局限及资源共享和交流的不足，为教师多元发展提供了丰富的课程资源和多项选择，有利于教师自主学习和个性化发展。

（二）"互联网＋"为教师专业发展带来了挑战

在"互联网＋教育"的迅猛发展中，学生可以随时随地共享相关的学习资源，高效快捷地获得知识。知识获取来源不再仅仅限于教师和教材，教师教学活动中一言堂的主体地位显然与当前形势已经格格不入，教师自身定位——由主体地位转变为主导地位显得尤为重要。深受快速发展的信息技术影响的年轻一代，长期生活在计算机、手机、平板电脑等数字工具的环境中，认知和行为习惯深受数字化的影响，生活和学习更是无法脱离与数字工具的密切联系。他们具有快速获取信息资源的能力，他们的学习方式日益多样化和个性化，渴求灵活的学习进度、丰富的学习内容、宽泛的自主学习的机会、高频率使用快捷的数字学习资源。因此，教师和学生在普通教室里共同的教与学活动已经不能够满足学生多样的学习需求，教师的教学也绝不仅仅在于简单的知识传授。如果仅仅是某一学科、某一章节知识的简单传授，是不能吸引学生的。因为在"互联网＋教育"时代，社会对教师的需求已经悄然发生了根本性改变。教师教育模式面临多方面挑战，主要体现在三个方面：对教师的需求正在从数量向结构和质量转变；对教师的学历要求正在从学历达标到素质提升转变；对教师的素质要求正在从单一技能向研究型、专家型转变。随着数字信息的迅猛发展，对教师的综合水平提出了更高要求。如何从低水平重复性的工匠式教师转变为在某一领域有所造诣的专家型教师，这一转型发展已迫在眉睫。

三、"互联网+"时代教师专业发展的新诉求

（一）教师专业发展的新内涵

教师专业发展是什么？是教师的专业成长过程？是促进教师专业成长的过程？对于教师专业发展内涵的解读几经变迁。在前信息化时代，教师专业发展是教师的专业成长或教师内在专业结构的不断更新、演进和丰富的过程。在信息化时代，教师专业发展中融入了"面向信息化"和"技术促进的"等背景词语，并纳入了技术元素。其中，技术可以作为教师专业发展的内容之一，也构成教师专业发展的手段、途径、方式和方法。有学者提出，技术支持的教师专业发展指以技术为环境、手段、途径、方式和方法，促使作为专业人员的教师，在专业知识、教学技能、职业态度等方面不断完善的一个系统的、动态的、复杂的过程。在"互联网+"时代，技术无处不在，信息与信息、人与人、物与物都实现了全面的互联互通，时间和空间、真实和虚拟、线上和线下也实现了全面融合。"互联网+"时代呼吁教师不断接受新知识，提高专业认知、知识和能力，教师通过不断地探索和反思，拓宽专业知识面，不断提高专业水平，实现专业成长。在"互联网+"时代，教师的专业发展缩短了教师成长的周期，拓宽了教师成长的途径，使教师成长的内容多样化。"互联网+"时代教师专业发展的定义虽无法界定，但其特征已经非常明显。

（二）整合性的教师专业发展阶段

"互联网+"时代的教师专业发展阶段逐步从独立走向融合。过去，新手教师成为专家教师必须经历一个漫长的阶段。在信息化环境下，大家对教师专业发展阶段有不同的认识，包括以余胜泉为代表的"学习模仿、尝试使用、困惑、专业进化融合、创新发展"五阶段说，以王陆为代表的"学习体验阶段、实践反思阶段、研究创新阶段"三阶段说，以顾小清为代表的"了解、应用、整合、创新"四阶段说等。综合这三种提法，可以看出技术引入后的教师专业发展表现出如下变化：一是各阶段特征发生变化，二是各阶段发展所需时间发生变化，三是可以帮助教师达到更高级的发展阶段。在"互联网+"时代，教师专业发展的阶段既保留了信息技术快速迭代与飞速发展的特征，又强调了融合与创新的特征，各个阶段的界限不再清晰，创新是深化应用之后的高级阶段。

（三）多样化的教师专业发展途径

互联网的发展经历了以下几代：①Web1.0时代，称为门户时代，是互联网和信息及传媒产业的融合时代，从数字通信到三网融合，信息的传播效率不断提高；②Web2.0时代，称为社交时代，是以互联网、交易为核心的社交和电商产业的融合时代；③Web3.0时代，是互联网和以移动互联网为核心的综合服务业的融合，移动互联和实施交互彻底突破时间和空间的限制；④"互联网+"时代，则是互联网和社会各

个行业的全部融合和面向更广泛大众的开放共享。

基于此，教师专业发展的途径也历经了时代变迁：①Web1.0时代，伴随着新课标的要求，教师进行专业发展的典型途径是"老带新"，即专家型教师培训新手教师，新手教师观摩专家型教师，实现方式是校本培训；②以"博客（Blog）"及其他社会化软件为主的Web2.0时代，社会化软件的出现，为网络教研、网络学习共同体提供了虚拟阵地，博客作为教学反思的工具，受到极大欢迎；③以"微博、微信、微课"为主的碎片化时代，"140"字上限的微博，为随时随地的观点碰撞提供了记忆的渠道，微信及其圈子功能为教师及时交流以及共享提供了基础，微课作为教师个人成长的一种形式，集自导自演、反思于一体，为教师个人的专业发展提供了便捷；④以"慕课、创客"为代表的"互联网＋"时代，在这个时代，只要你愿意，就能随时随地学到你想学习的任何知识，工作和生活融为一体，任何时间连上网络就可以开展工作，这时候教师专业发展的途径是多样化的、工作导向的。

四、"互联网＋"时代教师专业发展存在的问题

（一）缺少对专业发展的正确认识，功利化倾向严重

"互联网＋教育"快速发展，教师角色也在悄然发生着变化，教师由课堂的主体地位变为主导地位，教师、课本不再是知识的唯一来源。教师专业发展不仅仅局限在专业知识和技能的获得与提升，抑或成为学历教育，而是侧重于综合素质的培养和内在涵养的提升。同时，在职教师缺少长远规划，多以获取教师岗位或职称晋升所需的"资格证书""继续教育学分"为目的，教师发展功利化现象严重，急功近利，无视自己的兴趣爱好、研究方向，如果达到目的，教师发展也就画上了句号，忽视了时代发展需要，忽视了信息技术带来的紧迫感。

（二）缺少辨别、搜索技能素养，难以触及高质量、高精度的学习资源

互联网的快速发展使得各种质量参差不齐的学习资源一哄而上，呈爆发式增长。种类繁多的学习资源，良莠不齐。教师需对复杂多元的学习资源去伪存真、去粗取精，进而找到自身发展最急需、最权威的资源。现实是教师花费大量精力寻找到很多学习资源，上传者或是名师，或是学生，也可能是业外人士。教师需对搜索到的庞大信息进行辨别、对比，稍有不慎，就会在全然不知的情况下学习到错误的知识。另外，大部分教师过度依赖百度文库、百科、搜狗等工具，但搜索到的东西仅仅是普通的、非高质量、高精度的资源。比如，要了解最新上市公司财务报告数据，百度搜索引擎是无法做到的，证券交易所网站是最好的资料来源。缺少对专业网站、数据库网站的了解，就难以接触到专业权威的知识。

（三）教师专业发展兼顾了学习广度，但缺少学习深度

顾名思义，学习广度指学习者对知识的横向研究尺度，即知识范围。学习深度指

对知识的纵向研究尺度,即对某一领域格物致知,穷其理,尽其知。"互联网+"的快速发展,教师可以随时随地选择自己熟悉和不熟悉的内容进行学习,学习时间及学习内容都具有碎片化特征,大大增加了学习广度。对于触手可及的信息资源,学习者难以做到熟读、理解、掌握、运用,仅仅停留在浅尝辄止的层面。人的时间和精力是有限的,如果仅仅关注学习广度,势必影响知识深度探索,难以形成专业化、系统化的知识体系,难以实现教师内涵式发展,难以形成个人独特的学术风格。

(四)外因驱动为主,教师发展缺少主动性

《国家中长期教育改革和发展规划纲要》提出:"完善培养培训体系,做好培养培训规划,优化队伍结构,提高教师专业水平和教学能力。通过研修培训、学术交流、项目资助等方式,培养教育教学骨干、'双师型'教师、学术带头人和校长,造就一批教学名师和学科领军人才。"在中、小学教师中实行"国培计划",对教师实行每五年一周期的全员培训,通过"示范性项目""中西部项目"和"幼师国培项目",提高中、小学及幼儿园教师的业务素养。通过"卓越计划项目""高校青年骨干教师国内访问学者项目""校企合作",提高高校教师队伍的质量。在校教师的继续教育学分和职称评定、评优评先直接挂钩,有的学校甚至规定每位教师每年修满继续教育学分,并与绩效工资息息相关。自上而下的外因驱动式培训政策,缺少对教师实际需求的关注,教师缺少专业发展的自觉性和主动性。

五、"互联网+"时代教师专业发展的途径

(一)教师合理规划职业生涯,提高专业发展效果

教师职业生涯规划和专业发展关系密切,前者是后者的基础和前提条件,两者相互同化。教师要认真评估自己,认清个人的兴趣、特长、学识、技能等,同时科学全面地分析"互联网+教育"时代教师的职责、内涵要求及所面临的机遇和挑战,定位自己个人发展目标,对比分析个人的综合优势和劣势,规划职业生涯,分段式设立职业生涯的长期和短期目标,并及时评估和修订职业生涯的目标和实施措施。同时,学校要建立一套可行的教师职业生涯规划的激励措施,如建立公平的教师绩效评估体系,对处于教学一线的教师实行教学过程和教学结果双重考核,对科研人员可根据科研成果数量和质量进行考核,对管理人员则从德、能、勤、绩等方面进行考核。与此同时,学校要为教师提供尽可能多的继续教育的机会,因为教师的职业生涯规划每个阶段的目标与继续培训学习是分不开的。只有这样,才有可能提高教师专业发展的质量和效果。

(二)提升教师搜索和加工处理信息的能力

教师要树立信息教育的理念,除了了解常用的搜索引擎外,还要学习并掌握专业网站信息查询、下载的方法,学会充分利用学校所购买的数据库网站,尽可能获得权

威性和精确性都很高的学习资料，并学会对这些资料进行对比分析、归类和加工制作，建立个人的教学信息资源库。为了获得更广泛、权威、先进的专业发展动态，教师可关注专业名人微博、专业论坛、网络公开课、官方微信公众号、经典电视节目等个人信息获取渠道。同时，教师可在内部建立开放的信息环境，如QQ群、微信群等，快捷便利地共享每位老师所拥有的专业学习信息资源，同时还可以在线交流，有利于解决教师专业发展中遇到的问题。教师只有全方位地提高搜索和加工处理信息的能力，才能在"互联网＋"时代，面对鱼龙混杂、真假难辨、更新迅速的网络学习资源时，做到去粗取精、去伪存真，游刃有余地获取自己所需资源。

（三）研发网络系列化教育资源

研发网络系列化教育资源需要政府部门宏观引导，收集整理教师发展方向，归纳总结教师发展中需求最强烈的领域，着力开发这些领域的系列化教育资源。以高校教师培训机构"全国高校网络培训中心"为例，这是一个利用数字化和网络技术，下设55个省级和城市分中心，旨在推动高校教师专业发展，服务高校教师终身学习，促进高等教育质量提高的一个平台。开发比较成功的"在线学习"模块中，共开设450种课程，分为50个大类，在每一大类中，经济类最多的有41门课程，最少的仅有一门课程，缺少系列化教育资源，不能满足教师对感兴趣领域学习深度的发展。在这个已有平台的基础上，需投入必要的经费支持，确定教师发展最急需的课程，采取招标的方式，由中标单位承担课程的研发任务，建议开发校际的强强联合，组织过硬的专家团队，研发系列化的精品教育资源，真正为教师专业发展提供优秀的教育资源。

（四）提高教师专业发展的自主意识，增强其自觉性

首先，要从政策上取消那些抑制教师专业发展的外部因素。如一些学校严格规定了新进教师至少要接受不少于120个学时的岗前培训，具有初级职称、中级职称、高级职称的教师每年分别都有规定的培训学分，以拿到培训结业证为要求，并作为教师资格认定、职称评聘、评优评先的主要依据。这样强加式的培训反而容易影响教师专业发展的积极性。另外，教育部门及学校要出台一系列关于教师评估、职称评定标准的新举措，根除教师专业发展急功近利的源头，使教师能够静下心来，对研究的领域做到真正的精耕细作，向纵深处发展，这样才有可能培养出一批"博闻古今，学贯中西，可立一家之说"的教育大师。

"互联网＋教育"虽然还处在探索阶段，尽管有些教师对于"互联网＋"带来的挑战有些措手不及，但诚如信息革命对教育的影响一样，"互联网＋教育"也将成为教师专业发展道路上无法回避的大事。教育信息化的关键词包含云计算、移动学习、MOOC、翻转课堂、微课、教育大数据、学习分析、智慧教育、创客等，"互联网＋"时代的教师专业发展需要时刻紧抓变革的关键词。"互联网＋教育"的未来必将走向个性化、移动化、社会化和数据化，因此，教师需要不断学习，同时还需具备较强的

信息搜索和提取能力。只有加强互联思维以及大数据思维，才能呼应"教师唯一不变的就是变"这一哲学规律，而不尝试改变的教师终究会被取代。因此，教师应该积极拥抱"互联网＋"，全情投入，主动去享受"互联网＋"时代的馈赠。

参考文献

[1]赵周,邓忠汉,徐东.教育教学探索与创新保山学院教学研究论文集[M].昆明:云南大学出版社,2017.

[2]冯小兵.语文教学模式构建与班级管理创新研究[M].武汉:湖北科学技术出版社,2017.

[3]李娟.高等职业院校广告设计与制作专业工作室制教学模式的创新与运营管理[M].长春:吉林文史出版社,2017.

[4]李熙.互联网＋时代高校学生管理模式的转变及创新[M].长春:东北师范大学出版社,2017.

[5]罗如学,刘晓丽,尤妙娜.高校学术研究论丛旅游管理应用型人才协同培养模式创新研究[M].北京:中国书籍出版社,2017.

[6]谷陵.美国名校在华汉语强化教学模式比较研究[M].北京:中央民族大学出版社,2017.

[7]褚蝶花,黄丽芳,朱丽娜.教育管理与教学艺术[M].中国原子能出版社,2017.

[8]刘胜辉.大学生创新创业基础第2版[M].北京:北京理工大学出版社,2017.

[9]方法林,孙爱民.基于"创新创业＋"的人才培养模式研究与实践[M].北京:旅游教育出版社,2017.

[10]吕爽.大学生创新创业实务指导[M].北京:中国铁道出版社,2017.

[11]许文新.金融教育教学改革和创新论文集[M].上海:立信会计出版社,2018.

[12]李世杰.模式创新海南商界撷英[M].北京:中国经济出版社,2018.

[13]马周琴.新建本科院校教学管理创新研究[M].北京:团结出版社,2018.

[14]邓文,张明洁.大学生创新创业教育教学丛书大学生创新创业实用教程[M].武汉:华中科技大学出版社,2018.

[15]赵厚勰,李贤智,靖国平.高等学校教师教育创新培养模式"十三五"规划教材

外国教育史教程:第2版[M].武汉:华中科技大学出版社,2018.

[16]叶玉清,肖文学,尹忠恺,等.课程化模式下辅导员工作体系建构与过程管理[M].沈阳:东北大学出版社,2018.

[17]贾文胜,梁宁森,童国通.公共实训基地"杭州模式"创新与实践[M].西安:西安电子科技大学出版社,2018.

[18]张成龙,李本建,王洪让,符晗等."设计+"艺术类大学生创新创业人才培养模式及路径[M].长春:东北师范大学出版社,2018.

[19]曾学龙.民办高职院校思政课协同育人教学模式创新的实践[M].广州:广东高等教育出版社,2018.

[20]陶尚武.校园排球课程教学理论分析与创新[M].北京:九州出版社,2018.